Allgemeine Soziologie

Gesellschaftstheorie, Sozialstruktur und Semantik

Von

Dr. Gunter Runkel

R. Oldenbourg Verlag München Wien

Für *Niklas Luhmann,*
der mich theoretisch sehr beeinflußte
und menschlich stark beeindruckte.

Die Deutsche Bibliothek - CIP-Einheitsaufnahme

Runkel, Gunter:
Allgemeine Soziologie : Gesellschaftstheorie, Sozialstruktur und Semantik /
von Gunter Runkel. – München ; Wien : Oldenbourg, 2002
ISBN 3-486-25985-7

© 2002 Oldenbourg Wissenschaftsverlag GmbH
Rosenheimer Straße 145, D-81671 München
Telefon: (089) 45051-0
www.oldenbourg-verlag.de

Gedruckt auf säure- und chlorfreiem Papier
Druck: Grafik + Druck, München
Bindung: R. Oldenbourg Graphische Betriebe Binderei GmbH

ISBN 3-486-25985-7

Inhaltsverzeichnis

1. Einleitung

Der Untertitel der vorliegenden Arbeit thematisiert den Zusammenhang von Gesellschaftstheorie, Sozialstruktur und Semantik.

Die zentrale These des folgenden Werkes besagt, dass zum einen 'Gesellschaftstheorie' oder als ihr Synonym 'Soziologische Theorie' nur auf dem Hintergrund sozialer Kommunikation, die zu einem semantisch anerkannten Bereich führt, gesehen werden kann. Zum anderen wird sie als Entwicklung sozialstruktureller Faktoren gefasst, die dann in der Gesellschaftstheorie wiederum diskutiert wird. Daneben ist 'Gesellschaftstheorie', auch 'Soziologische Theorie' genannt, als Ergebnis der sozialen Evolution zu begreifen.

So hat insbesondere das Umstellen einer moralischen Orientierung des Handelns, wie sie noch für die Theorie von Emile Durkheim und Talcott Parsons konstitutiv waren, auf selbstreferenzielle Muster des Handelns, wie sie insbesondere von akteurorientierten Theorien (Coleman) und von Teilen der neueren Systemtheorie (Luhmann) favorisiert werden, Auswirkungen auf soziologische Theoriebildung.

Meine zentrale These verdankt sich zweier Überlegungen. Zum einen ist die *Gesellschaftstheorie* das Ergebnis von Kommunikation, ihrer Variationen, Selektionen und Stabilisierungen in der möglichen *Semantik* einer Gesellschaft, die den Rahmen, die 'frames', setzt. Zum anderen beruht die Veränderung der *Sozialstruktur* ebenfalls auf Evolutionsmechanismen, die auch die Gesellschaftstheorien beeinflussen. So konnte z.B. über Frauenemanzipation erst sinnvoll geredet werden, als zum einen dafür semantische Möglichkeiten eröffnet wurden, die z.B. in der Liebessemantik der Hochkulturen entwickelt und in der Moderne generalisiert wurden. Zum anderen lieferte die Entwicklung der Sozialstruktur, z.B. die verstärkte außerfamiliäre Berufstätigkeit der Frauen, erst die Möglichkeit zu Selbstreferenz und Loslösung der Frauen aus traditionellen gesellschaftlichen und familiären Bindungen.

So waren z.B. die Ansätze von Emile Durkheim und Talcott Parsons, die moderne Gesellschaften wesentlich über Solidarität und Wertbindung geprägt ansahen, eine Beschreibung und teilweise auch ein Wunschdenken der früheren modernen Gesellschaften. In den neueren modernen Gesellschaften gehen die Anteile von Moral und Solidarität zurück und von daher ergibt sich die Notwendigkeit, z.B. Systemkonzeptionen, die mit 'moralischer Bindung' arbeiten, entweder moralfrei zu konzipieren (dies ist das Angebot von Luhmann) oder mit akteurspezifischen Intentionen aufzuladen (dies wird mein Lösungsvorschlag sein).

Die beiden Faktoren, Semantik und Sozialstruktur werden hier aus analytischen Gründen getrennt, sie sind aber in der Wirklichkeit eng verbunden, wie an dem eben angeführten Beispiel deutlich wird.

Um eine sinnvolle Beschreibung von Gesellschaften und deren Reflexion liefern zu können, muss die soziologische Theoriebildung den Entwicklungsprozess der Sozialstruktur und Semantik aufnehmen. Von daher stelle ich den internen Entwicklungsprozess der soziologischen Theorie anhand ausgewählter, soziologischer Klassiker dar und verbinde dies mit dem strukturellen Wandel von Gesellschaft.

Meine These lautet, dass die Entwicklung der Gesellschaftstheorie aus einem Zusammenspiel von Sozialstruktur und Semantik abläuft. Die beiden Sachverhalte der Semantik und der Sozialstruktur können einigermaßen unabhängig voneinander beobachtet werden. Darauf können dann ihre Interrelationen studiert werden.[1]

Die folgenden Theoretiker lassen sich in ein Schema einer Theorie Allgemeiner Handlungssysteme einordnen. Dies geschieht mit Hilfe des AGIL-Schemas nach Parsons. Theorien der Anpassung, der Macht, der Integration und der kulturellen Konstruktion bilden einen Klassifikationsrahmen für die Einordnung der Theorien. Diese Konzeption wird im Schlusskapitel der Arbeit erläutert.

---

[1]   Stichweh, Rudolf, Semantik und Sozialstruktur: Zur Logik einer systemtheoretischen Unterscheidung, in: Soziale Systeme, Jg. 6, Heft 2, 2000, S. 237

2. Soziologische Klassiker und ihre Theorien

Der Begriff 'Soziologie' stammt von Auguste Comte, der damit die Wissenschaft bezeichnete, die sich mit sozialen Erscheinungen und deren Beziehungen beschäftigt. Es ist ein Kunstwort und setzt sich zusammen aus 'socius' lateinisch u.a. für 'Genosse, Gefährte' und 'logos', griechisch u.a. für Wissenschaft.

Soziologie umfasst auch eine Semantik, die auf Prozesse wie z.B. Industrialisierung, Urbanisierung, Proletarisierung, Demokratisierung, Säkularisierung antwortet. Diese Prozesse werden besonders im 19. und zu Beginn des 20. Jahrhunderts in politischen Bewegungen wie u.a. dem Positivismus, Liberalismus, Sozialismus, Nationalismus und Faschismus Bedeutung erlangen.

Zu Beginn ist die Soziologie stark nationalstaatlich beeinflusst. So entwickelt sich in *Frankreich* aus den Erfahrungen der französischen Revolution mit ihren Auswirkungen und der Restauration zum einen eine Sozialwissenschaft als eine gegenrevolutionäre Theorie (u.a. durch de Bonald) und zum anderen eine Theorie, die orientiert ist an der Realisierung der Aufklärung und eines positivistischen Reformprogramms (Saint-Simon, Comte, Durkheim).

In *England* liegen die Ursprünge der Soziologie im liberalen und konservativen Ordnungsdenken, das unter dem Einfluss von Charles Darwin und Herbert Spencer zu einer frühen Evolutionstheorie ausgebaut wurde.

In *Deutschland* entwickelt sich die Soziologie aus dem Historismus, der in verschiedenen Disziplinen, wie z.B. Rechts- und Staatswissenschaften, Philosophie und Geschichte auftrat. Ein stark historisch geprägter Sozialwissenschaftler ist Karl Marx, der wiederum besonders auf Hegel aufbaut. Dieser linkshegelianische Kreis wurde von Rechtshegelianern (z.B. Hans Freyer) und Nietzscheanern kritisiert. Die eigentlichen Begründer der deutschen Soziologie (wie Max Weber und Georg Simmel) versuchen eine Synthese dieser beiden Richtungen.

In *Italien* wird die klassische Soziologie wesentlich von Vilfredo Pareto, Gaetano Mosca und Robert Michels geprägt, die Elitentheoretiker genannt werden. Sie untersuchen, ausgehend von Niccolo Machiavelli, die Funktionsweisen einer politischen Klasse und der eingesetzten Legitimierungen.

In den *USA* greift man auf die europäischen Vorarbeiten zur Soziologie zurück und fügt als wesentliche amerikanische Neuerung den Pragmatismus hinzu (Cooley, Georg Herbert Mead), aus dem sich der Symbolische Interaktionismus entwickelt, der besonders in den sechziger und siebziger Jahren des 20. Jahrhunderts in Deutschland rezipiert wird.

Aus diesen Ursprüngen heraus werden zwischen 1880 und 1920 in der klassischen Phase der Soziologie die Grundlagen des Faches gelegt und umfassendere Theorien geliefert, die von ihren Ausgangspunkten her betrachtet stark differieren.

Erst später, in der Zwischenkriegszeit, wurde durch Talcott Parsons ein Versuch gestartet, eine einheitliche strukturell-funktionale Theorie zu begründen, die auf der klassischen europäischen Soziologie aufbaut. Dieser Ansatz, der später durch systemtheoretische Überlegungen ergänzt und verändert wurde, dominiert weltweit die Nachkriegssoziologie.

In den 60er Jahren tritt in der Soziologie verstärkt ein neues Paradigma, die Theorie der rationalen Wahl auf.

Die Soziologie als Wissenschaftsdisziplin war ursprünglich Krisenwissenschaft in einer Zeit der globalen Veränderung gesellschaftlicher Strukturen (industrielle Revolution etc.) und ist auch heute eine Reaktion auf Krisen der modernen Gesellschaft geblieben. Die Soziologie unterliegt einem Wandel in der Semantik, da einerseits sich ändernde gesellschaftliche Strukturen beschreibbar sein sollen und andererseits durch soziologische Überlegungen politisches, ökonomisches oder anderes Handeln angeleitet werden soll.

Aber auch die gesellschaftlichen Theorien sind jeweils Ausdruck gesellschaftlicher Konflikte, die sich in binären Codierungen wie links gegen rechts oder oben versus unten äußern, je nachdem, welchen Standpunkt der Soziologe einnimmt. So argumentiert z.B de Bonald vom Standpunkt der Gegenrevolution und Karl Marx präferiert die Revolutionierung der Gesellschaft. Die beiden Antipoden, die hier nur beispielhaft für ihre jeweiligen Fraktionen genannt werden, vereinen die Überzeugung, dass die gesellschaftliche Entwicklung als Krisenerscheinung zu betrachten sei.

Die Auswahl der soziologischen Klassiker mit ihren Theorien in dieser Arbeit ist kontingent und subjektiv. Sie orientiert sich an der Vorstellung der historischen Bedeutung und Nachwirkung, was als ein Zeichen für Klassizität angenommen wird.[2] Dies bedeutet nicht, dass man mit guten Gründen nicht auch eine andere Auswahl treffen könnte. Doch scheint mir die vorliegende Auswahl nicht zu artifiziell zu sein.

---

2   Siehe Kaesler, Dirk; "Was sind und zu welchem Ende studiert man die Klassiker der Soziologie?", in: ders. (Hg.), Klassiker der Soziologie, München 1999

Alexander, Jeffrey, The Centrality of the Classics, in: Giddens, Anthony und Jonathan H. Turner (Hg.), Social Theory Today, Stanford, California 1987

Ders., Theoretical Logic in Sociology, 4 Bände, Berkeley u. Los Angeles, Cal. 1985

Louis-Gabriel Vicomte de Bonald

Louis-Gabriel-Ambroise Vicomte de Bonald[3] (1754-1840) ist Zeitgenosse und Kritiker der französischen Revolution, der er vorwirft, Sentimentalität gegen die Vernunft, den Aufstand der Subjektivität gegen die volonté générale, den Menschen als Subjekt gegen die verfasste Gesellschaft und die Revolution gegen Fortschritt und Kontinuität zu setzen. Er wendet sich gegen den revolutionären Humanismus und absoluten Pazifismus, da diejenigen, die gegen den Krieg angehen, dies nur solange tun, bis er für ihre Sache geführt wird und sich dadurch ihre Vorstellungen durchsetzen lassen. Es gibt für ihn einen engen Zusammenhang von revolutionärer Freiheitsidee und Terror, wohin für ihn die französische Revolution geführt hat.

De Bonald entwickelt eine funktionalistische Theorie der Gesellschaft, die das, was nützlich für die Erhaltung der Gesellschaft ist, als notwendig ansieht, wogegen das, was für die Menschen und die Gesellschaft gefährlich ist, als Irrtum bezeichnet wird. Die moderne Gesellschaft besteht für de Bonald aus Individuen, dagegen präferiert er eine Struktur der Gemeinschaft und Familien, ein Gedanke, der heute im Kommunitarismus wieder auftaucht. Für de Bonald besteht die tiefste Neigung des Menschen in seinem Willen zur Macht, ein Gedanke, den besonders Friedrich Nietzsche, Georges Bataille und Michael Foucault später aufgreifen. Als Sozialtheoretiker unterstützt er die Stärkung der Familien, da durch sie gemeinschaftlich bindende Elemente geschaffen werden. Erziehung soll dazu dienen, den individuellen Willen zur Herrschaft auf ein nützliches Ziel zu lenken und ihn damit zu sozialisieren.

Louis-Gabriel-Ambroise Vicomte de Bonald liefert eine theoretische Beschreibung der Gesellschaft seiner Zeit und sagt am Ende des 18. Jahrhunderts voraus, dass die sublimen Betrachtungen über die Gesellschaftsordnung und die entsprechende Theorie der Macht das Interesse des anbrechenden Jahrhunderts wecken wird. Dieser Beginn der Soziologie, deren Name erst später von Auguste Comte geprägt wurde, beschäftigt als Wissenschaft folgende Jahrhunderte.

Auguste Comte

Auguste Comte wird 1798 in Montpellier geboren. Er arbeitet in den Jahren 1817 bis 1824 als Sekretär von Claude-Henri de Rourray, Comte de Saint-Simon. Von seiner Frau, seinem einzigen Fehler, wie er schreibt, trennt er sich und verliebt sich in die todkranke Clautilde de Vaux, die bald darauf stirbt, und macht sie zum Zentrum eines neuen

---

3   Spaemann, Robert, Der Ursprung der Soziologie aus dem Geist der 'Restauration', Studien über L.G.A. de Bonald, Stuttgart 1998

Kultes. Er kündet 1847 eine neue 'Religion der Menschheit' an und gründet im folgenden Jahr die 'Positivistische Gesellschaft'. Er stirbt 1857.

Comte prägte als erster den Terminus 'Soziologie'[4] anstelle des in der früheren Tradition häufig gebrauchten Begriffs 'soziale Physik'. Comte entwirft die Soziologie als eine Form der Naturwissenschaft und will von daher soziale Gesetze erkennen und darstellen. Er formuliert, geprägt von den Erschütterungen der französischen Revolution und Gegenrevolution und der naturwissenschaftlichen Ausbildung seiner Zeit im Anschluss an Turgot und Saint-Simon, ein *Dreistadiengesetz* der Entwicklung von Gesellschaften. Das erste Stadium nennt er *theologisch*, in dem soziale Erscheinungen als Folge der Einwirkungen übernatürlicher Kräfte gesehen werden. Soziale Anomalien und Katastrophen gelten als Ergebnis der Einwirkung von übernatürlichen Kräften und Gottheiten. Im darauffolgenden *metaphysischen* Stadium geht der Einfluss von Gottheiten zurück, an deren Stelle treten Vernunft und Eigennutz, die das Sozialleben beeinflussen und zunehmend abstrakte Kräfte wie Energie, Geist und Wille wirksam werden lassen. Comte benutzt dazu den aus der Scholastik stammenden Begriff der Entität, der eine Relation zwischen Beobachtung und Erklärung liefern soll. Darauf folgt das *positive* Stadium, in dem der Einfluss des tatsächlichen, nützlichen, sicheren, genauen und wissenschaftlichen Wissens zur Grundlage der Erkenntnis der Gesetzmäßigkeit der sozialen Entwicklung und ihrer Planbarkeit wird.

Comtes 'Lehre von der sich selbst vollziehenden Gemeinschaft', seine Vorstellung einer natürlichen Ordnung, basiert auf vier Elementen:

Die *sympathischen Instinkte der Individuen*, die den egoistischen und sozialen Institutionen entgegen gesetzt sind.

Die *Institution der Familie*. Die Familie regelt die Arbeitsteilung der Geschlechter, den Gehorsam der Kinder gegenüber den Eltern und die familiale Erziehung.

Die *Arbeitsteilung* koordiniert menschliches Handeln und wirkt als soziales Bindemittel, ein Gedanke, der später von Emile Durkheim aufgegriffen und weiter entwickelt wird.

Die *soziale Hierarchie*, die aus der Arbeitsteilung hervorgegangen ist und als sachlich notwendig erachtet wird, ist, z.B. als Regierung und andere Stellvertreterkörperschaften, die Grundlage einer modernen Gesellschaft.

Diesen Momenten der Ordnung stehen vier Elemente der Bewegung gegenüber:

---

4   Comte, Auguste, Soziologie, 3 Bände, Jena 1907-1911

Siehe auch: Schwengel, Hermann (Hg.), Grenzenlose Gesellschaft?, Bd. II/2, Ad-hoc-Gruppe: Auguste Comte 1798-1998, Pfaffenweiler 1999, S. 24-51

Das *individuelle Streben* nach Glück veranlasst den Einzelnen zu versuchen, seine soziale Lage zu verbessern und seine Fähigkeiten auszubilden.

Die *Kürze der Lebensdauer* bedingt, dass jeweils eine neue Generation herangezogen werden muss, was wiederum zu Neuerungen führt.

Das *Anwachsen der Bevölkerung*[5] führt zu neuen Sozialformen und Erhöhung der Konkurrenz.

Die *geistige Entwicklung* bewirkt, dass die Leidenschaften, spekulatives Denken und traditionelle Denkgewohnheiten durch die Leitung eines positiven Geistes abgelöst werden.

Die moderne Gesellschaft ist somit nach Comte geprägt von der Triade Wissenschaft, Fortschritt und Ordnung.[6]

Herbert Spencer

Herbert Spencer lebte in England von 1820 bis 1903. Er arbeitete zuerst als Eisenbahningenieur und nach einer größeren Erbschaft im Jahre 1853 konnte er sich bis zu seinem Tode seinen Studien widmen.[7]

Herbert Spencer[8] sieht als Bewegungsprinzipien der Gesellschaft Wachstum, strukturelle Differenzierung und funktionale Interdependenz. Er nimmt eine Entwicklung von unspezifizierten, gleichförmigen zu spezifizierten, ungleichförmigen Systemen an. Dies erfolgt nach Spencer durch ein Zusammenspiel von endogenen und exogenen Faktoren. Für Spencer besteht Gesellschaft aus strukturellen und funktionalen Teilen. In Anlehnung an Darwin betont Spencer, dass strukturelle Differenzierung bei gleichzeitiger Integration das Überleben der Gattung zu sichern habe.

Spencer entwickelt für seine Evolutionstheorie vier soziologische Begriffspaare:

1. Wachstum und Komplexität

2. Struktur und Umwelt

---

5   Dass auch der demographische Bevölkerungsrückgang zu neuen Sozialformen (wie der Veränderung der Familienformen) und Erhöhung der Konkurrenz (wie sich dies in der Rentendiskussion niederschlägt) führen kann, sehen wir jetzt in Deutschland.

6   Zwei dieser drei Teile, und zwar 'progressio' und 'ordo' findet man in Anschluss an Comte in der brasilianischen Nationalfahne wieder, da man in Brasilien am Ende des 19. Jahrhunderts Positivismus als Staatsphilosophie ansah.

7   Kiss, Gabor, Einführung in die soziologischen Theorien, 2. Aufl., Opladen 1974
    Kellermann, Paul, Herbert Spencer (1820-1903), in: Kaesler, Dirk (Hg.), Klassiker des soziologischen Denkens, Bd. 1, München 1976

8   Spencer, Herbert, Einleitung in das Studium der Soziologie, Leipzig 1875
    Ders., Die Principien der Soziologie, 2 Bände, Stuttgart 1886

3. Funktion und Anpassung

4. Differenzierung und Interdependenz.

Unter soziologischem Wachstum versteht Spencer in erster Linie Bevölkerungszuwachs, das neue Probleme der Koordination nach sich zieht und eine Veränderung der Struktur herbeiführt (z.B. in der Entwicklung von Stammesgesellschaften zu Hochkulturen). Dies verändert *Struktur und Umwelt*, etwa durch Ausdifferenzierung von sozialen Gruppen, sodass z.B. eine Krieger- und Priesterkaste entstehen konnte. Bei stärker ausdifferenzierten Teilen tritt als Bestandsproblem *Funktion und Anpassung* auf, um die auseinanderstrebenden Teile wieder zusammenzufügen. Funktionalität ist bei Spencer Selbsterhaltung und die Sicherung der Zirkulation (z.B. von Waren, Tausch, auch von Menschen) durch Kooperation. Die *Differenzierung und Integration* sind komplementär angeordnet und folgen aus den genannten Begriffsdichotomien. In seiner Evolutionstheorie bezieht sich Spencer auf die drei Gesellschaftstypen von Comte. Der erste Gesellschaftstyp besitzt Arbeitsteilung, lose Herrschaft, zwanglose Konformität und Kontrolle durch Sitte. Der zweite Gesellschaftstyp ist gekennzeichnet durch höhere Arbeitsteilung, Ausdifferenzierung von Berufen, höheren Zwang und Kontrolle und der dritte Gesellschaftstyp durch einen höheren Komplexitätsgrad, Vertragsorientierung, freiwillige Kooperation, Chancen der Nonkonformität und Individualisierung, ein Thema, das insbesondere den modernen Menschen umtreibt. Alexis de Tocqueville[9] hat schon vor 160 Jahren darauf hingewiesen, dass der Mensch der Zukunft, also der gegenwärtige Mensch, sich nur noch mit sich selbst beschäftigen wird.

Karl Marx

Ähnlich wie Comte und Spencer vertreten auch Karl Marx und Friedrich Engels einen linear ausgerichteten Fortschrittsoptimismus.

Karl Marx wurde 1818 als Sohn von Heinrich und Henriette Marx, die beide aus Rabbiner-Familien stammten, in Trier an der Mosel geboren. Heinrich Marx konvertierte aus beruflichen Gründen zum Protestantismus. Nach Karl Marxens Studium in Bonn und Berlin promovierte er 1841 über 'Die Differenz der demokritischen und epikureischen Naturphilosophie'. In seiner Studienzeit beginnt seine Auseinandersetzung mit Georg Wilhelm Friedrich Hegel (1770-1831), dem preußischen Staatsphilosophen, der den klassisch-griechischen Begriff der Dialektik für seine Staats- und Gesellschaftstheorie fruchtbar gemacht hat.

---

9   Tocqueville, Alexis de, Über die Demokratie in Amerika, Zürich 1987 (frz. Original 1835/40)

Nach seiner Zeit als Chefredakteur der 'Rheinischen Zeitung' in Köln bis 1842 musste er Deutschland in Richtung Paris verlassen. Dort traf er Friedrich Engels, einen reichen Unternehmer, der ihn lebenslang finanziell unterstützte. Dann ging Karl Marx nach Brüssel, wo er 1848 zusammen mit Friedrich Engels das 'Manifest der Kommunistischen Partei' schrieb und danach nach London, wo er dank seines Freundes Friedrich Engels seinen wissenschaftlichen und politischen Neigungen bis zu seinem Tod im Jahre 1883 nachgehen konnte.

Die Dialektik, die die Triade von These, Antithese und Synthese benutzt, stellt für Hegel eine aufsteigende Spirale dar, die den Gesellschafts- und Denkprozess bestimmt. Dies kumuliert in seiner These vom Staat als Inbegriff der sittlichen Idee. Karl Marx schrieb bereits im Jahre 1841 eine 'Kritik der Hegelschen Staatsphilosophie' und 1845 seine 'Thesen über Feuerbach', einen Hegel-Schüler. Marxens Hegelkritik betont, die dialektische Methode nicht in erster Linie auf den Gedankenprozess, sondern auf den materiellen Entwicklungsprozess anzuwenden, d.h. 'Hegel vom Kopf auf die Füße zu stellen', wozu auch seine Feuerbachthese gehört: "Die Philosophen haben die Welt nur verschieden interpretiert, es kommt darauf an, sie zu verändern."

Im 'Kommunistischen Manifest' haben Marx und Engels die Klassentheorie entwickelt. So schreiben sie: "Die Geschichte aller bisherigen Gesellschaften ist die Geschichte von Klassenkämpfen."[10]

In der damaligen Gegenwart sieht Marx die Aufteilung der Gesellschaft in zwei Klassen, die über den Besitz an Produktionsmitteln und Kapital definiert werden. Besitzer an Produktionsmittel nennt er Bourgeoisie, die Nichtbesitzer Proletariat. Der Bourgeois erhält im Laufe der weiteren Ausführungen die Bezeichnung Kapitalist, der zum Träger einer gesellschaftlichen Rolle wird. Kapitalist zu sein, heißt nicht nur eine rein persönliche, sondern eine gesellschaftliche Stellung in der Produktion einzunehmen. Das Kapital ist ein gemeinschaftliches Produkt und kann nur durch eine gemeinsame Tätigkeit vieler Mitglieder, ja in letzter Instanz nur durch die gemeinsame Tätigkeit aller Mitglieder der Gesellschaft, in Bewegung gesetzt werden. Das Kapital ist keine persönliche, sondern eine gesellschaftliche Macht. Ebenso stellt das Proletariat eine gesellschaftliche Macht dar, die dann, wenn es sich zahlenmäßig stark erhöht hat, zu einer Revolution der Gesellschaft führt.

Als Lösung der gesellschaftlichen Probleme ihrer Zeit sehen Marx und Engels die Aufhebung des Privateigentums, da das Privateigentum an Produktionsmitteln für neun Zehntel der

---

10   Marx, Karl und Friedrich Engels, Manifest der kommunistischen Partei, in: dies., Ausgewählte Schriften in zwei Bänden, Berlin 1966, S. 26. Dann fahren sie fort: "Freier und Sklave, Patrizier und Plebejer, Baron und Leibeigener, Zunftbürger und Gesell, kurz, Unterdrücker und Unterdrückte standen in stetem Gegensatz zueinander, führten einen ununterbrochenen, bald versteckten, bald offenen Kampf, einen Kampf, der jedesmal mit einer revolutionären Umgestaltung der ganzen Gesellschaft endete oder mit dem gemeinsamen Untergang der kämpfenden Klassen."

Gesellschaftsmitglieder nicht existiere. Sie wollen das Privateigentum an Produktionsmitteln aufheben, weil es die 'Eigentumslosigkeit' der Meisten voraussetzt. "Man hat eingewendet, mit der Aufhebung des Privateigentums werde alle Tätigkeit aufhören und eine allgemeine Faulheit einreißen. Hiernach müßte die bürgerliche Gesellschaft längst an der Trägheit zugrunde gegangen sein; denn die in ihr arbeiten, erwerben nicht, und die in ihr erwerben, arbeiten nicht. Das ganze Bedenken läuft auf die Tautologie hinaus, daß es keine Lohnarbeit mehr gibt, sobald es kein Kapital mehr gibt".[11]

Hier setzt ein Kritikpunkt an der Marxschen Theorie an, weil die Gruppe 'Proletariat' nicht differenziert wird, sondern sich zum Beispiel aus Arbeitern, Bauern, Beamten, leitenden Angestellten etc. zusammensetzt.[12] Damit werden Interessenkonflikte innerhalb des Proletariats von Marx und Engels nicht genügend beachtet.

Als weitere Maßnahmen, die in den Ländern des real existierenden Sozialismus auch weitgehend eingeführt wurden, schlagen Marx und Engels vor:

1. Expropriation des Grundeigentums und Verwendung der Grundrente zu Staatsausgaben.

2. Starke Progressivsteuer.

3. Abschaffung des Erbrechts.

4. Konfiskation des Eigentums aller Emigranten und Rebellen.

5. Zentralisierung des Kredits in den Händen des Staats durch eine Nationalbank mit Staatskapital und ausschließlichem Monopol.

6. Zentralisierung des Transportwesens in den Händen des Staats.

7. Vermehrung der Nationalfabriken, Urbanmachung und Verbesserung der Ländereien nach einem gemeinschaftlichen Plan.

8. Gleicher Arbeitszwang für alle, Errichtung industrieller Armeen, besonders für den Ackerbau.

9. Vereinigung des Betriebs von Ackerbau und Industrie; Hinwirken auf die allmähliche Beseitigung des Unterschieds von Stadt und Land.

10. Öffentliche und unentgeltliche Erziehung aller Kinder. Beseitigung der Fabrikarbeit der Kinder. Vereinigung der Erziehung mit der materiellen Produktion.

Es ist erkennbar, dass der real existierende Sozialismus keine Degenerationserscheinung war, sondern sich an die Vorgaben von Marx/Engels und später Lenin mit der Konzeption der Realisierung der Diktatur des Proletariats als revolutionäre Kader- und Parteiorganisation hielt.

---

11   Marx, Karl und Friedrich Engels, Manifest der kommunistischen Partei, a.a.O., S. 41

12   Z.B. bei Geiger, Theodor, Die soziale Schichtung des deutschen Volkes, Stuttgart 1987

Auf Deutschland richten Marx und Engels ihre Hauptaufmerksamkeit, weil Deutschland nach ihrer Vorstellung am Ende des letzten Jahrhunderts am Vorabend einer bürgerlichen Revolution stehe und weil es diese Umwälzung unter fortgeschrittenen Bedingungen der europäischen Zivilisation und mit einem viel weiter entwickelten Proletariat vollbringen kann als England im 17. und Frankreich im 18. Jahrhundert.

Gesellschaftliche Entwicklung:

Prinzipiell treiben die ökonomischen Widersprüche (Antagonismen) von sich aus gesellschaftlichen Fortschritt an und verursachen eine stadienmäßige gesellschaftliche Entwicklung. So gibt es nach Marx und Engels Produktivkräfte, die sich nicht nur aus sachlichen, sondern auch aus menschlichen Trägern zusammensetzen.

a) Zu den sachlichen Trägern der Produktivkräfte gehören die natürliche Umwelt (Bodenbeschaffenheit, Bodenschätze, Energievorkommen usw.) und die Instrumente bzw. die technische Ausrüstung.

b) Zu menschlichen Trägern gehören: die Bevölkerungsdichte (Arbeitskräftepotential), Bevölkerungsbewegung, Gesundheitszustand und auch die jeweilige Produktionsfertigkeit und erfahrung der Produzenten, die sich z.B. in der Organisationstechnik oder im Entwicklungsstand der Wissenschaft zeigen und deshalb eine Produktivkraft bilden, weil sie unmittelbar auf die Produktionskapazität zurückwirken.

Daneben gibt es nach Marx und Engels Produktionsverhältnisse. Unter den Produktionsverhältnissen verstehen sie die Bewegungsform materieller Gebrauchswerte in der Gesellschaft, die Art und Weise ihres Austausches, ihrer Verteilung und Konsumption. Die Produktionsverhältnisse können konkret an der Art der Kooperation (z.B. freiwillige oder zwanghafte Gruppenzusammenarbeit), der Arbeitsteilung (bedingt durch das Ausmaß der Tätigkeitszerlegung, durch die Verkehrsverhältnisse usw.), der Verteilung der Produktionsmittel und der Verteilung von Konsumgütern analysiert werden.

Die Menschheitsentwicklung sieht Marx als Höherentwicklung an. Die erste Stufe bezeichnet er als *urwüchsige* oder *archaische Gemeinschaft.* Angesichts der Bedrohlichkeit der Naturkräfte ist der Zusammenhalt dieses Gemeinschaftstyps aus Gründen der Selbsterhaltung lebensnotwendig: Der größte Feind des Menschen ist auf dieser Stufe die Natur. Die archaische Gemeinschaft zeichnet sich durch folgende Merkmale aus: Gemeineigentum an Produktionsbedingungen (Boden, Gewässer, Wälder); die Produktion ist für den persönlichen Gebrauch bestimmt; Produkte werden generell nur innerhalb der Gemeinschaft ausgetauscht; Entscheidungen werden gemeinsam getroffen; Schlichtung von Streitigkeiten ist Sache der Gemeinschaft; Autorität des

Ältesten ergibt sich daraus, dass er als primus inter pares wirkt; es gibt eine eigentumslose Gleichheit (nur Besitzrecht auf Gebrauchsgegenstände) und folglich keine antagonistischen Gegensätze innerhalb der Gemeinschaft; keine politische Gewalt, die die Aufstellung von Polizei oder Heer zur Wahrnehmung der Ordnung notwendig macht.

Die nächste Stufe stellt die *Sklavenhaltergesellschaft* dar. Die zunehmende Arbeitsteilung, Verwendung von Eisen, Nutzung von Ackerländern bedingten zunehmende soziale Ungleichheit; Herausbildung von Eigentumsformen, verbunden mit der Ausdehnung des Tauschverkehrs, die die relative Loslösung Einzelner aus dem Stammesverband bzw. der 'urwüchsigen Gemeinschaft' ermöglicht; Sklaven dienen als Arbeitskräfte; dieser Vorgang konstituiert die Ökonomie des patriarchalisch organisierten 'ganzen Hauses' und der Formierung von neuartigen Gruppenbildungen (Sippen, Familien); die Produktion auf der Grundlage der gemeinschaftlichen Kooperation wird von einer Kleingruppenkoordination abgelöst, denn nur in den Zentren der Hochkulturen werden Sklaven massenweise eingesetzt. Merkmale der Sklavenhaltergesellschaft bestehen in: Privateigentum an Boden und Personen; Beschaffung von Arbeitskräften durch Kriegszüge mit der damit verbundenen Versklavung der Besiegten; geringe Arbeitsspezialisierung; die großen technischen Leistungen, wie z.B. Bau der Pyramiden, werden aufgrund planmäßiger Großgruppenkooperation unter äußerster Zwangsanwendung vollbracht; persönliche Herrschaft des Einzelnen (Königshäuser) bzw. der Oberschicht der Sklavenhalter.

Danach bildete sich der *Feudalismus* heraus. Bei der Eroberung von Großräumen erwies sich die Sklavenarbeit als unrentabel; das Lehnswesen basiert auf dem ökonomischen Nutzen, der durch die individuelle Bewirtschaftung des Bodens entsteht und auf diese Weise zur Vergrößerung des Mehrproduktes führt: der selbstwirtschaftende Bauer 'tributpflichtiger Eigentümer' hat, trotz seiner Abgabepflichten gegenüber dem Lehnsherrn und der Kirche, größere Anreize zu produzieren als der total entrechtete Sklave. Der Feudalismus umfasst folgende Merkmale: weitere Arbeitsspezialisierung (Handwerk: 'Windmühle'); regelmäßiger Tausch (Städte, Märkte); intensivere Bodenbearbeitung; Herrschafts- und Knechtschaftsverhältnisse werden dadurch gemildert, dass den Bauern und auch den Handwerkern das Eigentum an Produktionsmitteln (Werkzeuge) und die Produktionsbedingungen (vom Lehnsherrn zugewiesener Boden) korporativ-rechtlich (Zünfte) aber auch individuell (Hofbauer) garantiert werden.

Auf der nächsten Stufe entwickelte sich der *Kapitalismus*. Merkmale des Kapitalismus bestehen in: weitgehende Arbeitszerlegung (Manufaktur-Betrieb-Großbetrieb), 'Dampfmaschine'; maschinelle Massenproduktion; Erweiterung des lokalen Marktes zum Weltmarkt); Freisetzung der Arbeitskräfte (rechtlich auf der Grundlage der Vertrags -'Freiheit'; Herrschaft der ökonomisch stärksten Klasse (Bürgertum); der Staat stellt das Werkzeug dieser Klasse dar. Die

Ideologie des Kapitalismus betont formal-juristische und politische Parolen von 'Gleichheit, Freiheit, Brüderlichkeit'. So wird die Ideologie des Liberalismus, in der durch das freie Spiel der Kräfte das Gemeinwohl erwächst, die zentrale Legitimationstheorie des Kapitalismus.

Max Weber wird später die positiven Aspekte des rationalen Wirtschaftens, trotz aller grundsätzlichen Bedenken gegenüber der Moderne, herausstellen. Er erklärt, dass das rationale Wirtschaften folgende Merkmale umfasst:

1. planvolle Verteilung solcher Nutzleistungen, auf deren Verfügung der Wirtschaftende zählen zu können glaubt;

2. planvolle Verteilung verfügbarer Nutzleistungen auf mehrere Verwendungsmöglichkeiten in der Rangfolge der geschätzten Bedeutung.

Auch nach Weber besteht also das typische Merkmal der kapitalistischen Wirtschaftsordnung in der Verwertung des Geldes oder der Konsumgüter zu Erwerbszwecken in Gewinnabsicht, wobei sich das ökonomische Ziel von der güterwirtschaftlichen auf die geld- und erwerbswirtschaftliche Art verlagert. In der Weberschen Kapitalismus-Analyse überwiegen trotz aller Kritik die 'positiven Momente' der Entwicklung von rationalen Strukturen des Wirtschaftens. Die Kategorie des 'rationalen Wirtschaftens' als Gegensatz zur traditionalen Orientierung hebt vor allem den Aspekt der individuellen Planung als typisches und grundlegendes Element zweckrationalen Handelns hervor.

Marx hingegen hat in seiner Kapitalismus-Analyse vorwiegend die negativen Folgen dieses Prozesses analysiert. Nach dem Kapitalismus entsteht nach Marx als nächste Stufe der Sozialismus und dann der Kommunismus, der strukturell der Urgesellschaft auf einer höheren Stufe entspricht.

Friedrich Engels hat, basierend auf Exzerpten von Karl Marx, die dieser über Lewis Henry Morgan angefertigt hat, seine Schrift 'Der Ursprung der Familie, des Privateigentums und des Staats' verfasst, die für die spätere marxistische Rezeption[13] große Bedeutung erlangte.

Auch Marxens Feuerbachthese, "das Sein bestimmt das Bewußtsein" hat die Sozialwissenschaften stark beeinflusst, weil dahinter eine materialistische und soziale Erklärungshypothese steht.

---

13   Bebel, August, Die Frau und der Sozialismus, 61. Aufl., Berlin 1964

Exkurs: Das Recht auf Arbeit oder das Recht auf Faulheit

Im folgenden Exkurs wird eine Kontroverse behandelt, die zwischen Karl Marx und Paul Lafargue ausgetragen wurde. Sie steht beispielhaft für eine Diskussion, die an Aktualität eher zu- als abgenommen hat.

Die Position von Karl Marx als Begründer des Marxismus ist allgemein bekannt. Dagegen wurden die Aussagen von Paul Lafargue, des Schwiegersohns von Karl Marx und einer der Führer der sozialistischen Bewegung am Ausgang des 19. Jahrhunderts, in Schweigen gehüllt.[14] Dies war das fast vollständige Vergessen und Verdrängen einer Position, die das Bild des Paradieses, der Freiheit von Zwang zur Arbeit, der Lust und des Genusses wieder rehabilitieren wollte. Lafargue gab seiner zentralen Schrift 'Das Recht auf Faulheit' den Untertitel 'Widerlegung des Rechts auf Arbeit'. Diese im Original französische Arbeit ist in Deutschland nur durch die verharmlosende Übersetzung von Eduard Bernstein bekannt, die auch der Neuausgabe durch Iring Fetscher zugrunde liegt.[15] Im Ostblock wurden die zentralen Meinungen Lafargues überhaupt nicht publiziert,[16] doch im Abgewehrten und Verdrängten drängt eine alte Utopie hervor, zu deren Erfüllung die Sozialisten einmal angetreten waren.

Lafargue entwickelt ähnlich wie vor ihm Friedrich Schlegel[17] und andere die Utopie eines Goldenen Zeitalters. Die Reduktion der Arbeitszeit und die Herausbildung von Faulheit und Muße sind für Lafargue wichtige Elemente dieser menschlichen Sehnsucht. "Ein neues Lied, ein

---

14   Vergl. dazu die instruktive Schrift: Benz, Ernst, Das Recht auf Faulheit oder die friedliche Beendigung des Klassenkampfes. Lafargue-Studien. Stuttgart 1974
     und Kaltenbrunner, Gerd-Klaus, Faulheit und Revolution, in: Zeitschrift für Religions- und Geistesgeschichte, Heft 16, Köln 1966, bes. S. 158 ff.

15   Lafargue, Paul, Le droit à la Paresse, Refutation de "Droit au Travail" de 1848, Paris 1883
     Ders., Das Recht auf Faulheit und persönliche Erinnerungen an Karl Marx (hg. von Iring Fetscher), 2. Aufl., Frankfurt und Wien 1969

16   Iring Fetscher schreibt in seiner Einleitung zu der erwähnten Schrift Lafargues, S. 8 ff.: "Als ich irgendwo einmal ein paar Sätze Lafargues aus seiner Streitschrift zitierte, wird mir von einer Ostberliner Zeitung bescheinigt, ich habe die Arbeitsmoral der DDR untergraben wollen. So ironisch haben sich die Verhältnisse entwickelt, dass die marxistische Polemik des Schwiegersohns von Marx als Anschlag des Klassenfeindes 'entlarvt', die Moral Calvins als Muster der sozialistischen Sittlichkeit gefeiert werden kann!", wobei man sich darüber streiten kann, was denn nun 'materialistisch' genannt werden soll. Eine marxistische Analyse würde dabei von der gesellschaftlichen Realität ausgehen und nicht von dem Ideellen und Wünschenswerten. Schließen wir uns hier dem Marxismus an.

17   Schlegel, Friedrich, Idylle über den Müßiggang, München. Berlin 1799

besseres Lied"[18] als das proklamierte Recht auf Arbeit und die calvinistischen Ideen der Selbstverwirklichung in der Arbeit will er den Arbeitern singen, er singt ihnen das Lied von der Faulheit. Lafargue kritisiert in seinem 'Recht auf Faulheit' die Arbeit als "Ursache des geistigen Verkommens und körperlichen Verunstaltung".[19] Er setzt dagegen den "stolzen Wilden, wenn ihn die Missionare des Handelns und die Handlungsreisenden in Glaubenartikeln noch nicht durch Christentum, Syphilis und das Dogma von der Arbeit korrumpiert haben, die glücklichen Völker, die noch zigarettenrauchend in der Sonne liegen."[20]

Bei den Freien der Antike konstatiert er eine Verachtung der Arbeit[21] und er, der Atheist, scheut sich nicht, die Christen und ihren Gott als Kronzeugen zu nennen.[22]

Zwei Argumentationsketten werden bei Lafargue parallel benutzt. Einmal werden die Arbeiter von der kapitalistischen Arbeitsmoral verführt, zum anderen ist ihre eigene Arbeitssucht, ihr proklamiertes 'Recht auf Arbeit',[23] daran schuld, dass sie verelenden. Die moderne Arbeitssucht erzeugt Überproduktion und ist nicht die Quelle menschlichen Reichtums, sondern die Ursache menschlichen Elends. Die Arbeit wird nur als 'eine Würze der Vergnügen der Faulheit' akzeptiert, die Maschinen als die modernen Sklaven sollen die Menschen von der Notwendigkeit der Arbeit befreien. Diese Sehnsüchte Lafargues entstammen einerseits den utopischen

---

18 Heine, Heinrich, Deutschland, Ein Wintermärchen, Osnabrück 1970. Diese Stelle wurde in der sozialistischen Diskussion der beiden letzten Jahrhunderte häufig zitiert, um die Sehnsüchte zu artikulieren, siehe u.a. Bebel, August, Die Frau und der Sozialismus, 61. Aufl., Berlin 1964, S. 511

19 Lafargue, Paul, Das Recht..., a.a.O., S. 19

20 Ders., Das Recht..., a.a.O., S. 19

21 Ders., Das Recht..., a.a.O., S: 49 und S. 21: "Auch die Griechen hatten in der Zeit ihrer höchsten Blüte nur Verachtung für die Arbeit; den Sklaven allein war es gestattet, zu arbeiten, der freie Mann kannte nur körperliche Übungen und Spiele des Geistes. Das war die Zeit eines Aristoteles, eines Phidias, eines Aristophanes, die Zeit, da eine Handvoll Tapferer bei Marathon die Horden Asiens vernichtete, welche Alexander bald darauf eroberte. Die Philosophen des Altertums lehrten die Verachtung der Arbeit, dieser Herabwürdigung des freien Mannes; die Dichter besangen die Faulheit, dieses Geschenk der Götter."

22 Ders., Das Recht..., S. 21: "Gott gibt seinen Verehrern das erhabenste Beispiel idealer Faulheit: nach sechs Tagen Arbeit ruht er auf alle Ewigkeit aus."

23 Ders., Das Recht..., a.a.O., S. 23: "Und die Nachkommen der Schreckenshelden haben sich durch die Religion der Arbeit so weit degradieren lassen, dass sie 1848 das Gesetz, welches die Arbeit in den Fabriken auf 12 Stunden täglich beschränkte, als eine revolutionäre Errungenschaft entgegennahmen; sie proklamierten das Recht auf Arbeit als ein revolutionäres Prinzip. Schande über das französische Proletariat. Sklaven nur sind einer solchen Erniedrigung fähig. 20 Jahre kapitalistischer Zivilisation müßte man aufwenden, um einem Griechen des Altertums eine solche Erniedrigung begreiflich zu machen!"

Vorstellungen des Schlaraffenlandes, die er auf die damalige Gegenwart überträgt und andererseits aus seiner eigenen Biographie.

- Paul Lafargue wurde 1842 in Santiago de Cuba geboren. Sein Großvater väterlicherseits war ein Franzose, der eine Mulattin von der Insel Haiti geheiratet hatte. Sein Großvater mütterlicherseits war ein französischer Jude, der in San Domingo auf Haiti mit einer Karibin, einer der letzten Nachkommen der von den Spaniern fast ausgerotteten Ureinwohnern Haitis, zusammenlebte. Ihre Tochter war die Mutter Lafargues.[24] Lafargue wuchs in Santiago de Cuba auf, sprach von früh an Spanisch und Französisch und zog 1851 mit seinen Eltern nach Bordeaux. Dort und in Toulouse besuchte er das Gymnasium und begann dann in Paris mit einem Medizinstudium. Er betätigte sich in sozialistischen Studentenkreisen und lernte 1865 als Delegierter in London Karl Marx und dessen Tochter Laura kennen, die er später heiratete.

Die Bemerkungen Marxens über Lafargue sind zumeist hämisch und voller rassistischer Ressentiments.[25] Karl Marx schreibt Paul Lafargue einen Brief, in dem er von ihm und Pauls Vater, Francois Lafargue, positive Auskünfte[26] über seine ökonomischen Verhältnisse anfordert, "bevor die Sache weitergehen oder sich zu einem Arrangement entwickeln kann."[27] Er erfährt von "sehr günstigen ökonomischen Bedingungen"[28] des Vaters in Bordeaux. Seinen eigenen Stand der Finanzen verheimlicht er lieber vor Lafargue[29] und nennt sich sogar in dem Schreiben an Francois Lafargue einen Ex-Weinbergbesitzer,[30] was er nie war. Dass er solchen Wert auf die Lösung ökonomischer Probleme legt, lässt sich vielleicht mit seinem Ansatz erklären, der die Ökonomie zur Antriebskraft der Geschichte stilisiert.

Neben diesen ökonomischen Sorgen Marxens bestimmen Herkunft und Manieren Lafargues die Vorwürfe. So teilt er Engels mit: "Ich habe aber noch gestern unserem Kreolen mitgeteilt, daß, wenn er sich nicht zu englischen Manieren down kalmieren kann, Laura ihn ohne Umstände an die Luft setzen wird."[31] Paul sei ein guter Kerl, aber "zu sehr Naturkind".[32] So wundert es ob rassistischer Anspielungen[33] nicht, dass Marx und Paul Lafargue häufig miteinander streiten.[34]

---

24   Lafargues Abstammung wird hier dargestellt, weil sie in der Kritik von Karl Marx an Lafargue eine erhebliche Rolle spielte.

25   So in den Briefen von Karl Marx an Friedrich Engels vom 7.6.1866, MEW 31, S. 222, 20.6.1866, MEW 31, S. 229 und 7.8.1866, MEW 31, S. 247

26   Das Institut für Marxismus-Leninismus beim ZK der SED übersetzt "renseignements positifs" mit "bestimmte Auskünfte"

27   Marx an Engels, 13.8.1866, MEW 31, S. 252

28   Marx an Engels, 23.8.1866, MEW 31, S. 253

29   Marx an Engels, 8.11.1866, MEW 31, S. 262

30   Marx an Francois Lafargue, 12.11.1866, MEW 31, S. 536 (Die Erläuterung des Inst. für Marxismus-Leninismus - "Der Vater von Marx besaß früher einen kleinen Weinberg an der Mosel", S. 688)

31   Marx an Engels, 23.8.1866, MEW 31, S. 253

32   Marx an Engels, 23.8.1866, MEW 31, S. 253

33   So in den Briefen an Friedrich Engels vom 23.8.1866, MEW 31, S. 333, 372, 278 und vom 7.11.1868, MEW 32, S. 198. An seine Tochter Jenny vom 5.9.1866, MEW 31, S. 527 ('Abkömmling eines Gorillas') und Marx

Sogar noch kurz vor Marxens Tod, als er sich über Lafargue ärgert und ihn den letzten Bakunisten nennt,[35] garniert er diese Angriffe mit rassistischen Argumenten. "Lafargue hat die üble Narbe von dem Negerstamm, *kein Gefühl der Scham*, ich meine damit die Schamhaftigkeit, sich lächerlich zu machen."[36]

Doch Lafargue verteidigt seinen Schwiegervater, der ihm häufig übel mitspielt. So wird Lafargue ärgerlich, als ein anderer Negatives über Marx erzählt.[37] Auch die Marxsche Einschätzung wird von Anderen, die Lafargue kennen, nicht geteilt. So liefert Marxens Frau Jenny zuerst ein entgegengesetztes Charakterbild von Paul Lafargue, "da man bei dem jungen Frenchman (Paul Lafargue G.R.) im Hause gern die appearences (Etikette G.R.) aufrecht hält"[38] und erst später qualifiziert sie die Arbeit von Lafargue als "Niggerarbeit".[39] Besonders Friedrich Engels setzt sich in dieser Frage in den Gegensatz zu Karl Marx. Engels wird nie persönlich ausfallend gegenüber Lafargue, auch wenn er ihn kritisiert.[40] Er nennt ihn "einer unserer besten Leute - halb Franzose, halb Spanier",[41] erholsam im Verhältnis zu den Apostrophierungen Marxens. –

Insgesamt sind die Aussagen Lafargues sehr viel utopischer als die von Karl Marx, sodass man gegen sie leicht die üblichen Argumente des Irrealen und Wunschhaften vorbringen kann.[42] Doch scheinen sie auf eine seltsame Art modern zu sein, sind doch in ihnen Wünsche eingeschlossen, die heute zunehmend wichtiger werden. Denn in den Utopien,[43] den Hoffnungen auf eine Welt ohne Not und Mühsal, artikulieren sich die verdrängten Sehnsüchte der Menschen. In den Wunschräumen und Wunschzeiten wird die Üppigkeit der Natur, das schrankenlose Genießen

---

an seine Tochter Eleonor, 26.4.1868, MEW 32, S. 602 ('Afrikaner'), der sein 'kreolisches' Temperament zu zügeln habe. Marx an Paul Lafargue, 13.8.1866, MEW 31, S. 518 und an Laura und Paul Lafargue, 11.4.1868, MEW 32, S. 544, auch in Marx an Engels, 11.4.1868, MEW 32, S.58, Marx an Engels 11.02.1882, MEW 35

Dazu vermerkt das Institut für Marxismus-Leninismus, MEW 32, S. 807: "Anspielung auf die Abstammung Paul Lafargues. Er war in Santiago de Cuba geboren worden. Seine Großmutter väterlicherseits war eine Mulattin, seine Großmutter mütterlicherseits eine Indianerin", MEW 32, S. 807

34   MEW 31, S. 538 und MEW 32, S. 58

35   Marx an Engels, 11.2.1882, MEW 35, S. 110

36   Marx an Engels, 11.2.1882, MEW 35, S. 109

37   Marx an Engels, 9.12.1868, MEW 32, S. 222 f.

38   Jenny Marx an Friedrich Engels, 24.12.1866, MEW 31, S. 593

39   Jenny Marx an Friedrich Adolph Sorge, 20./21.1.1877, MEW 34, S. 526

40   Engels an Wilhelm Liebknecht, 7.5.1872, MEW 33, S. 457

41   Engels an Theodor Cuno, 7.5.1872, MEW 33, S. 459

42   In der Folgezeit wird man mit den Marxschen Gedanken genauso verfahren. Besonders beim frühen Marx ist das utopische Denken stark ausgeprägt.

43   Vergl. Neusüss, Arnhelm (Hg.), Utopie, Neuwied und Berlin 1968

ohne Geld, der Abbau aller Differenzierungen und Spannungen und ein allgemeiner Weltfriede geträumt.[44]

Im Spiel des Lebens, in dem Kreislauf von Geburt, Reifung und Tod sind Abgrenzung und Entgrenzung, Traumzeit und Utopie eingeschlossen. Die Utopien haben in der sozialen Evolution häufig die Funktion, einen besseren Zustand zu antezipieren, um damit der weiteren Entwicklung eine Richtung zu geben und ihnen die Möglichkeit zu eröffnen, zur Wirklichkeit zu werden.

Friedrich Nietzsche

Friedrich Nietzsche gilt nicht als Soziologe im engeren Sinne, dennoch haben seine philosophischen Ausführungen das Denken der soziologischen Klassiker stark geprägt, auch wenn bisweilen kein direkter Bezug auf Nietzsche von ihnen angegeben wurde.

Friedrich Nietzsche wurde am 18.10.1844 in Röcken bei Naumburg als Sohn des protestantischen Pfarrers Karl Ludwig Nietzsche und der Pfarrerstochter Franziska Ochter geboren. Nach dem frühen Tod seines Vaters bekam Nietzsche 1858 eine Freistelle an der Landesschule Pforta, wo er bis zum Jahre 1864 umfassend ausgebildet wurde. Er studierte in Bonn und Leipzig insbesondere klassische Philologie und erhielt aufgrund einiger Aufsätze 1869 ohne Doktordiplom, das ihm nachgeliefert wurde, auf Empfehlung seines Lehrers Ritschl eine Professur in Basel. Er taucht in das klassische Altertum, die Philosophie Schopenhauers und die Musik Richard Wagners ein. Zu beiden entwickelt sich eine Freundschaft, die später zerbrach.[45] 1879 gibt Nietzsche seine Professur auf und zieht als Getriebener durch die Schweizer Alpen und Norditalien. 1889 folgt ein geistiger Zusammenbruch als Folge einer nicht ausgeheilten Syphilis. Am 25.8.1900 stirbt er in geistiger Umnachtung in Weimar, wo ihn seine Schwester Elisabeth pflegte, die durch Fälschungen und Streichungen sein Werk in Richtung auf rechtsextreme Vorstellungen beeinflusste.

Friedrich Nietzsche gilt als eine der Schicksalsfiguren der abendländischen Geistesgeschichte.[46] Er liefert eine äußerst radikale Kritik an allem, was als 'wahr' und 'gut' galt, also an der christlichen Religion, der Philosophie, der Wissenschaft und der Moral. Er will nicht ein Weltbeglücker oder Weltverbesserer sein und er glaubt nicht an den Fortschritt oder den Sozialismus, aber er sieht eine neue Macht heraufkommen, den europäischen Nihilismus.

Nietzsche hat in einer eher aphoristischen Form einen ästhetischen Zauber verströmt, der die Intellektuellen des 20. Jahrhunderts tief berührt hat. Nietzsche bringt das wilde, starke Leben,

---

44   Vergl. Doren, Alfred, Wunschräume und Wunschzeiten, in: Neusüss, a.a.O., bes. S. 138

45   Deninger, Wolfgang, Friedrich Nietzsches Lebensbild, in: Nietzsche, Friedrich, Werke in zwei Bänden, Essen 1997

46   Fink, Eugen, Nietzsches Philosophie, 5. Aufl., Stuttgart. Berlin. Köln. Mainz 1986
     Kaufmann, Walter, Nietzsche. Philosoph-Psychologe-Antichrist, Darmstadt 1982 (am. Original 1950/74)

den Willen zur Macht und zum Genuss in seinem ästhetischen Sprachrhythmus zum Ausdruck. Nietzsche war 27 Jahre alt, schon zwei Jahre Professor für klassische Philologie an der Universität Basel, als er 'Die Geburt der Tragödie aus dem Geiste der Musik' 1871 veröffentlichte, in der er das Tragische als die Grundform seiner Seinserfahrung ansieht. Er entwickelt das Gegensatzpaar vom 'Apollinischen' und 'Dionysischen', von Maß, Zucht und Form auf der einen Seite und vom Rauschhaften, Genuss und Lustbarkeiten auf der anderen Seite. Er sieht die Welt als ein tragisches Spiel zwischen diesen beiden Elementen, die Welt selbst wird bei Nietzsche zu einem Spiel.[47] Für Nietzsche wird der Spielbegriff zu einem Modell der Metaphysik und der Welt,[48] als das "Unnützliche - als Ideal des mit Kraft Überhäuften"[49] und als das Weltspiel.[50] Dieses Motiv des Weltspiels zieht sich durch das gesamte Werk Nietzsches, von seiner Frühschrift 'Die Philosophie im tragischen Zeitalter der Griechen' bis zu seinem Spätwerk 'Der Wille zur Macht'.

Für Nietzsche liegen die Werte des Lebens in der Welt selbst, ein Ergebnis des Spielraumes und der Spielzeit der Welt. Für Nietzsche wird das unendliche Spiel zum Zeichen und zur Metapher der Welt. Der Mensch taucht in Spiele ein und weiß, dass er damit mit der Welt verbunden ist.

Die Wandlung des Menschen geschieht durch das Spiel, das den Menschen mit dem dionysischen Weltspiel verbindet, es ist spielende, sich selbst übersteigernde Bewegung. Dies stellt den Menschen 'Jenseits von Gut und Böse'.

In seiner Schrift 'Menschliches – Allzumenschliches' versucht er alle Bereiche des Denkens, wie z.B. Philosophie, Religion, Kunst und Moral, auf menschliche Regungen zurückzuführen: "Wo ihr ideale Dinge seht, sehe ich - Menschliches, ach nur Allzumenschliches."[51] Der Mensch hat sich der Religion und der Metaphysik gebeugt, nun kann er, wenn er sich davon löst, frei werden. Die fröhliche Wissenschaft- la gaya scienza- wird möglich; der Auflösung der Illusionen folgt die Figur des freien ungebundenen Geistes. In seinen 'Unzeitgemäßen Betrachtungen' tritt der Gedanke auf, dass Wissenschaft dem Leben zu dienen und es nicht zu vergewaltigen habe.

---

47   Runkel, Gunter, Soziologie des Spiels, Frankfurt am Main 1986

48   Nietzsche, Friedrich, Der Wille zur Macht, Stuttgart 1964, S. 696 f.

49   Ders., Der Wille zur Macht, a.a.O., S. 533

50   Nietzsche, Friedrich, Die fröhliche Wissenschaft, Anhang: Lieder des Prinzen Vogelfrei, München 1967, S. 534. "An Goethe / Das Unvergängliche / Ist nur ein Gleichnis! / Gott, der Verfängliche, / Ist Dichter-Erschleichnis... // Welt-Rad, das rollende, / Streift Ziel auf Ziel: / Not - nennts der Grollende, / Der Narr nennts - Spiel // Welt-Spiel, das herrische / Mischt Sein und Schein: - / Das Ewig-Närrische / Mischt uns - hinein! ...".

51   Nietzsche, Friedrich, Ecce homo, in: ders., Nietzsche's Werke, Band XV, Leipzig 1911, S. 73f.

In seinem Hauptwerk 'Also sprach Zarathustra' findet man Nietzsches reifstes Werk. Diese philosophierende Dichtung oder dichtende Philosophie mit der rhythmisierten Sprache will den Gedanken der ewigen Wiederkehr des Gleichen verkünden. Zarathustra[52] ist nun die Vollendung des freien Geistes, der höhere Mensch. Er beginnt seinen 'Untergang', sein Hinabsteigen zu den Menschen, und sieht nun "die Menschen der großen Sehnsucht, des großen Ekels, des großen Überdrusses" - die Nihilisten, die an nichts mehr glauben, nur noch an die eigene Gesundheit, an die Sorge um sich selbst. "Man hat sein Lüstchen für den Tag und sein Lüstchen für die Nacht: aber man ehrt die Gesundheit." (Zarathustra I, 3). Zarathustra steigt zu den Menschen hinab, weil Gott tot ist. Der Tod Gottes hat zu einer Verarmung des Menschentums, zur Trivialisierung und allgemeinen Sittenlosigkeit geführt. Es bleibt nur noch der 'Wille zur Macht', der Titel eines nachgelassenen Buches von Nietzsche. Da die Menschen keine transzendentalen Bezugspunkte mehr haben, bleiben ihnen nur noch die irdischen. "Ich beschwöre euch, ..., bleibt der Erde treu und glaubt denen nicht, welche euch von überirdischen Hoffnungen reden! Giftmischer sind es, ob sie es wissen oder nicht." (Zarathustra I, 31)

Nietzsche wendet sich im 'Zarathustra' gegen die 'Mitleidigen, die Priester, die Tugendhaften, das Gesindel und die Taranteln'; die Schlechtweggekommenen und Prediger der Gleichheit, wie sie etwa in Forderungen der französischen Revolution oder im Sozialismus ausgedrückt werden. Der Wille zur Gleichheit ist, nach Nietzsche, der Machtwille der Zukurzgekommenen, weil es überall den Willen zur Macht gibt. "Wo ich Lebendiges fand, da fand ich Willen zur Macht; und noch im Willen der Dienenden fand ich den Willen, Herr zu sein" (Zarathustra, X, 170) Nietzsche formuliert das 'Pathos der Distanz'.[53] Das Leben besteht für Nietzsche wesentlich aus Kampf.[54]

---

52   Die historische Figur Zarathustra stellt einen persischen Religionsgründer (ca. 300 Jahre v. Chr.) dar, der neben Anderen den Dualismus von Gut und Böse, Gott und Teufel, beschrieben hat.

53   Nietzsche, Zur Genealogie der Moral, in Nietzsche, Friedrich, Werke in zwei Bänden, a.a.O. S. 314

54   Nietzsche, Friedrich, Also sprach Zarathustra X, 170 "Leben ist nicht eine allesumfangende Flut, es ist vielmehr der ständige Kampf und das Gegenspiel alles vereinzelten Seienden gegen einander, - es bildet sozusagen die polaren Spannungen, in denen jedes mit jeglichem kämpft, und doch umfängt es alles; aber alle Dinge verschwinden nicht einfach in der Un-Unterschiedenheit des allumfangenden Lebens, lösen sich nicht darin auf, sie werden vielmehr gerade in den Gegensatz und Streit hinausgejagt. Im Spiel des Lebens haust der Unterschied, der begrenzt und Feindseligkeit stiftet zwischen allem besonderen Seienden; aber die Grenzen sind in Bewegung, das eine sucht das andere zu übermächtigen; Wille zur Macht ist nicht die Tendenz, in einer erreichten Machtposition stille zu stehen, er ist immer Wille zur Übermacht und Übermächtigung. Und wie das Kleinere sich dem Größeren hingibt, daß es Lust und Macht am Kleinsten

Als Antwort auf die große Sehnsucht der Menschen sieht Nietzsche Dionysos, den Gott des Rausches, der Liebe und des Spiels. Er ist der Herr des tragischen und zugleich heiteren Spiels der Welt.

Das Leid ist die Grunderfahrung der Vergänglichkeit des Lebens; dass die Menschen in der Orientierung an dem Tode das Leben nur ein einziges Mal durchschreiten. Das Leben ist angesichts der Unendlichkeit der Zeit sehr kurz. Der Leid-Blick auf die Zeit zieht den Weg der Menschen ins Nichts. Als einzigen Ausweg sieht Nietzsche die Lust an; 'die Seligkeit des schwindenden Menschen, der in der Umarmung reines, volles, rundes Dasein spührt'. Die Lust hat bei Nietzsche die tiefere Sicht auf die Zeit. "Denn alle Lust will Ewigkeit, will tiefe, tiefe Ewigkeit,"[55] wobei er der Lust das tiefere Zeitwissen zuschreibt. Heidegger nannte dies ein Skandalon des Lebens - angesichts des Todes. Das Leben muss vergessen können, wenn es weiterschreiten will.[56]

In seiner Schrift 'Vom Nutzen und Nachteil der Historie für das Leben' führt Nietzsche aus, dass sowohl das Unhistorische wie das Historische gleichermaßen für die Gesundheit eines Einzelnen, eines Volkes und einer Kultur nötig sei. Bei einem Übermaß an Geschichte zerbröckelt und verkümmert das Leben. Da die Menschen Resultate früherer Geschlechter sind, sind sie auch Resultate ihrer Verirrungen und Verbrechen. Es gibt zwar den Versuch, sich eine bessere Vergangenheit zu geben, aus der man stammen möchte, doch dies sieht Nietzsche als einen gefährlichen Weg an. Man braucht eine gewisse Erkenntnis der Vergangenheit, aber nur zum Zwecke des Lebens und im Dienste der Gegenwart und Zukunft. Die plastische Kraft eines Menschen, eines Volkes und einer Kultur bestehe darin, "Vergangenes und Fremdes umzubilden und einzuverleiben, Wunden auszuheilen, Verlorenes zu ersetzen, zerbrochene Formen aus sich nachzuformen."[57]

Nietzsches Ansatz betont, dass alle Wertsphären nur dem Leben zu dienen haben.[58] Deshalb kritisiert er mit heißender Schärfe das Christentum als Orientalisierung der antiken Welt und als Aufstand der orientalischen Sklaven gegen ihre Herren, als Krankheit des Lebens, als eine

---

habe: also gibt sich auch das Größte noch hin und setzt um der Macht willen - das Leben dran. / Das ist die Hingebung des Größten, daß es Wagnis ist und Gefahr, und um den Tod ein Würfelspielen."

55   Ders., Also sprach Zarathustra, München 1967, S. 705

56   Safranski, Rüdiger, Über Nietzsche, in: ders., Nietzsche, München 1999, S. 43

57   Nietzsche, Friedrich, Vom Nutzen und Nachteil der Historie für das Leben, in: Safranski, Rüdiger, Nietzsche, München 1999, S. 161

58   Habermas, Jürgen, Zu Nietzsches Erkenntnistheorie, in: ders., Kultur und Kritik, Frankfurt am Main 1973, S. 255 "Logik als Erhaltung des Lebens".

unvornehme Moral der Unterschicht (bisweilen nennt Nietzsche dies dann Sklavenmoral, Max Weber später Paria-Religion).

Nietzsche versucht eine 'Umwertung aller Werte'. Aus der Sklavenmoral will er eine aristokratische Moral machen. Diese aristokratische Moral oder auch Herrenmoral fällt nach Nietzsche in zwei Teile, einmal in die kriegerische, die eine ritterliche Moral ausbildet, in der die Mitglieder einer engen Gemeinschaft geachtet werden und zum anderen in eine priesterliche, die ein Ressentiment gegen den Leib und das Leben aufbaut.

Insbesondere die Priester als entmachtete Herren sind für Nietzsche die Vertreter der Rachsucht und Anwälte der 'Guten, Armen, Ohnmächtigen, Niedrigen, Leidenden, Kranken und Häßlichen'. Mit der Unterstützung der Priester beginnt der Sklavenaufstand in der Moral, d.h. in Europa das Christentum. Wobei er Jesus nicht ernst nimmt. Er ist für ihn der 'kindliche Mensch'. Erst Paulus habe aus der Vorstellung des 'reinen Herzens' eine Kirche, d.h. eine Organisation, geschaffen. Das Christentum habe das sinnenfrohe, triebstarke Leben als 'böse' verworfen und er setzt dagegen die Indifferenz und Unschuld des Lebens. Den christlichen Tugenden Keuschheit, Demut und Selbstlosigkeit setzt er Wollust, Herrschsucht und Selbstsucht entgegen. Wollust wird für ihn "das Gartenglück der Erde, aller Zukunft, Dankesüberschwang an das Jetzt" (Zarathustra); die Herrschsucht ist für ihn die geschichtliche Macht, die Völker und Epochen über sich hinaustreiben und Selbstsucht, nicht Egoismus des armseligen Lebens des Gesindels, kann schenkende Tugend der aus Überfülle sich verschwendenden Seele sein.

Der europäische Nihilismus zeigt an, dass die Menschen richtungslos geworden sind, keine Sterne mehr über sich haben, die ihren Weg erleuchten. Wir leben nach Nietzsche in einer Zeit des Übergangs. Bedeutsam wird nun für den modernen Menschen der Selbstbezug, die Selbstreferenz.[59] Der Mensch ist nur noch auf sich selbst gestellt, er ist selbst Schöpfer und Setzer seiner Werte. Der Glaube, Erkenntnis sei ein Mittel zum Glück, zur Tugend oder zur Lebensbemeisterung (XV 476), wird von Nietzsche als große Naivität bezeichnet.[60]

---

59   Nietzsche, Friedrich, Der Wille zur Macht, in: ders., Nietzsche's Werke, Band XV, Leipzig 1911, S. 241: "All die Schönheit und Erhabenheit, die wir den wirklichen und eingebildeten Dingen geliehen haben, will ich zurückfordern als Eigentum und Erzeugnis des Menschen: als seine schönste Apologie. Der Mensch als Dichter, als Denker, als Gott, als Liebe, als Macht - : oh über seine königliche Freigebigkeit, mit der er die Dinge beschenkt hat, um sich zu verarmen und sich elend zu fühlen! Das war bisher seine größte Selbstlosigkeit, daß er bewunderte und anbetete und sich zu verbergen wußte, daß er es war, der Das geschaffen hat, was er bewunderte."

60   Ähnlich auch Niklas Luhmann, der den Titel seiner Schrift 'Liebe als Passion', Frankfurt am Main 1982 dem Spätwerk von Nietzsche entliehen hat, ohne darauf hin zu weisen.

Für Nietzsche gibt es kein Seiendes und kein Festes, da alles im Fluss ist, die Menschen verfälschen dies (Wahrnehmung und Weltbilder als Konstruktionen, gesellschaftliche Strukturen als Fiktionen für Festigkeit), weil sie in einem hin- und herströmenden Weltmeer nicht leben können; sie brauchen Orientierung. Doch die Welt und die Dinge sind nur die eigenen Projektionen, so wie dies in Platons Höhlengleichnis vorgezeichnet ist. Was Nietzsche bisweilen als Leben bezeichnet, ist das Weltspiel des Seins. Das Leben ist für Nietzsche ein großes Spiel. Nach dem Tode Gottes wird der Spielcharakter des menschlichen Lebens deutlich und es bedarf menschlicher Reflexionen, das Spiel als Grund des Daseins zu erkennen. Für Nietzsche ist der Mensch das auf sich selbst gestellte, nicht festgestellte Tier, das in der Moderne in einem gesteigerten Individualismus nicht mehr für Nachkommen, sondern zunehmend nur noch für sich selbst sorgt. [61]

Als Illustration des sprachlichen, denkerischen Stils von Friedrich Nietzsche seien einige Aphorismen aufgeführt, eine Form, die er häufig gewählt hat, um seine Vorstellung auszuführen, so über Sexualität, Geschlechtsfragen und Religion: [62]

Grad und Art der Geschlechtlichkeit eines Menschen reicht bis in den letzten Gipfel seines Geistes hinauf.

Die gleichen Affekte sind bei Mann und Weib doch im Tempo verschieden: deshalb hören Mann und Weib nicht auf, sich mißzuverstehen.

Der Unterleib ist der Grund dafür, daß der Mensch sich nicht so leicht für einen Gott hält.

Das Christentum gab dem Eros Gift zu trinken: - es starb zwar nicht daran, aber entartete - zum Laster.

Was aus Liebe getan wird, geschieht immer jenseits von Gut und Böse.

Auch Ausführungen über Gedächtnis und das Verhältnis von Einzelnen und Kollektiven kleidet er zuspitzend in diese Form: [63]

"Das habe ich getan", sagt mein Gedächtnis. "Das kann ich nicht getan haben" - sagt mein Stolz und bleibt unerbittlich. Endlich - gibt das Gedächtnis nach.

Der Irrsinn ist bei Einzelnen etwas Seltenes, aber bei Gruppen, Parteien, Völkern, Zeiten die Regel.

---

61   Safranski, Rüdiger, Um sein Leben denken. Nietzsche - Nach hundert Jahren, in: Frankfurter Allgemeine Zeitung, 26.8.2000

62   Nietzsche, Friedrich, Jenseits von Gut und Böse, in: ders., Werke in zwei Bänden, Bd. 1, a.a.O., S. 251 ff

63   Ders., Jenseits von Gut und Böse, a.a.O., S. 251

Max Weber

Max Weber wurde am 21.4.1864 als Ältester von sechs Geschwistern in Erfurt geboren. Die Familie zieht fünf Jahre später nach Berlin, da der Vater, Max Weber sen., dort Abgeordneter der Nationalliberalen Partei wird. Die Mutter, Helene Weber, ist stark pietistisch geprägt.

Nach seinem Abitur 1882 beginnt Max Weber sein Studium der Jurisprudenz und studiert zusätzlich Geschichte, Nationalökonomie und Philosophie in Heidelberg, später in Berlin und Göttingen.

1888 wird Max Weber Mitglied im 'Verein für Socialpolitik' und ein Jahr danach promoviert er über die Geschichte der Handelsgesellschaften im Mittelalter. 1891 habilitiert er sich über die Bedeutung der römischen Agrargeschichte für das Staats- und Privatrecht. Ein Jahr später veröffentlicht Max Weber im Auftrag des 'Vereins für Socialpolitik' eine Enquête über 'Die Verhältnisse der Landarbeiter im ostelbischen Deutschland', in der er sich gegen ein weiteres Einwandern polnischer Landarbeiter aussprach, weil dies den Lebensstandard der deutschen Landarbeiter sinken ließ.

1893 heiratete er Marianne Schnitzler, die sich in der bürgerlichen Frauenbewegung engagierte und die später mit Max Webers Unterstützung vom Standpunkt der frühen bürgerlichen Frauenbewegung die 'Geschichte der Familie und Ehe' beschrieb.[64]

Im Jahre 1895 erhielt Max Weber einen Ruf auf einen Lehrstuhl für Nationalökonomie in Freiburg/Breisgau. Seine Antrittsrede macht ihn bekannt, da er die vorherrschenden Schulen der Nationalökonomie kritisiert.

Ein Jahr später folgt Max Weber einem Ruf nach Heidelberg. 1898 lässt sich Max Weber nach einem Nervenzusammenbruch beurlauben. Als er nach Wiederaufnahme der Lehrtätigkeit erneut erkrankt, bittet er um seine Entlassung. Die nächsten Jahre reist Max Weber durch Europa, insbesondere durch Italien.

In die Zeit der Krankheit fällt eine starke Beschäftigung und Auseinandersetzung mit den Werken von Karl Marx und Friedrich Nietzsche. Max Weber löst sich innerlich von der Nationalökonomie und Jurisprudenz und wird zu einem Soziologen.

1904 fährt Max Weber mit seiner Frau Marianne und Ernst Troeltsch, der ebenfalls die religiösen Grundlagen des Kapitalismus untersucht, in die USA, die für ihn zum Zukunftsbild der modernen Gesellschaft werden. Er übernimmt zusammen mit Edgar Jaffé und Werner Sombart die Herausgeberschaft des 'Archives für Sozialwissenschaft und Sozialpolitik'. Er veröffentlicht dann 'Die protestantische Ethik und der Geist des Kapitalismus', seine erste soziologische Schrift im engeren Sinne.

Im Jahre 1909 gründet er mit Anderen die 'Deutsche Gesellschaft für Soziologie'. Dort entfacht er 1913/14 eine Debatte über die Werturteilsfreiheit in den Sozialwissenschaften. Er versucht, dem 'Verein zur Sozialpolitik' die Position, die Wissenschaften müssten sich Werturteilen enthalten, zugrunde zu legen. Doch er scheitert mit diesem Vorhaben, was ihn in zunehmende Distanz zum Verein treten lässt. Er veröffentlicht seine drei religionssoziologischen Bände[65] und 'Über einige Kategorien der verstehenden Soziologie'.[66]

Während des 1. Weltkriegs wendet er sich gegen den uneingeschränkten U-Bootkrieg und fordert die Ablösung der halb-konstitutionellen politischen Ordnung in Deutschland durch eine parlamentarische. Nachdem die deutsche Republik 1918 ausgerufen wurde, ist er Mitbegründer der 'Deutschen Demokratischen Partei' und nimmt an den

---

64   Weber, Marianne, Ehefrau und Mutter in der Rechtsentwicklung, 2. Aufl., Aalen 1989 (Orig. 1907)

65   Weber, Max, Gesammelte Aufsätze zur Religionssoziologie, Tübingen 1920/1921

66   Weber, Max, Gesammelte Aufsätze zur Wissenschaftslehre, Tübingen 1968

Verfassungsberatungen teil. Max Weber fordert in Zeitungsartikeln eine genauere Untersuchung der Kriegsschuldfrage und wendet sich gegen den 'Versailler Vertrag'. Beruflich übernimmt er 1918 den nationalökonomischen Lehrstuhl in Wien, wo er seine Studien über 'Die Wirtschaftsethik der Weltreligionen'[67] vorstellt. Danach wechselt er zur Universität München. Am 14.6.1920 stirbt Max Weber über dem fast vollendeten Manuskript 'Wirtschaft und Gesellschaft'[68] an einer Lungenentzündung.

Für Max Weber ist Soziologie der Versuch, soziales Handeln deutend zu verstehen und dadurch in seinem Ablauf und seinen Wirkungen ursächlich zu erklären. Handeln soll ein menschliches Verhalten heißen, wenn der Handelnde damit einen subjektiven Sinn verbindet und sein Verhalten auf Andere bezieht. Für Weber ist 'Verstehen' immer eine deutende Erfassung, wobei er das 'aktuelle Verstehen' vom 'erklärenden Verstehen' unterscheidet. Weber, der eine 'Verstehende Soziologie' konzipiert, legt dieser die Konstruktion von Idealtypen zugrunde. Max Weber entwickelt Geltungsgründe für eine legitime Ordnung durch vier Handlungszuschreibungen und Typen des sozialen Handelns:

Durch *Tradition*, in der das immer schon Gewesene Gültigkeit besitzt.

Durch *affektuellen* (emotionalen) *Glauben*, in dem das Neuoffenbarte oder das Vorbildliche gilt.

Durch *wertrationalen Glauben*, in dem das als absolut Gültige angenommen wird.

Durch *positive Satzung*, an deren Legalität geglaubt wird. Dies führt zu der Kategorie des *zweckrationalen Handelns*.

Daraus folgen für Max Weber vier Typen des sozialen Handelns:

Das *traditionale Handeln* ist ein gewöhnliches Reagieren auf gewohnte Reize.

Das *affektuelle Handeln* ist durch aktuelle Affekte und Gefühlslagen bestimmt.

Das *wertrationale Handeln* ist am Gebotenen orientiert, d.h. an Forderungen, die der Handelnde an sich gestellt glaubt. Er handelt nach seinen Überzeugungen.

Das *zweckrationale Handeln* ist an Zweck, Mittel und Folgen orientiert und wägt verschiedene mögliche Zwecke rational gegeneinander ab.

Diese Formen des sozialen Handelns treten für Max Weber in der Wirklichkeit vermischt auf. Sie stellen *Idealtypen* dar, die er zur Analyse benutzt. Die verschieden motivierten Handlungen verdichten sich zu sozialen Beziehungen, die zum einen sozial (z.B. über Brauch, Sitte, Mode, Interessenlage) und zum anderen juristisch gesteuert werden (z.B. als legitime Ordnung, die sich in staatlichen Organisationen niederschlägt, Recht, Kirche und Betrieb).

---

67   Abgedruckt in: Gesammelte Aufsätze zur Religionssoziologie, a.a.O.

68   Weber, Max, Wirtschaft und Gesellschaft, 5. Aufl., Tübingen 1976 (Erstaufl., 1921/22)

Diese beruhen wiederum auf:

- Tradition
- Charisma (Hier wird der Begriff der 'Affektivität' in eine organisatorische Form überführt).
- Wertrationalität
- Zweckrationalität.

Dies ergibt folgendes Schaubild der Struktur der sozialen Ordnung bei Max Weber:[69]

	Gesellschaft
	konstituiert
	SOZIALES HANDELN
	(orientiert am Verhalten Anderer)
	Individuell motiviert:
1. traditional:	(Gewohnheit, eingelebte Einstellung)
2. affektuell:	(emotional, spontan)
3. wertrational:	(orientiert an Überzeugungen)
4. zweckrational:	(orientiert an der rationalen Abwägung von Zweck, Mittel und Folgen)

---

69   In Anlehnung an: Kiss, Gabor, Einführung in die soziologischen Theorien, Bd. 2, 3. Aufl., Opladen 1977, S. 130f.

Die verschieden motivierten Handlungen verdichten sich zu:

Sozial gesteuert   ←   Soziale Beziehungen   →   juristisch gesteuert

(z.B. über Brauch, Sitte,   (z.B. als legitime Ordnung,

Mode, Interessenlage)   Staat, Parteien, Recht,

Kirche und Betrieb)

Die sozialen Beziehungen beruhen wiederum auf
Tradition – Charisma – Wertrationalität – Zweckrationalität

Die sozialen Beziehungen haben teils den Charakter der Vergemeinschaftung und teils den
der Vergesellschaftung.

Vergemeinschaftung	*Vergesellschaftung*
(Wenn soziales Handeln auf subjektiv	(Wenn soziales Handeln auf
gefühlter, traditionaler oder affektueller	wert- oder zweckrational
Zusammengehörigkeit der Beteiligten	motivierter Interessens-
beruht)	durchsetzung beruht)
Typen der Vergemeinschaftung	*Typen der Vergesellschaftung*
Haus- und Nachbargemeinschaft	Marktvergesellschaftung
Ethnische Gemeinschaftstypen	Rationaler Staat mit anstalts-
Religiöse Vergemeinschaftung	mäßigem Herrschaftsverband
Politische Gemeinschaften	und legitimen Gewaltmonopol

Typen der Herrschaft
- traditional
- rational
- charismatisch

In der modernen Gesellschaft *zunehmende Zweckrationalität sozialer Handlungsorientierung*
durch fortschreitende Mittelrationalität. Dies führt zu *zunehmender Rationalisierung* von
Zweck und Mittel.

Max Weber beschäftigt sich, wie viele seiner akademischen Zeitgenossen, z.B. Werner Sombart, Ernst Troeltsch und Friedrich Naumann zuerst mit den *Auswirkungen des modernen Kapitalismus.*

Er wendet sich dann auch den *Ursprüngen des Kapitalismus* zu. Es geht ihm darum, den ökonomisch und materialistisch geprägten Ansatz von Karl Marx zu ergänzen, indem er z.B. die geistigen und religiösen Grundlagen der Herausbildung des neuzeitlichen Kapitalismus untersucht, die sich auf die von Friedrich Nietzsche hergestellte Verbindung von Ideen zu sozialen Trägerschichten stützt. In der Folge beschäftigt er sich mit den geistigen Voraussetzungen des modernen Kapitalismus.

Er geht von der Grundfrage aus, warum sich gerade im Abendland rationale Formen der Wissenschaft und Technik, des Betriebskapitalismus und des Staates herausgebildet haben. Das Konzept der Rationalisierung, die er in den jeweiligen Sphären auch Bürokratisierung, Industrialisierung, Entwicklung des rationalen Betriebskapitalismus, Spezialisierung, Versachlichung, Verunpersönlichung, Methodisierung, Entzauberung und Säkularisierung nennt, überträgt er auf die Analyse von weiteren Sphären wie Ethik, Kunst, Kultur, Sexualität und Familie.

Seine zentrale Frage lautet, warum nur im Okzident Kulturentwicklungen von universeller Bedeutung auftraten, und illustriert dies an verschiedenen Sphären wie Wissenschaft, Recht, Kunst, Beamtentum, Staat und Kapitalismus. So zeichnet nach Weber die okzidentale Wissenschaft im Vergleich zu Wissenschaften in anderen Regionen der Erde das rationale Experiment, das moderne Laboratorium und die mathematische Fundierung aus. In der Staatslehre fehlen außerhalb des Okzidents Systematik und rationale Rechtslehre und der Aufbau von einem von dem Staatsrecht geschiedenen kanonischen Recht. In der Musik gab es nur im Okzident die rationale Harmonik auf der Basis der drei Dreiklänge mit der harmonischen Terz, das Orchester mit dem Streichquartett als Kern und dem Bläserensemble und die Entwicklung einer Notenschrift, die wiederum zu einer neuen Musikkultur führte. In der Malerei hat nur das Abendland eine durch die Renaissance ausgelöste Linear- und Luftperspektive entwickelt. Druckerkunst gab es auch in China, aber Zeitschriften und Presse sind erst im Abendland entstanden. Im Okzident entwickelte sich ein geschultes Fachmenschentum, so insbesondere der Fachbeamte als Grundlage des modernen Staates. Der Staat im Sinne einer politischen Anstalt mit rational gesetzter Verfassung, rational gesetztem Recht und einer an Gesetzen orientierten Verwaltung durch Fachbeamte hat sich zuerst im Okzident herausgebildet. Es entwickeln sich geschulte technische und kaufmännische Fachmenschen, die Weber unter dem Begriff des Beamten fasst. Der moderne Kapitalismus ist, obwohl es überall Vorgänger gab, nur im

Abendland entstanden. Er beruht auf dem Ausnutzen von Tauschchancen, auf der Erwartung von Gewinn,[70] auf Kapitalrechnung, auf rational-betrieblicher Organisation der freien Arbeit. Die im okzidentalen Kapitalismus vollendete Trennung des Haushalts vom Betrieb bedingte eine rationale Buchführung mit moderner Kalkulation und Bilanzierung.

Für Max Weber sind dies spezifische Ausprägungen von Rationalisierungen, die in den verschiedenen Sphären zu entdecken sind und die sich gegenseitig beeinflussen. Er betont zwar die fundamentale Bedeutung der Wirtschaft für die gesellschaftliche Entwicklung, aber er sieht auch einen umgekehrten Kausalzusammenhang,[71] da der ökonomische Rationalismus wiederum von rationaler Technik, rationalem Recht und allgemein von praktisch-rationaler Lebensführung abhängig ist.

Einen Faktor stellt der Einfluss religiöser Glaubensinhalte auf die Entstehung einer speziellen Wirtschaftsgesinnung, dem Ethos einer Wirtschaftsform, dar. Er analysiert dies besonders in 'Die protestantische Ethik und der Geist des Kapitalismus'.[72] Nach der Analyse der Entstehung des rational geprägten, okzidentalen Betriebskapitalismus untersucht Max Weber die 'Wirtschaftsethik der Weltreligionen', so insbesondere Konfuzianismus und Taoismus in China und Japan und den Hinduismus und Buddhismus in Indien und Südostasien. Es schließen sich Studien zum antiken Judentum an. Er beginnt, das antike Christentum und den Islam zu erforschen.

Er stellt die politischen und sozioökonomischen Bedingungen und die jeweiligen ideellen Trägerschichten dar, die unterschiedliche religiöse Vorstellungen realisierten. So ist z.B. die

---

70 Weber, Max, Vorbemerkung zu den Gesammelten Aufsätzen zur Religionssoziologie, a.a.O., S. 343 f. '"Erwerbsbetrieb', 'Streben nach Gewinn', nach Geldgewinn, nach möglichst hohem Geldgewinn hat an sich mit Kapitalismus gar nichts zu schaffen. Dieses Streben fand und findet sich bei Kellnern, Ärzten, Kutschern, Künstlern, Kokotten, bestechlichen Beamten, Soldaten, Räubern, Kreuzfahrern, Spielhöllenbesuchern, Bettlern: - man kann sagen: bei 'all sorts and conditions of men', zu allen Epochen aller Länder der Erde, wo die objektive Möglichkeit dafür irgendwie gegeben war und ist. Es gehört in die kulturgeschichtliche Kinderstube, dass man diese naive Begriffsbestimmung ein für allemal aufgibt. Schrankenloseste Erwerbsgier ist nicht im Mindesten gleich Kapitalismus, noch weniger dessen 'Geist'. Kapitalismus *kann* geradezu identisch sein mit *Bändigung*, mindestens mit rationaler Temperierung, dieses irrationalen Triebes. Allerdings ist Kapitalismus identisch mit dem Streben nach *Gewinn*, im kontinuierlichen rationalen kapitalistischen Betrieb: nach immer *erneutem* Gewinn: nach 'Rentabilität'. Denn er muß es sein. Innerhalb einer kapitalistischen Ordnung der gesamten Wirtschaft würde ein kapitalistischer Einzelbetrieb, der sich nicht an der Chance der Erzielung von Rentabilität orientierte, zum Untergang verurteilt sein."

71 Weber, Max, Vorbemerkung zu den Gesammelten Aufsätzen zur Religionssoziologie, a.a.O., S. 351

72 Vergl. Runkel, Gunter, The Protestant Ethic and the Spirit of the Health System, Arbeitsbericht Nr. 232 des Fachbereichs Wirtschafts- und Sozialwissenschaften der Universität Lüneburg, Lüneburg 2000

ethische Weltauffassung eines Priesters auf Kontemplation, Mitleid und Jenseitigkeit, die vom Krieger auf Kampf, Ritterlichkeit und Diesseitigkeit ausgerichtet.

Ausgehend von der Wirtschaftsethik der Weltreligionen sieht Max Weber in der Rationalisierung verschiedener Wertsphären, die er an den Bereichen Wirtschaft, Politik, Technik, Recht, Religion, Kunst, Kultur und Sexualität darstellt, Entwicklungslinien einer modernen Gesellschaft. In seinem 'Gesammelten Aufsätzen zur Religionssoziologie' und in 'Wirtschaft und Gesellschaft' versucht er, die verschiedenen Interessen, Motive, Ideen der Akteure und gesellschaftliche Faktoren zu integrieren.[73]

Er sieht die Gefahr einer zunehmenden Bürokratisierung und Entmenschlichung in der modernen Gesellschaft und ihn beschäftigt die Sorge, wie ein Rest des Menschentums freizuhalten sei von der Herrschaft bürokratischer Lebensideale.[74] Ihn treibt die Angst um, wie man gegen den Vormarsch der Bürokratisierung noch irgendwelche Reste einer 'individualistischen Bewegungsfreiheit retten kann'[75] und wie dann Demokratie in der Zukunft noch möglich sei.

Er zieht ein trauriges Fazit der Entwicklung zur modernen Gesellschaft. So *muss* der moderne Mensch Berufsmensch sein. Aus dieser Berufsidee, die aus dem Geist der christlichen, puritanischen Askese geboren wurde, ist ein 'stahlhartes Gehäuse' geworden. Der siegreiche Kapitalismus bedarf der Stützung durch die religiösen Grundlagen nicht mehr, der Geist ist aus diesem Gehäuse entwichen. Auch die Aufklärung als Erbin des Geistes des Kapitalismus wie auch der Umbau des Kapitalismus US-amerikanischer Prägung auf rein agonale Formen, die ihn zu einem Sport machen, lösen für Max Weber den Kapitalismus von allen religiös-ethischen Bezügen.[76]

Für den neuen Menschen, den 'letzten Menschen' könnte dann das Wort wahr werden: "Fachmenschen ohne Geist, Genußmenschen ohne Herz: dies Nichts bildet sich ein, eine nie vorher erreichte Stufe des Menschentums erstiegen zu haben".[77] Man denkt bei diesem Zitat, als das Max Weber es kenntlich macht, auch wegen der Einführung des 'letzten Menschen' unweigerlich an Friedrich Nietzsche. So hat Nietzsche in seiner Schrift 'Zur Genealogie der

---

73   Kaesler, Dirk, Max Weber (1864-1920), in: ders., (Hg.), Klassiker der Soziologie, München 1999, S. 199

74   Weber, Max, Vorbemerkung zu den Gesammelten Aufsätzen zur Soziologie und Sozialpolitik, a.a.O., S. 414

75   Weber, Max, Die protestantische Ethik und der Geist des Kapitalismus, in: Weber, Max, MWG I, Bd. 15, S. 465 f.

76   Weber, Max, Gesammelte Aufsätze zur Religionssoziologie, Bd.1, a.a.O.

77   Weber, Max, Protestantismus und Kapitalistischer Geist, in: ders., Soziologie. Weltgeschichtliche Analysen. Politik, Stuttgart 1964, S. 380

Moral'[78] ähnliche Gedanken formuliert und fordert dort das 'Pathos der Distanz', das auch aus den Worten von Max Weber spricht. Das Zitat ist im Stile Friedrich Nietzsches gehalten. Es ist aber weder ein Zitat noch stammt es von Friedrich Nietzsche. Es ist Max Weber auf den Spuren von Friedrich Nietzsche.

Max Weber schließt an weitere Vorstellungen Nietzsches an. So folgt er Nietzsches Diktum 'Gott ist tot' und zieht aus der Nihilismus-Diagnose Nietzsches erhebliche Folgerungen. So sieht Max Weber die radikale Vereinsamung der modernen Menschen als eine der folgenreichsten Auswirkungen der Moderne. Von Friedrich Nietzsche übernimmt Max Weber den Idealtypus des Christentums aus der Brüderlichkeitsethik der Bergpredigt, die mit den anderen Sphären der Welt, wie z.B. Politik, Ökonomie, Familienbande in Konflikt treten muss. Von Friedrich Nietzsche übernimmt er die Idee des Kampfes als Grundlage jeder sozialen Ordnung. Tragik und Verhängnis sind für Max Weber wie für Friedrich Nietzsche am Ende der Entwicklung des modernen Menschentums ein Ergebnis des okzidentalen Rationalismus.[79]

Emile Durkheim

Emile Durkheim wurde am 15. April 1858 im lothringischen Epinal geboren und sollte in die Fußstapfen seines Vaters treten und auch Rabbiner werden.[80] Nach seinem Studium in Paris wird er Lehrer in der Provinz. In den Jahren 1885 bis 1886 studiert er weiter in Berlin und Leipzig. Dort lernt er Schmoller und Wagner, den Juristen von Ihering, den Organisationstheoretiker Albert Schäffle und, ähnlich wie Georg Herbert Mead, die Völkerpsychologie von Wilhelm Wundt kennen. Darüber verfasst er Berichte ('La science positive de la morale en Allemagne', Paris 1887 und "La philosophie dans les universités allemandes", Paris 1887,[81] die ihm eine Professur für Pädagogik und Sozialwissenschaft an der Universität Bordeaux einbringen. Dort schreibt er drei seiner großen Werke: 'De la division du travail social', Paris 1893,[82] (dt. 'Über die soziale Arbeitsteilung'), in dem u.a. Veränderung des Volumen und die soziale Dichte von Gesellschaften untersucht wird. 'Les règles de la méthode sociologique', Paris 1895,[83] (dt. 'Regeln der soziologischen Methode'), mit denen Durkheim zum Mitbegründer der empirischen Sozialforschung

---

78   Nietzsche, Friedrich, Zur Genealogie der Moral, in: ders., Werke in zwei Bänden, hg. von Wolfgang Deninger, Essen 1997, S. 314

79   Hennis, Wilhelm, Max Webers Fragestellung, Tübingen 1987 arbeitet besonders klar 'Die Spuren Nietzsches im Werk Max Webers' heraus (S.167-195)

80   Müller, Hans-Peter, Emile Durkheim (1858-1917) in: Kaesler, Dirk (Hg.), Klassiker der Soziologie, Bd. 1, München 1999, S. 151

81   Die auf deutsch abgedruckt sind in: Durkheim, Emile, Über Deutschland, Konstanz 1995

82   Ders., Über die soziale Arbeitsteilung, 2. Aufl., Frankfurt am Main 1988 (mit einem Vorwort von Niklas Luhmann)

83   Ders., Die Regeln der soziologischen Methode, hg. von René König, 4. Aufl., Neuwied. Berlin 1976

wurde. 'Le Suicide', Paris 1897[84] (dt. 'Der Selbstmord') in dem er versucht, die Natur des Sozialen und naturwissenschaftliche Methoden auf diesen Bereich anzuwenden. Er gründet die Zeitschrift 'Anné Sociologique', deren zwölf Jahrgänge unter seiner Leitung die französische Soziologie stark beeinflusst haben. Im Jahre 1902 wird er an die Sorbonne in Paris berufen und schreibt dort sein Spätwerk über 'Les formes élémentaires de la vie réligieuse', Paris 1912.[85]

Im 1. Weltkrieg fällt sein Sohn André 1916. Aus Gram darüber stirbt Durkheim am 15. November 1917.

Das Werk 'Über die soziale Arbeitsteilung' (De la division du travail social) thematisiert den Zusammenhang von Arbeitsteilung und sozialer Solidarität. Soziale Solidarität existiert, wenn soziale Organisationsformen und Moraltypen übereinstimmen. Es gibt für Durkheim zwei Formen von Solidarität, nämlich die mechanische und die organische. In der segmentären Gesellschaft herrscht die mechanische Solidarität und in der arbeitsteiligen funktional differenzierten modernen die organische Solidarität. In der mechanischen dominiert das Strafrecht, die Religion, das Kollektivbewusstsein (conscience collective) und in der organischen das Zivilrecht (Gleichheit, Freiheit, Gerechtigkeit).

Für Durkheim ist die Gesellschaft "eine Wirklichkeit sui generis. Sie hat ihre eigenen Züge, die man im übrigen Universum nicht oder nicht in derselben Form findet."[86]

In seinem Buch über die 'Arbeitsteilung' bildet Durkheim die Begriffskette Gesellschaft - Kollektivbewusstsein - Solidarität - Moral - Recht. Der evolutionäre gesellschaftliche Entwicklungsprozess kann anhand der unterschiedlichen Ausprägung der Solidaritätsformen beschrieben werden. So besteht eine wichtig Funktion der Arbeitsteilung darin, dass sie die Individuen voneinander abhängig macht, wodurch Solidarität erzeugt wird. In früheren Gesellschaften entsteht wegen der geringen Arbeitsteilung *mechanische Solidarität* als Verbundenheit der Ähnlichkeiten. Am Beispiel der Jäger und Sammler zeigt Durkheim, dass die Ähnlichkeit ihrer Tätigkeiten zu einer relativen Unabhängigkeit untereinander führt.

Im Laufe der gesellschaftlichen Entwicklung tritt *organische Solidarität* auf, die die Mitglieder einer Gesellschaft voneinander abhängig werden lässt. Es treten Spezialisierungen auf, die Ungleichheiten entstehen lassen. Durkheim sieht als Negativbegriff von 'Solidarität' und 'Moral' die 'Anomie'. In der Moderne ist die Moral verkümmert und es entsteht Anomie. Anomie ist der Zustand des Auseinanderfallens individueller Handlungen und gesellschaftlicher Bindungen. In der Moderne gibt es kein durchgreifendes Kollektivbewusstsein, das den Zusammenhalt zwischen den Menschen und ihren sozialen Gruppen sicherstellt. Doch Moral und

---

84   Ders., Der Selbstmord, Neuwied. Berlin 1973

85   Ders., Die elementaren Formen des religiösen Lebens, Frankfurt am Main 1981

86   Ders., Die elementaren Formen des religiösen Lebens, a.a.O., S. 36f.

Kollektivorientierung sind nicht zur Fundierung der Soziologie ausreichend.[87] So befasst sich Durkheim mit den Formen der Arbeitsteilung, die wesentlich auf der Ebene der Berufe und Rollen, nicht auf der Ebene der Tausch- und Vertragsprinzipien, ruhen. So präferiert er u.a. als eine Lösung des Anomieproblems die Stärkung von Solidarbeziehungen, so in Berufsorganisationen und Genossenschaften. Für Emile Durkheim werden intermediäre Organisationen, Berufsgruppen und speziell die Genossenschaft zu Einrichtungen, um die Anomie, d.h. die Regellosigkeit, die er als zentrales Problem moderner Gesellschaften ansieht, zu verringern.

In seinem Vorwort zur zweiten Auflage seines Werkes 'Über die Teilung der sozialen Arbeit' betont Durkheim[88] die Bedeutung professioneller Gruppierungen in der Organisation der Völker. Er entwickelt im Anschluss an Gierke eine Geschichte der Kooperationen von der Antike (besonders die Arbeitskollegien[89]), über das Mittelalter (die Zünfte und Gilden) bis zur Neuzeit (die modernen Berufsorganisationen und Genossenschaften). Für ihn sind besonders für die Moderne solche Organisationen, die zwischen Staat und Individuum angesiedelt sind, notwendig, um die zunehmende Regellosigkeit der Gesellschaften zu mildern. Solche Organisationen seien ein geeignetes Mittel, um Anomie zu reduzieren, wie Durkheim dies in seinem klassischen Werk über den Selbstmord[90] gezeigt hat, und sollten das Hauptelement der heutigen Sozialstruktur bilden. Er bedauert, dass sie nur als nützliche Vereinigungen gesehen werden, die in erster Linie ökonomische Leistungen zu erbringen haben. Durkheims Hoffnung auf zukünftige organische Solidarität, stärkere Betonung der Moral und das Wiederaufleben beruflicher Korporationen thematisiert die Interaktionen unter dem Aspekt der Steigerung von Moral.[91] Dies geht einher mit neueren betriebswirtschaftlichen Konzepten, die auf Unternehmenskultur oder corporate identity ausgerichtet sind, d.h., dass nicht in einer weiteren Differenzierung, sondern in einer Durchdringung mit Gemeinschaftsaspekten[92] eine höhere

---

87   Luhmann, Niklas, Arbeitsteilung und Moral. Durkheims Theorie, in: Emile Durkheim, Über soziale Arbeitsteilung, Studie über die Organisation höherer Gesellschaften, Frankfurt am Main 1992

88   Durkheim, Emile, Über die Teilung der sozialen Arbeit, Frankfurt am Main 1977 (frz. Original 1893)

89   Durkheim übersetzt 'collegium' mit 'Genossenschaft', was m.E. irreführend ist. Das 'collegium' (von lateinisch 'con' und 'lex') ist eine durch ein Gesetz (lex) geschaffene Korporation, dies schließt 1. Genossenschaft, 2. Priesterkollegium, 3. Bruderschaft, Korporation, Verein und 4. Innung und Zunft ein.

90   Durkheim, Emile, Der Selbstmord, Neuwied. Berlin 1973 (frz. Original 1897)

91   Siehe, Luhmann, Niklas, Arbeitsteilung und Moral. Durkheims Theorie, in: Durkheim, Emile, Über soziale Arbeitsteilung, a.a.O.

92   Siehe Spurk, Jan, Die Modernisierung der Betriebe als Vergemeinschaftung, in: Soziale Welt, Heft 3, 1988
      Ders., Gemeinschaft und Modernisierung, Berlin 1990

Effizienz erreicht werden soll.

Dagegen beschreibt Luhmann in seiner Auseinandersetzung mit Durkheim eine andere Sichtweise auf Moral und Wirtschaft, die u.a. auch dadurch bedingt ist, dass er ca. hundert Jahre später wirkt. Die Entwicklung der Gesellschaft führt zu einer stärkeren Autonomisierung des Subsystems Wirtschaft. Moral wurde bis zum 18. Jahrhundert als Zwei-Klassen-Moral konzipiert: Für die Armen soll die Moral gelten; für die Reichen das Privileg des nützlichen Lasters.[93] Erst das Umpolen von reich/arm auf den Gegensatz von Kapital und Arbeit im 18. Jahrhundert und die damit verbundenen Theorien zeigen, dass Arbeit durch Kapital vermittelt wird. Dies führt zu der neuzeitlichen Idee, dass Inklusion, der Einschluss in das Wirtschaftssystem, durch Differenz, d.h. den Gegensatz von Haben und Nicht-Haben, und nicht durch positive Moral bewirkt wird.[94] Eigentum bedeutet das Nicht-Eigentum der Anderen, die, indem sie den Ausschluss von dem spezifischen Eigentum akzeptieren, in das Wirtschaftssystem eingeschlossen werden. Früher wurde dies durch Moral, heute, so Luhmann, durch Geld gesteuert. Dies führt zu seiner These, dass sich die Wirtschaftsordnung spätestens im 18. Jahrhundert einer moralischen Codierung entzieht.[95]

Die Durkheim-Schule[96] wie auch die Anhänger einer Moralökonomie[97] betonen dagegen stärker die kulturellen Grundlagen wirtschaftlichen Handelns, die Zivilreligionen[98] und die außervertragliche Fundierung des Vertrages, die auch für die moderne Ökonomie zentrale Bedeutung besitzen. Durkheim erklärt Arbeitsteilung durch den Rückgriff auf Kommunikationsverdichtung und Bevölkerungszunahme. Der Durkheimsche Ansatz berührt sich mit neodarwinistischen Ideen, da organisierte Komplexität als Nebenprodukt der Evolution auftaucht. In den 'Regeln der soziologischen Methode' (Les règles de la méthode sociologique)

---

93   Luhmann, Niklas, Die Wirtschaft der Gesellschaft, Frankfurt am Main 1988

94   Luhmann, Niklas, Die Wirtschaft der Gesellschaft, a.a.O., S. 189

95   Luhmann, Niklas, Die Wirtschaft der Gesellschaft, a.a.O., S. 186

96   Alexander, Jeffrey C. (Hg.), Durkheimian Sociology: Cultural studies, Cambridge. New York 1988

97   Elwert, Georg, Die Verflechtung von Produktionen, in: Müller, Ernst W. u.a. (Hg.), Ethnologie als Sozialwissenschaft, Sonderheft 26/1984 der Kölner Zeitschrift für Soziologie und Sozialpsychologie, Opladen 1984

Ders., Märkte, Käuflichkeit und Moralökonomie, in: Lutz, Burkhart (Hg.), Soziologie und gesellschaftliche Entwicklung, Verhandlungen des 22. Deutschen Soziologentages in Dortmund 1984, Frankfurt am Main 1985

98   Bellah, Robert, Introduction, in: Bellah, Robert N. und Phillip Hammond, Varieties of Civil Religion, San Francisco 1980

legt Durkheim dar, dass Soziales nur durch Soziales erklärt werden kann. Die sozialen Realitäten existieren unabhängig von den einzelnen Individuen.

In 'Der Selbstmord' (Le Suicide) unterstellt er Unterschiede in den Selbstmordraten in verschiedenen Staaten, in verschiedenen Phasen der Geschichte einer Gesellschaft und in verschiedenen Religionssystemen. Er startet den Versuch, eine Wissenschaft des Sozialen zu begründen, eine Morallehre der modernen Gesellschaft zu formulieren. Durkheim unterscheidet für seine theoretische Analyse verschiedene Formen des Selbstmordes:

Die erste Form des Selbstmordes ist für Durkheim der *egoistische*. Der Individualismus stärkt die Neigung zum Selbstmord. So ist Selbstmord in Europa in protestantischen Gebieten weiter verbreitet als in gemischt protestantisch-katholischen oder in katholischen Staaten. Dies hängt damit zusammen, dass im Protestantismus dem Einzelnen mehr Autonomie und damit verbunden mehr Verantwortung übertragen wird als im Katholizismus. Auch die katholische Beichte entlastet den Gläubigen, weil er von seiner Schuld befreit wird und Vergebung erlangen kann. Der Familienstand hat ebenfalls Einfluss auf die Häufigkeit des Selbstmordes. So töten sich Singles, Geschiedene und Witwer/Witwen häufiger als Eheleute. In Zeiten sozialer Krisen und politischer Wirren sinkt die Selbstmordrate.

Die zweite Form des Selbstmordes ist der *altruistische*. Er tritt auf, wenn es als unschicklich gilt, am Leben zu bleiben, z.B. bei der Selbsttötung der Alten bei den traditionellen Eskimos, Harakiri in Japan, Selbsttötung als Opferung für einen Gott oder Selbstmord als Folge einer Ehrbeschneidung. Die Anzahl des altruistischen Selbstmordes war schon zu Durkheims Zeiten gering und ist in unserem Kulturkreis noch weiter gesunken, da sich der sozial verbindliche Charakter von solchen Handlungen in unserem Kulturkreis abgeschwächt hat, dagegen erfreut er sich z.B. in islamischen Ländern einer gewissen Anhängerschaft.

Den dritten Typen nennt Durkheim den *anomischen* Selbstmord, der stattfindet, wenn der Einzelne eine ständige Unzufriedenheit nicht mehr ertragen kann. Diese resultiert u.a. aus einer Störung der sozialen Ordnung, z.B. durch Verschlechterung oder plötzliche Verbesserung der sozialen Lage. Angehörige derjenigen Berufe, die einem ständigen Auf und Ab z.B. der Aktienkurse unterworfen sind, geraten unter einen höheren Selbstmorddruck. Die unterschiedliche Höhe der Selbstmordrate von Männern und Frauen, die bei Frauen viel geringer ist, sieht Durkheim darin begründet, dass Frauen eher zur Monogamie neigen und die sexuellen Einschränkungen in der Ehe anders bewerten als Männer. Die Selbstmordrate ist für Durkheim sozial zu erklären und nicht aus der individuellen Neigung der Akteure ableitbar. Solange die Gesellschaft sich nicht ändert, bleibt die Rate in den verschiedenen sozialen Gruppen gleich.

Kollektive Tendenzen und Denkweisen entstehen zwar aus den Vorstellungen der Einzelnen, aber sie formieren sich in einer neuen Art und Weise und sind von dem Verhältnis von Egoismus, Altruismus und Anomie abhängig. Für Durkheim ist eine gewisse Selbstmord- und auch Kriminalitätsrate normal, wie es für ihn auch normal ist, ein Verbrechen zu bestrafen. Eine Lockerung der Bestrafung zieht nach Durkheim einen Anstieg der Verbrechensrate nach sich.

Durkheim hat in seinem Buch 'Die elementaren Formen des religiösen Lebens' seine Kulturtheorie begründet. Er untersucht zuerst die Rolle der Religion in der Gesellschaft: "Die religiösen Vorstellungen sind Kollektivvorstellungen (représentations collectives G.R.), die Kollektivwirklichkeiten ausdrücken, die Riten sind Handlungen, die im Schoß versammelter Gruppen entstehen können, und die dazu dienen sollen, bestimmte Geistzustände dieser Gruppe aufrechtzuerhalten oder wieder herzustellen."[99] Am Beispiel von einfachen Religionen der australischen Ureinwohner versucht Durkheim die Entstehung einer Religion zu erklären, die er im gemeinsamen Totemglauben eines Klans festmacht. Der Mensch wird als Mitglied des Klans, der die bestimmten Totems sein eigen nennt, verdoppelt, er wird zu einem Menschen und zu einem Totem-Tier und wird dadurch 'heilig'. Insbesondere das Blut wird zu einem Symbol der Heiligkeit. Im Totem existiert eine unpersönliche Macht, eine immaterielle Energie, die der "wirkliche Gegenstand des Kultes ist."[100] Für Durkheim stellt die Religion keine individuelle Angelegenheit dar, sondern eine Synthese der einzelnen Bewusstseine, die dann, wenn sie einmal gebildet ist, eigenen Gesetzen gehorcht.[101] Durkheim will dadurch zeigen, wie aus individuellen Handlungen Kollektivität entsteht, d.h., er versucht, das Emergenzproblem zu lösen.

Durkheim wirkte besonders in Frankreich nach. So setzten insbesondere seine Schüler Maurice Halbwachs in seiner Arbeit über 'Das Gedächtnis und seine sozialen Bedingungen',[102] Marcel Mauss über den sozialen Austausch[103] und Claude Lévi-Strauss über die Klassifikation der Verwandtschaftssysteme[104] die kulturtheoretische Orientierung Durkheims fort.

---

99   Durkheim, Emile, Die elementaren Formen des religiösen Lebens, 2. Aufl., Frankfurt am Main 1984, S. 28

100   Durkheim, a.a.O., S. 262

101   Durkheim, a.a.O., S. 567

102   Halbwachs, Maurice, Das Gedächtnis und seine sozialen Bedingungen, Frankfurt am Main 1985 (frz. Original 1925)

103   Mauss, Marcel, Soziologie und Anthropologie, Reinbek bei Hamburg 1981 (frz. Original 1950/1925)

104   Lévi-Strauss, Claude, Die elementaren Strukturen der Verwandtschaft, Frankfurt am Main 1981 (frz. Original 1947)

Heutige Traditionslinien findet man bei Roland Barthes, der das System der symbolischen Klassifikation darstellt. Michel Foucault betont die religiösen Wurzeln des rationalen gegenwärtigen Diskurses in seinem Werk 'Sexualität und Wahrheit'[105] und er macht in diesen Bereichen den rituellen Prozess der Verpflichtung und Kontrolle fest, der dem christlichen Westen zugrunde liegt.

Georg Simmel

Georg Simmel wurde am 1. März 1858 in Berlin geboren. Seine Eltern Edward und Flora Simmel waren vom jüdischen zum christlichen Glauben übergetreten. Edward Simmel gründete die Schokoladenfabrik 'Felix und Sarotti', die er später verkaufte. Er starb 1874, als Georg Simmel 16 Jahre alt war. Julius Friedländer, ein Freund der Familie, wurde zum Vormund bestimmt. Simmel konnte von dem Erbe ohne große finanzielle Probleme leben. Er machte mit 18 Jahren in Berlin sein Abitur und im gleichen Jahr begann er sein Studium an der Berliner Universität. Er studierte Geschichte, Psychologie und Philosophie und promovierte 1881 mit der Schrift 'Das Wesen der Materie nach Kants physischer Monadologie' und habilitierte sich 1885 mit der Schrift 'Die metaphysischen Grundlagen des Erkennens', ebenfalls eine Arbeit über Kant. Ab 1885 hielt er als Privatdozent Vorlesungen an der Berliner Universität aus den Gebieten der Philosophie, Psychologie und Soziologie. Seine Vorträge erregten über die akademische Welt hinaus Beachtung, da er zunehmend Themen behandelte, wie z.B. Geschlechterfragen,[106] die im akademischen Bereich unüblich waren. Auch seine Vorlesungen und Vorträge z.B. über Goethe,[107] Schopenhauer, Nietzsche,[108] Michelangelo[109] und Rembrandt[110] beeindruckten durch seine Einsichten und einen hervorragenden Stil. Nach seiner Zeit als Privatdozent in Berlin wurde er 1916 zum Professor an die (Reichs-)Universität Straßburg berufen. Er starb 1918.

Simmel war einer der Ersten, der in Deutschland Soziologie betrieb. So veröffentlichte er schon 1890 seine erste größere Studie 'Über soziale Differenzierung. Soziologische und psychologische Untersuchungen', in der er den Begriff der 'Wechselwirkung' einführte.[111] Die Wechselwirkungen im sozialen Bereich bestehen nach Simmel nicht nur in den momenthaften Interaktionen der Handelnden, sondern bringen auch dauerhafte Sozialgebilde hervor. Gesellschaften konstituieren sich aus solchen Wechselwirkungen, die auf der Mikro- wie der Makroebene auftreten. In

---

105   Foucault, Michel, Sexualität und Wahrheit, 3 Bände, Frankfurt am Main 1976-1993

106   Simmel, Georg, Die Probleme der Geschlechterphilosophie, Leipzig 1892

107   Simmel, Georg, Kant und Goethe, Berlin 1906

108   Ders., Schopenhauer und Nietzsche, Leipzig 1907

109   Ders., Philosophische Kultur, Leipzig 1911, darin über: Michelangelo, S. 157-184

110   Ders., Rembrandt. Ein kunstphilosophischer Versuch, Leipzig 1916

111   Korte, Hermann, Einführung in die Geschichte der Soziologie, 2. Aufl., Leverkusen 1995

seinem Aufsatz 'Das Gebiet der Soziologie'[112] (1917) vertieft Simmel sein Verständnis von Soziologie als Lehre von Wechselwirkungen, was ihn mehrfach, z.B. bei Leopold von Wiese und George Ritzer zum Begründer der formalen Soziologie werden ließ. Individuen erzeugen Wechselwirkungen und sind von diesen betroffen. Simmel geht es darum, Formen der Vergesellschaftung zu untersuchen. Er fasst dies unter den Aspekten 1. *Wechselwirkung,* 2. *Form,* 3. *Tun,* 4. *Erleben (Leiden),* 5. *Inhalt* und 6. *Vergesellschaftung* zusammen. Im *Tun* und *Erleben (Leiden)* geht Simmel der Frage nach, wie Individuen Formen gestalten und diese dann in verschiedenen Bereichen, z.B. kognitiv, ethisch, emotional, ästhetisch und/oder erotisch empfinden. In seinem weiteren soziologischen Hauptwerk 'Soziologie. Untersuchungen über die Formen der Vergesellschaftung' [113] (1908) sieht er die Begründung der Soziologie als eigenes Fach darin, dass sie ihren Blick auf die Gesellschaft richtet. So beruht nach Simmel jede Wissenschaft auf einer Abstraktion, da sie die Ganzheit nicht erfassen kann und die Wirklichkeit von einem bestimmten Gesichtspunkt aus betrachtet. Eine Möglichkeit zu einer solchen Abstraktion besteht in dem Dial *Form* und *Inhalt*. So gehören *Formen* des Miteinanders und der Vergesellschaftung unter den allgemeinen Begriff der Wechselwirkung und der *Inhalt*, wie u.a. Interessen, Zwecke, Triebe, liefert die Materie der Vergesellschaftung. So gelangt er zu mikrosoziologischen Formen der Vergesellschaftung, wie z.B. bei Familien und Kleingruppen und zu makrosoziologischen Formen der Vergesellschaftung, wie z.B. bei Herrschaft, Konkurrenz, Streit, Arbeitsteilung, Über- und Unterordnung und Hierarchie. In seiner Soziologie versucht er keine allgemeine Gesellschaftstheorie zu begründen, sondern er untersucht ausgewählte Formen der Vergesellschaftung. Er analysiert auch die Bedeutung der Anzahl von Individuen, so in Dyaden (z.B. Intimbeziehungen), Triaden (z.B. Eltern mit einem Kind) mit der damit verbundenen Bedeutung des Dritten (z.B. des Richters) in einer sozialen Konstellation. Es interessiert ihn auch die räumliche Dimension des Handelns, z.B. in der Frage von Nähe und Distanz und Sesshaftigkeit und Mobilität, die er besonders an der Figur des Fremden thematisiert. Die Zeit analysiert Simmel nach dem Nacheinander (diachrone-) und dem Nebeneinander (synchrone Entwicklung). Es beschäftigt ihn die Kontinuität bzw. Diskontinuität der Entwicklung und der Veränderung des Rhythmus. So tritt in der modernen Geldwirtschaft die 'rhythmisch-symmetrische Lebensführung' zurück zugunsten einer 'individualistisch-spontanen'. Die Dimension des Dualismus umfasst Widersprüche (z.B. Freiheit und Zwang und Herrschaftsgebilde), Ambivalenzen (z.B. gleichzeitige Anwesenheit widersprüchlicher Botschaften in einer Geste) und Kontraste (dass Vorder- und Hintergrunderscheinungen

---

112   Simmel, Georg, Schriften zur Soziologie, 3. Aufl., Frankfurt am Main 1989, u.a. S. 41
113   Simmel, Georg, Soziologie: Untersuchung über die Formen der Vergesellschaftung, Frankfurt am Main 1992

voneinander abgesetzt werden, z.B. in der Malerei, aber auch, wenn man die dunklen Seiten den hellen gegenüberstellt.)[114]

Zusammengefasst sind dies die verschiedenen Formen der Vergesellschaftung nach Georg Simmel:

Zahl:	Dyade
	Triade
	Drei- und Mehrzahl
Raum:	Nähe-Distanz
	Sesshaftigkeit-Mobilität
	Enge - weite Grenzen
Zeit:	Nacheinander - Nebeneinander
	Tempo
	Rhythmus
Dualismus:	Widerspruch
	Ambivalenz
	Kontrast

In seinem Buch 'Philosophie des Geldes'[115] liefert Georg Simmel eine Analyse der modernen Gesellschaft. Im ersten analytischen Teil seiner Schrift sieht er den Wert des Geldes als Entwicklungsprozess, der zum reinen Symbol geworden ist. Das Geld besitzt einen ambivalenten Charakter. Es ist einerseits Träger der Freiheit und Voraussetzung zur Entfaltung der modernen Individualität. Andererseits siedelt er die Wirkung des Geldes in der Zerstörung der Persönlichkeit des Individuums an, da sich als Folge der Geldwirtschaft Rationalisierung, Rechtsgleichheit und Demokratisierung entwickeln. Für Simmel sind das Recht, die Intellektualität und das Geld durch Gleichgültigkeit gegenüber individueller Eigenart gekennzeichnet. Dagegen setzt er, orientiert an Goethe und Nietzsche, ästhetische Kategorien wie 'Qualität', 'Einmaligkeit' und 'Unberechenbarkeit'. Diesen Aspekt greift Simmel in seiner

---

114 Nedelmann, Brigitta, Georg Simmel (1858-1917), in: Kaesler, Dirk, Klassiker der Soziologie, Bd. 1, München 1999, S. 137 ff.

115 Simmel, Georg, Philosophie des Geldes, Leipzig 1900

Kulturtheorie auf. Er sieht eine tragische Spannung zwischen vermehrbarer objektiver und der nur sehr langsam zu steigernden subjektiven Kultur.

Vilfredo Pareto

Vilfredo Pareto,[116] der ursprünglich Fritz Wilfried Pareto hieß und später seine Vornamen italienisierte, wurde am 15.7.1848 in Paris als Sohn des verarmten italienischen Emigranten Raffach Pareto, Marcheso di Parigi, und seiner französischen Mutter Marie Métenias geboren. Mit elf Jahren konnte er mit seiner Familie Paris verlassen und nach Genua, aus der die Vorfahren stammten, übersiedeln. Er studierte Ingenieurwesen und schloss sein Studium mit einer Dissertation über 'Grundlegende Prinzipien der Theorie der festen Körper' ab. Er arbeitete dann 20 Jahre als Ingenieur und beschäftigte sich nebenbei mit Mathematik, klassischen Sprachen, Geschichte, Sozialwissenschaft und Volkswirtschaftslehre. Daneben kandidierte er für das italienische Parlament, wurde jedoch nicht gewählt.

Obwohl er nur einige Aufsätze veröffentlicht hat, erhält er durch Vermittlung verschiedener Freunde mit 45 Jahren eine Professur für Volkswirtschaftslehre an der Schweizer Universität Lausanne. Seine wissenschaftliche Existenz ermöglicht es ihm nun, seine bedeutenden und umfangreichen Beiträge zur Volkswirtschaftslehre und Soziologie zu schreiben.[117]

Im Sommersemester 1897 hält er eine Vorlesung über Soziologie. Er plant früh eine Schrift 'Sociologia', die 20 Jahre später unter dem Titel 'Trattato di sociologia generale' erscheint.[118]

Für seine wissenschaftlichen Leistungen wurde Pareto schon zu seinem Lebzeiten geehrt. Am 19.08.1923 stirbt Vilfredo Pareto in Céliguy am Genfer See.

Vilfredo Pareto war besonders von Aristoteles, Niccolò Machiavelli, den er 'il nostro', den Unseren nennt, von Karl Marx und auch von Friedrich Nietzsche beeinflusst.

Pareto betont, man solle auf Sachverhalte zurückgehen und deren Interdependenz studieren, denn er kritisierte die bis dahin vorwiegenden Kausalitätsvorstellungen, da alles kontingent sei. So analysiert er Gleichförmigkeiten, die er bisweilen 'Gesetze' nennt.[119]

---

116   Eine kenntnisreiche Einführung in das Leben und Werk von Pareto liefert: Eisermann, Gottfried, Vilfredo Pareto. Ein Klassiker der Soziologie, Tübingen 1987

117   Es ist rätselhaft, warum Paul Lafargue, der Schwiegersohn von Karl Marx, Pareto in dieser frühen wissenschaftlichen Phase aufgefordert hat, die Einleitung zu seiner Zusammenfassung der Lehren von Karl Marx zu schreiben. Pareto nutzt dies zu einer Kritik an Marx. Vielleicht wollte sich Paul Lafargue für die Demütigungen, die er durch Karl Marx erfahren hatte (siehe den 'Exkurs: Das Recht auf Arbeit oder das Recht auf Faulheit' der vorliegenden Arbeit), rächen.

118   Pareto, Vilfredo, Allgemeine Soziologie, ausgewählt und übersetzt aus dem Französischen von C. Brinkmann, Tübingen 1955 und ders., Paretos System der allgemeinen Soziologie, übersetzt aus dem Italienischen mit Einleitung und Anmerkungen von G. Eisermann, Stuttgart 1962

119   Generell geht Pareto sehr viel unschärfer mit seinen Begriffen um als etwa Max Weber, dem man die juristische Schulung anmerkt. Für Pareto sind dies nur 'Zettelchen', die man an einen Sachverhalt hängt.

Pareto geht in seinen volkswirtschaftlichen Überlegungen von Gleichgewichtszuständen aus, die durch Wahlhandlungen, denen wiederum menschliche Wünsche und Interessen zugrunde liegen, und durch Hindernisse bestimmt werden. Dieses Gleichgewicht tritt nur in seiner reinen Gestalt auf, wenn Monopole und Oligopole ausgeschaltet sind. Unter der Hypothese eines vollkommenen Wettbewerbs wird dann ein 'Pareto-Optimum' erreicht, das einen Gleichgewichtszustand, z.B. zwischen Angebot und Nachfrage, darstellt, das für keinen der Beteiligten verbessert werden kann.[120]

Das Pareto-Optimum ist dadurch gekennzeichnet, dass ein gesellschaftlicher Zustand einem anderen Zustand vorzuziehen ist, wenn im ersten Zustand mindestens eine Person besser und keine Person schlechter gestellt wird als im zweiten Zustand. D.h., etwas ist pareto–optimal, wenn es nicht möglich ist, den Nutzen eines Einzelnen zu steigern, ohne den Nutzen eines Anderen zu reduzieren.[121]

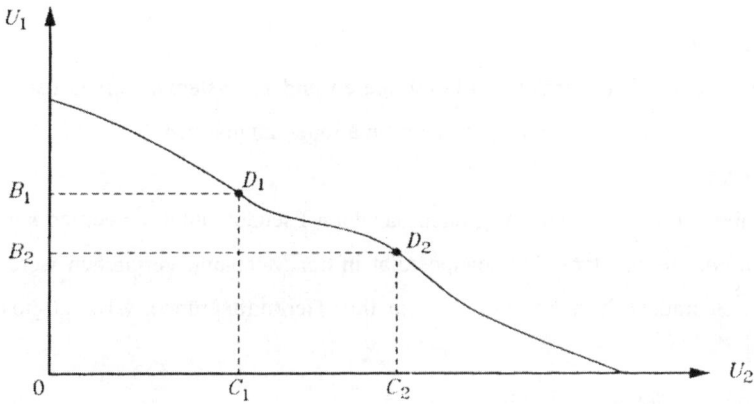

Das Schaubild zeigt die unterschiedlichen Nutzenniveaus zweier Akteure, wobei zur Vereinfachung davon ausgegangen wird, dass für diesen Kontext nur diese beiden Individuen relevant sind. Wenn der Akteur 1 sich auf dem Nutzenniveau DB1 befindet, so besteht das maximal erreichbare Nutzenniveau des Akteurs 2 auf DC1. D1 ist dann die für beide effiziente Situation. Wenn der Akteur 1 weniger Güter und ein niedrigeres Nutzenniveau besitzt, z.B. DB2, dann ist für den Akteur 2 der Konsum von mehr Gütern möglich, z.B. DC2. In diesem Falle ist D2 eine weitere effiziente, d.h. in diesem Falle pareto-optimale Situation. Verbindet man die Punkte D1, D2 und weitere, so erhält man eine von links nach rechts abfallende Linie, die Nutzenmöglichkeitengrenze oder -kurve oder Wohlstandsgrenze genannt wird. Aus der

---

120 In der Folge werden die Amerikaner Gérard Debren und Henneth I. Arrow für die Fortsetzung dieses Ansatzes Nobelpreise für Ökonomie erhalten.

121 Linde, Robert, Einführung in die Mikroökonomie, 3. Aufl., Stuttgart. Berlin. Köln 1996, S. 188 ff.

Wirtschaftsanalyse von Gesellschaften zieht Pareto den Schluss, dass in allen Gesellschaften die Einkommensverteilung im Sinne einer Gaußschen Normalverteilung erfolgt, was er für seine Soziologie fruchtbar macht. So lässt sich nach Pareto die Gesellschaft, ähnlich wie die Einkommenskurve in der Ökonomie, als eine 'Pyramide', heute würde man eher von einer Gaußschen Normalverteilung ausgehen, abbilden. Dies stellt für ihn ein Bindeglied zwischen Soziologie und Ökonomie dar.

In seiner 'Allgemeinen Soziologie', der 'sociologia generale' benutzt Pareto den Begriff des 'sozialen Systems', der später für Talcott Parsons[122] und Niklas Luhmann[123] große Bedeutung erlangen wird. Die Menschen streben nach Pareto danach, ihre Interessen zu verwirklichen.[124] Für ihn ist die 'Realität der Interessen' vorrangig für die Entstehung gesellschaftlicher Strukturen gegenüber den Begründungen, die für das Handeln geliefert werden.

Neben den Interessen wirken die Residuen, also die Gefühlstrukturen. Diese unterteilt Pareto in 6 Klassen:

I: *Instinkt der Kombinationen*

Es besteht für ihn eine Neigung, Sachverhalte zu kombinieren und zu systematisieren, also ein Aufsuchen von Kombinationen und die Neigung, an Kombinationen zu glauben.

II: *Persistenz und Aggregate*

Es verdichten sich Kombinationen zu einem Aggregat, das dann Pseudorealität annehmen kann, so durch Gefühlsstrukturen, die mit dem Trägheitspostulat in der Mechanik verglichen werden können. So bleiben oft Gebräuche bestehen, auch wenn ihre Herkunftsgründe, z.B. religiöser Art, verschwunden sind.[125]

III: *Bedürfnis, Gefühle nach außen auszudrücken*

Starke Gefühle werden häufig durch Handlungen bekundet, die sich übermäßig steigern können.

IV: *Residuen in Beziehung zur Sozialität*

---

122   Parsons, Talcott, The Social System, New York, London 1951, S. VII

Dies hängt auch damit zusammen, dass für Talcott Parsons Pareto einer der vier Wissenschaftler ist (neben Durkheim, Max Weber und Malinowski), auf denen er sein Theoriegebäude aufbaut. Ders., Essays in Sociological Theory, Original 1948, zitiert nach der 3. revidierten Fassung, New York. London 1964.

In seiner früheren Schrift 'The Structure of Social Action, Original 1937, zitiert nach der 3. Auflage, New York. London 1968 stand Alfred Marshal noch an Stelle von Bronislaw Malinowski.

123   Luhmann, Niklas, Soziale Systeme, Frankfurt am Main 1984

124   Ähnlich sieht dies auch Max Weber, Ges. Aufsätze zur Religionssoziologie, Tübingen 1922, S. 252 "Interessen (materielle und ideelle) nicht Ideen beherrschen unmittelbar das Handeln der Menschen."

125   Eisermann, Gottfried, Vilfredo Pareto, Tübingen 1987, S. 144f.

Dies impliziert ein Bedürfnis nach Gleichförmigkeit und sozialer Anpassung und den Versuch, dies bei Anderen durchzusetzen. Es wird soziale Anerkennung angestrebt und dies manifestiert sich in Gefühlen für Hierarchie und Autorität.

V: *Integrität des Individuums*

Dies äußert sich in Gefühlsstrukturen, die im Selbsterhaltungstrieb des Einzelnen wurzeln und in Ritualen, wie sie in Reinigungs- und Läuterungsprozeduren bei Sünden, Verbrechen und Tabuverletzungen enthalten sind.

VI: *Sexuelles Residuum*

Dies impliziert einerseits sexuelles Begehren und geschlechtliche Handlungen und andererseits den Kampf gegen Sexualität, wie sie sich im Asketismus und in manchen religiösen Vorschriften als angebliche Verbesserung der Sittlichkeit äußern.[126]

Diese *Residuen* sind nicht weiter auflösbare Gefühlsstrukturen, die menschliches Handeln steuern. Zur Erklärung und Legitimierung solcher Handlungen verwenden die Menschen nach Pareto *Derivationen*, d.h. Handlungsbegründungen, Ideologien und Weltanschauungen. Diese umfassen logische oder pseudologische Aussagen, Berufungen auf Gefühle (wie z.B. Betroffenheit) und Deklamationen religiöser, ethischer und sonstiger Art. Pareto unterteilt die Derivationen in verschiedene Klassen, so u.a. in Behauptungen, autoritäre Aussagen, Übereinstimmung mit Gefühlen oder Prinzipien, individuelle Interessen und 'verbale Beweise', wo es darum geht, durch rhetorische und pseudologische Argumente Sachverhalte zu legitimieren.

"Die Menschen werden vom Gefühl und vom Vorteil in Bewegung gesetzt, aber es gefällt ihnen, sich vorzumachen, sie würden von der Vernunft angetrieben; deshalb suchen sie und finden stets eine Theorie, die ihnen a posteriori irgendeine logische Hülle für ihre Handlungen gibt." (Manuale, 132).[127] Dies demonstriert Pareto an verschiedenen Beispielen, wie z.B. am Parlamentarismus. So kann man nach Pareto in vielen Parlamenten hinter den allgemein vorgetragenen Derivationen, d.h. den pseudologischen Erklärungen, unschwer die privaten Interessen der Parlamentarier und der Vertreter der sozialen Ordnung erkennen (§ 1713 Trattato). Denn "in der Politik haben überdies alle herrschenden Klassen immer ihr Eigeninteresse mit dem des ganzen Landes verwechselt" (§ 1499 Trattato).[128] Die kollektiven Interessen, denen Pareto 'objektive Zwecke' unterstellt, unterscheidet er von den subjektiven Interessen, die der

---

126   Vilfredo Pareto hat dies besonders in seinem Werk: 'Der Tugend – Mythos und die unmoralische Literatur, Neuwied am Rhein 1968' ausgeführt.

127   Eisermann, V. Pareto, a.a.O., S. 152

128   Eisermann, V. Pareto, a.a.O., S. 164

Handelnde über Derivationen, d.h. Ideologien zu rechtfertigen sucht. Gewisse Politiker wollen etwas für sich und fordern es für die Partei, für die Nation, für das Vaterland; bestimmte Arbeiter wollen ihre Lebensbedingungen verbessern und fordern eine Verbesserung für die 'Proletarier', für die 'Arbeiterklasse'; bestimmte Industrielle wollen Vorteile von der Regierung für ihren Gewerbezweig erlangen und fordern sie für die Industrie im Allgemeinen, für die 'schaffende Klasse' (§ 1498 Trattato).

Für Pareto können Wahrheit und Nützlichkeit einer Theorie zusammenfallen oder auch nicht, d.h. Wahrheit kann auch schädlich sein. In jeder Erklärung für nichtlogische Handlungen gibt es "logische oder pseudologische Erklärungen, Berufungen auf das Gefühl, pathetische Deklamationen, das Auftreten ethischer, religiöser und anderer Elemente" (§ 12 Trattato).[129]

Pareto hat diese Grundelemente seiner Theorie auf die soziale Mobilität angewendet. Er geht von der Beobachtung aus, dass es objektiv keine Gleichheit in einer Gesellschaft gibt oder geben kann. "Die menschliche Gesellschaft ist nicht homogen, sie wird aus Elementen konstituiert, die mehr oder minder sich voneinander unterscheiden, nicht nur durch in die Augen springende Eigenschaften wie Geschlecht, Alter, physische Kraft, Gesundheit usw. sondern auch aus weniger leicht beobachtbaren Gründen, die nicht so leicht festzustellen, aber äußerst wichtig sind, wie z.B. intellektuelle und moralische Eigenschaften, Aktivität, Mut usw. Die Behauptung, daß die Menschen objektiv gleich sind, ist derart absurd, daß sie nicht einmal verdient, bestritten zu werden. Hingegen ist die subjektive Vorstellung, daß die Menschen gleich sind, eine Tatsache von großer Bedeutung, die gewaltig bei der Determination des Wandels, dem die Gesellschaft unterliegt, mitwirkt" (Manuale (125/6).[130] Objektiv sind die Menschen verschieden, aber die subjektive Vorstellung der Gleichheit ist eine wichtige soziale Tatsache für Pareto.

Aus der objektiven Ungleichheit der Menschen einer Gesellschaft hat sich immer eine Elite heraus gebildet. Pareto verwendet den Begriff der Elite wertneutral. "Diese Eliten haben nichts Absolutes; es kann sich ebenso um eine Elite von Briganten wie eine Elite von Heiligen handeln" (Manuale I, 56).[131] Der soziale Wandel wird für Pareto durch den Austausch der Eliten beeinflusst. In der herrschenden Klasse, einer Elite, spaltet sich eine Fraktion ab, die sich dann bisweilen mit großen Teilen der beherrschten Klasse verbindet. Die beiden herrschenden Fraktionen teilt er in die schon in der Antike und bei Machiavelli auftretenden Differenz von 'Löwen' und 'Füchsen'. Die 'Löwen' werden, wenn sie alt und verbraucht sind, von 'Füchsen' abgelöst, die dann im günstigen Falle auch wieder zu 'Löwen' werden. Pareto fasst den sozialen

129   Eisermann, V. Pareto, a.a.O., S. 182

130   Eisermann, V. Pareto, a.a.O., S. 211

131   Eisermann, V. Pareto, a.a.O., S. 236

Wandel als Zirkulation von Eliten. Man findet hier Verbindungslinien zu Karl Marx, der dies in seiner Schrift 'Klassenkämpfe in Frankreich 1848 bis 1850'[132] ausgeführt hat.

Die Eliten- und Machttheorie war in der geisteswissenschaftlichen Geschichte keineswegs auf Theoretiker der politischen Rechten beschränkt, sondern wurde auch von Anhängern der politischen Linken, wie z.B. durch C. Wright Mills, vertreten.[133] In seinem Buch, 'The Power Elite' (dt. Die amerikanische Machtelite)[134] beschreibt Mills die Formierung einer Machtelite in einem demokratischen System, den USA, die seit den dreißiger Jahren mit dem New Deal unter Roosevelt begann. Es haben sich drei Machtkerne verbunden, die reichen Wirtschaftskorporationen, die militärische Führung und die politische Administration, die die Entscheidungen unter sich ausmachen.[135] Auch neuere französische Soziologen der politischen Linken, wie Michel Foucault und Pierre Bourdieu oder italienische Sozialisten wie Antonio Gramsci schließen an solche machttheoretischen Überlegungen an.[136]

Exkurs: Derivation, Rationalisierung, Ideologie und Legitimierung

Pareto[137] bezeichnet die handlungsleitenden Gefühle als Residuen und die Rechtfertigung solcher Gefühle als Derivationen. Die Vorliebe für Derivationen erklärt sich aus dem menschlichen Bedürfnis nach logischen oder pseudologischen Erklärungen. Oft werden Prätentionen aus der gleichen Quelle begründet wie ihr Gegenteil; mittelalterliche Intellektuelle beriefen sich epistemologisch vor allem auf die Bibel, und selbst antiklerikale Revolutionäre wie Thomas Müntzer und Florian Geyer zogen mit der Bibel gegen die Bibel. Der Begriff 'Derivationen' ist verwandt mit dem Begriff der 'Rationalisierung'. Sie entsprechen sich in der Funktion, für unlogische Handlungen, die bei Freud durch die Triebkräfte, bei Pareto durch Residuen bedingt

---

132 Eisermann, V. Pareto, a.a.O., S. 242

133 Hess, Andreas, C. Wright Mills (1916-1962), in: Kaesler, Dirk, Klassiker der Soziologie, München 1999

134 Mills, C. Wright, Die amerikanische Machtelite, Hamburg 1962

135 Parsons' Kritik an dieser Konzeption bleibt schwach und letztendlich, wie in seiner Schichtungstheorie, ideologisch. Er bemängelt, dass Mills den positiven funktionalistischen Aspekt der Macht im Sinne einer Ausdifferenzierung zu wenig Aufmerksamkeit schenke. (Parsons, Talcott, The Distribution of Power in American Society, in: ders., Structure and Process in Modern Societies, Glencoe, Ill. 1960, S. 199 ff.)

136 Runkel, Gunter, Repräsentation und Partizipation in Organisationen, Arbeitsbericht Nr. 224 des Fachbereichs Wirtschafts- und Sozialwissenschaften der Universität Lüneburg, 2. Aufl., Lüneburg 2000

137 Pareto, Vilfredo, System der allgemeinen Soziologie, hg. von Gottfried Eisermann, Stuttgart 1962

sind, (pseudo)logische Erklärungen zu liefern, wie man dies z.B. bei der posthypnotischen Suggestion nachweisen kann.

Bedingungen für das Handeln, seien sie nun logischer oder nicht-logischer Natur, wurden in der abendländischen Geistesgeschichte häufig als 'Ideologie' bezeichnet.

Gaetano Mosca[138] bezeichnet ähnlich wie Pareto mit seinem Begriff der 'politischen Formen' die Ideologie, die für ihn Aberglaube und Illusion ist und dennoch ein echtes Bedürfnis der sozialen Natur des Menschen darstellt. Mosca sieht die 'politische Formel' in ihrem Beitrag zum politischen Zusammenhang eines Volkes und einer Kultur und schreibt ihr eine Stabilisierungsfunktion der Gesellschaft zu.

Bei Francis Bacon[139] taucht der Ideologiebegriff in seinem im Jahre 1620 erschienen Novum Organum auf und bedeutet bei ihm Abweichung von Wahrheitserkenntnis. Er konstatiert Fehlerquellen, die er 'Idole' nennt, die den Menschen an der Erkenntnis der Wahrheit hindern.

Durch Napoleon hat der Begriff 'Ideologie' seinen pejorativen Sinn bekommen, als er die Schule von Destutt de Tracy[140] als Ideologen beschimpfte, die der Praxis hilflos gegenüberständen.[141]

Die Interessentheorie der Ideologie, wie sie schon bei Machiavelli thematisiert wurde, ist einerseits psychologisch geprägt, d.h. dass Triebe die Menschen von der objektiven Wahrheit ablenken, und andererseits politisch in der Lehre vom Priester- und Herrentrug ausgerichtet, wo Ideologie als gesellschaftliche Rechtfertigungslehre auftaucht. An der ersten Aussage knüpfen spätere psychologisch orientierte Ideologieforscher an, wie Sigmund Freud und Georg Adler,[142] die politische Interessentheorie wird von Marx und Pareto weitergeführt.

---

138   Mosca, Gaetano, Die herrschende Klasse, Bern 1950

      Ders., Endgültige Fassung der Theorie der herrschenden Klasse, in: Meisel, James H., Der Mythos der herrschenden Klasse, Düsseldorf. Wien 1962, S. 386. Der Begriff 'politische Formel' "besagt, daß in allen Gesellschaften, und wäre ihr Niveau noch so mittelmäßig, die herrschende Klasse ihre Macht zu rechtfertigen pflegt, indem sie sich auf ein Gefühl oder einen Glauben beruft, der in der betreffenden Epoche und von der betreffenden Gesellschaft anerkannt wird."

139   Bacon, Francis, Neues Organon, übersetzt von J.H.v. Kirchmann, Leipzig 1870, bes. S. 93-96

140   Tracy, A. L. C. Comte Destutt de, Elements d'ideologie, Paris 1801-15

141   Napoleon hat zwar nicht die moderne Ideologietheorie begründet, worauf Georg Mende, Philosophie und Ideologie; Zur Kritik der bürgerlichen Ideologie Nr. 9, Frankfurt am Main 1971, S. 14 f. zu Recht hinweist; aber er hat durch seine 'schnoddrige Bemerkung' (Georg Mende) den Begriff zum heutigen Verständnis hingelenkt.

142   Adler, Georg, Die Bedeutung der Illusionen für Politik und soziales Leben, Jena 1904, bes. S. 9 f. u. S. 14

Marx sieht Ideologie als "verdrehte Auffassung der Geschichte der Menschen" an,[143] als falsches Bewusstsein. Dabei sind die Ideologen die Teile der herrschenden Klasse, "welche die Ausbildung der Illusion dieser Klasse über sich selbst zu ihrem Hauptnahrungszweige machen".[144] Durch Lenin hat der Begriff 'Ideologie' innerhalb des Marxismus seinen pejorativen Sinn verloren. In seiner Schrift 'Was tun?'[145] taucht das Begriffspaar 'bürgerliche und sozialistische Ideologie' auf, die die Theorie der jeweiligen Klasse darstellen soll. In dieser Schrift setzt er sich mit der Herkunft und Verbreitung der 'bürgerlichen und sozialistischen Ideologie' auseinander und lehnt dabei den Ökonomismus und die Geringschätzung des bewussten Elements in der Geschichte ab.

Heute hat sich ein gemeinsamer Ideologiebegriff herausgebildet, der auch von Marxisten geteilt wird, die eine Differenzierung in Anlehnung an Lenin nur noch im Adjektiv vornehmen (wie bürgerliche gegenüber sozialistischer Ideologie).[146]

Jakubowski, der sich selbst als Marxist bezeichnet, weist vom Standpunkt der Wissenssoziologie auf Widersprüchlichkeiten des marxistischen Ideologiebegriffs hin. Er sieht Ideologie als eine besondere Sichtweise eines jeden sozialen Standorts.[147]

Hier klingt der Mannheimsche Ideologiebegriff an in der Teilung von partikularem und totalem und in der Seinsgebundenheit des Denkens. Man muss Mannheim Recht geben, wenn er betont, dass die "Ideologiehaftigkeit des Denkens bisher zumeist nur im Denken des Gegners gesehen wurde, wobei jeder stets seinen eigenen Standort verschonte".[148] Ähnlich verfuhr Hitler in einer

---

143   Marx, Karl und Friedrich Engels, Die deutsche Ideologie, in: Marx/Engels Werke Bd. 3, Berlin 1969, S. 18

144   Marx, Karl und Friedrich Engels, Die deutsche Ideologie, in; MEW Bd. 3, S. 46

145   Lenin, Wladimir J., Was tun?, in: Ausgewählte Schriften, hg. von Hermann Weber, München 1968, S. 134

146   So Schliwa, Harald, Der marxistisch – leninistische Begriff der Ideologie und Wesen und Funktionen der sozialistischen Ideologie, in: Müller, Werner (Hg.), Sozialismus und Ideologie, Berlin (Ost) 1969
       Hollitscher, Walter, Ideologie und Utopie, in: Probleme des Friedens und des Sozialismus, Heft 7/1967
       Gabel, Joseph, Ideologie und Schizophrenie, Frankfurt am Main 1967, S. 45
       Lukács, Georg, Geschichte und Klassenbewußtsein, Neuwied und Berlin 1968

147   Jakubowski, Franz, Der ideologische Überbau in der materialistischen Geschichtsauffassung, Diss. Basel, Danzig 1936, Neuauflage Frankfurt am Main 1968, S. 90, "Der Ideologiebegriff des historischen Materialismus ist der totale. Das Bewußtsein ist bewußtes Sein und wird vom gesellschaftlichen Sein bestimmt. Ein falsches Bewußtsein muß also einer bestimmten Lage im sozialen Sinn entsprechen, einem gesellschaftlichen Standort, der eine richtige Erkenntnis nicht zuläßt. Andererseits sind die betreffenden Vorstellungen doch insofern 'richtig', als sie der adäquate Ausdruck eben dieses Standorts sind. Damit ändert sich der Charakter des Ideologiebegriffes, die objektive Falschheit des Bewußtseins äußert sich nun als Partikularität. Jedem sozialen Standort entspricht eine besondere Art der Sicht, der Ideologie."

148   Mannheim, Karl, Ideologie und Utopie, 4. Aufl., Frankfurt am Main 1965, S. 50

Rede vom 21. August 1923, als er z.B. Ideologen, Verbrecher und Banditen für die Novemberrevolution 1918 verantwortlich machte.[149]

Bei Theodor Geiger werden diejenigen Aussagen als ideologisch bezeichnet, die sich als theoretische Sachaussagen geben, die aber a-theoretische, nicht der objektiven Erkenntniswirklichkeit zugehörende Bestandteile enthalten.[150] Für ihn beruht jede Ideologie auf der Theoretisierung und Objektivierung eines primären Gefühlsverhältnisses, das zwischen einem Akteur und einem Objekt besteht.[151] So nähert er sich der psychologischen Ideologienlehre, die auch schon für die Aufklärer galt, die die Handlungsantriebe in die Psyche verlegten.

Bei Cooper und McGaugh ist 'Ideologie' ein kognitives System, das gewisse Formen des Verhaltens rechtfertigen und rationalisieren soll.[152] Hier wird wieder die Funktion der Ideologie deutlich, Verhaltensformen zu rechtfertigen und Rationalisierungen für das Verhalten zu liefern

Bei Lemberg sind Ideologien "Leitsysteme, die den Menschen die Welt erklären, ihnen Werte und Normen setzen und sie erst dadurch zum Handeln - und damit zum Leben befähigen"[153] oder "ein System von die Welt deutenden Vorstellungen - Ideen - und von daraus entwickelten Werten und Normen, das den einzelnen, gesellschaftliche Gruppen oder die menschliche Gesellschaft veranlaßt und befähigt, zu handeln und also zu leben".[154]

Der Terminus 'Rationalisierung', der ähnlich wie 'Ideologie', 'Derivation' oder 'Legitimierung' verwendet wird, entstammt der psychoanalytischen Theorietradition. Er wurde zuerst von Ernest Jones 1908 auf einem psychoanalytischen Kongress in Salzburg in dem Vortrag 'Rationalisation in Every day life' vorgestellt[155] und dann von Sigmund Freud in seinen Begriffsapparat

---

149   Zitiert nach Lenk, Kurt, Problemgeschichtliche Einleitung, in: ders. (Hg.), Ideologie, 4. Aufl., Neuwied und Berlin 1970, S. 43

150   Geiger, Theodor, Ideologie und Wahrheit, 2. Aufl., Neuwied und Berlin 1968, S. 58 (im Original kursiv gedruckt)

151   Geiger, Theodor, Kritische Bemerkungen zum Begriff der Ideologie, in: Eisermann, Gottfried (Hg.), Gegenwartsprobleme der Soziologie, Potsdam 1949, S. 147 (im Original gesperrt gedruckt)

152   Cooper, Joseph B. und James L. McGaugh, Attitude and Related Concepts, in: Jahoda, Marie und Neil Warren (Hg.), Attitudes, Harmondsworth, Middlesex 1970, S. 27 f.

153   Lemberg, Eugen, Ideologie und Gesellschaft. Eine Theorie der ideologischen Systeme, Stuttgart. Berlin. Köln. Mainz 1971, S. 12

154   Ders., Ideologie und Gesellschaft, a.a.O., S. 34

155   Siehe Freud, Sigmund, Über einen autobiographisch beschriebenen Fall von Paranoia, in: Freud, Sigmund, Ges. Werke Bd. 8, 5. Aufl., Frankfurt am Main 1969, S. 284 "nach einem guten Wort von E. Jones 'Rationalisierung' genannt".

aufgenommen. Freud stellt die Konflikte zwischen Es, Ich und Über-Ich dar. Das Ich muss verschiedenen Herren dienen. In seinem Vermittlungsstreben zwischen Es, Über-Ich und Realität ist es genötigt, z.B. die Gebote des Es mit *Rationalisierungen* zu versehen, um die Konflikte zu vertuschen und "mit diplomatischer Unaufrichtigkeit eine Rücksichtnahme auf die Realität vorzuspiegeln".[156]

Mit Bezug auf Pareto bezeichnen Berger/Luckmann[157] den Prozess der 'Derivationen' als *Legitimierung* und damit als einen Prozess des Erklärens und Rechtfertigens. Die Legitimationen gewinnen gegenüber den Institutionen Autonomie. 'Legitimierung' stellt für Berger und Luckmann neben der 'Institutionalisierung' und der 'Gesellschaft als subjektive Wirklichkeit' den dritten Teil der 'Gesellschaft als objektive Wirklichkeit' dar.

Zwischenbetrachtung der verschiedenen älteren Sozialtheorien

Wenn man die verschiedenen klassischen soziologischen Ansätze vergleicht, so erkennt man, dass diese im 19. Jahrhundert meist an einem optimistischen Evolutionismus und an einem Fortschrittsglauben orientiert sind, so insbesondere bei Comte, Saint-Simon, Spencer und Marx. Um die Wende des 19. zum 20. Jahrhunderts tritt eine Verschiebung in Richtung Kulturpessimismus auf. Zum einen bewirkt ein verstärkter Umbau der Sozialstruktur mit einhergehender rasanter Industrialisierung, Proletarisierung und der Auflösung traditioneller Bindungen und der damit verbundenen Geworfenheit des Einzelnen auf sein eigenes Ich, das Georg Simmel 'Individualisierung' nennt,[158] ein Abrücken von der optimistischen Zukunftsorientierung.

---

156   Freud, Sigmund, Neue Folgen der Vorlesungen zur Einführung in die Psychoanalyse, Ges. Werke Bd. XIV, 4. Aufl., Frankfurt am Main 1969, S. 84

157   Berger, Peter L. und Thomas Luckmann, Die gesellschaftliche Konstruktion der Wirklichkeit, Frankfurt am Main 1970

158   Simmel, Georg, Soziologie, Untersuchungen über die Formen der Vergesellschaftung, 5. Aufl., Berlin 1968, u.a. S. 476, 531, 541, (Original 1908)
      Simmel, Georg, Individualismus (1917), in: ders., Schriften zur Soziologie, hg. von Heinz-Jürgen Dahme und Otthein Rammstedt, Franfurt am Main 1983
      Bisweilen wird Ulrich Beck als 'Erfinder' dieser Theorie dargestellt, so auch von ihm selbst in seinem Aufsatz: "Jenseits von Klasse und Stand? Soziale Ungleichheit, gesellschaftliche Individualisierungsprozesse und die Entstehung neuer sozialer Formationen und Identitäten, in: Kreckel, Reinhard (Hg.), Soziale

Zum anderen wirkt auf der Ebene der Semantik der Einfluss von Friedrich Nietzsche, der, obwohl in Grundzügen an der Evolutionstheorie von Charles Darwin orientiert, diese anders als üblich deutet, da Nietzsche ein radikaler Kritiker der Fortschrittsidee und des Sozialismus ist. So stellt für Nietzsche Entwicklung keineswegs "eine Entwicklung zum Besseren oder Stärkeren oder Höheren dar", [159] sondern nur eine moderne Idee. Seine Kritik an der damaligen Soziologie mit ihrem Fortschrittsoptimismus kleidet er in die polemischen Worte: "Mein Einwand gegen die ganze Soziologie in England und Frankreich bleibt, daß sie nur die Verfalls-Gebilde der Soziätät aus Erfahrung kennt und vollkommen unschuldig die eigenen Verfalls-Instinkte als Norm des soziologischen Werturteils nimmt. Das niedergehende Leben, die Abnahme aller organisierenden, das heißt trennenden, Klüfte aufreißenden, unter- und überordnenden Kraft formuliert sich in der Soziologie von heute zum Ideal." [160] Nietzsche formuliert in diesem Kontext sein 'Pathos der Distanz' als sein eigenes Ideal. [161] Seine Gedanken haben wiederum auf Georg Simmel, [162] Max Weber [163] und Karl Mannheim [164] großen Einfluss ausgeübt. Vilfredo Pareto argumentiert ähnlich wie Nietzsche, den er zwar nicht zitiert, der aber die grundsätzlichen Vorstellungen des Menschen als Illusion ansieht und die Wahrheit einer Aussage von ihrem Nutzenwert unterscheidet. [165]

Ungleichheiten, Sonderband 2 der 'Sozialen Welt', Göttingen 1983, S. 43, wo er seine 'Neuerung' ohne Bezug auf Simmel präsentiert hat.

159   Nietzsche, Friedrich; Der Antichrist, in: ders., Werke in zwei Bänden, Bd. II, a.a.O., S. 328

160   Ders., Götzen-Dämmerung, in: ders., Werke in zwei Bänden, Bd. II, a.a.O., S. 340

161   Ders., Götzen-Dämmerung, a.a.O., S. 339

162   Simmel, Georg, Schopenhauer und Nietzsche, Hamburg 1990, u.a. S. 297 f. und 310 f.
        Lichtblau, Klaus, Das "Pathos der Distanz." Präliminarien zur Nietzsche-Rezeption bei Georg Simmel, in: Dahme, Heinz-Jürgen und Ottheim Rammstedt (Hg.), Georg Simmel und die Moderne, Frankfurt am Main 1984

163   So hat sich Max Weber immer kritisch mit dem Fortschrittsglauben und dem marxistischen Sozialismus auseinandergesetzt. Der Sozialismus wird nach Max Weber von gesinnungsethischen, also verantwortungslosen, romantischen Literaten in Gang gesetzt und dann von Bürokraten, die, um sich an der Macht zu halten, das faktische Wahlrecht abschaffen, verwaltet. Siehe Weber, Max, Der Sozialismus, Weinheim 1995

164   Mannheim, Karl, Ideologie und Utopie, 4. Aufl., Frankfurt am Main 1965

165   Siehe Gehlen, Arnold, Vilfredo Pareto und seine "neue Wissenschaft", in: ders., Studien zur Anthropologie und Soziologie, Neuwied am Rhein. Berlin 1963, S. 188 ff.

Nietzsche hatte darüber hinaus eine immense Bedeutung am Beginn des 20. Jahrhunderts für das Geistesleben, so z.B. für die Psychoanalyse von Sigmund Freud,[166] die in nuce schon Friedrich Nietzsche vorwegnimmt,[167] Auch die in dieser Zeit wirkenden deutschsprachigen Literaten, wie z.B. Thomas Mann, Ernst Jünger und Gottfried Benn, orientierten sich neben Johann Wolfgang von Goethe vor allem an Friedrich Nietzsche.

Ferdinand Tönnies sieht die Entwicklung von 'Gemeinschaft' zur 'Gesellschaft' nicht als Fortschritt an, da für ihn die Auflösung der gemeinschaftlichen Bedingungen einen kulturellen Verlust und gesellschaftliche Desintegration nach sich ziehen, obwohl er auch positive Effekte der 'Gesellschaft' diagnostiziert.[168]

Georg Simmel sieht den Übergang in die moderne Gesellschaft als ambivalent an; zum einen als Vergrößerung von Freiheit[169] und zum anderen als negative Freiheit, in der das Individuum als völlig gleichgültig und entwurzelt erachtet wird und ohne innerliche Bindung und Hingabe der neuen Freiheiten "so wenig froh wird".[170] Einerseits gibt es nach Simmel eine mit der Moderne - und der damit verbundenen Umstellung auf den frei floatenden Geldmechanismus - Ausweitung von Handlungsmöglichkeiten und -spielräumen, andererseits führt die Funktionalisierung und Spezialisierung der Sozialstrukturen zu einer völligen Vereinnahmung des Einzelnen.

Für die parallel laufende Kulturentwicklung sieht Simmel die Tragödie der Kultur darin, dass die Vervollkommnung der Individuen durch die Eigengesetzlichkeit der Kulturentwicklung und ihre gesteigerte Beschleunigung[171] immer weiter von der Kultur wegführt.[172]

Auch Max Weber sieht die gesellschaftliche Rationalisierung ambivalent, in der sich auf der einen Seite menschliche Chancen ergeben, wie z.B. in der Demokratie, aber auf der anderen

---

166 So befasst sich Sigmund Freud in zehn seiner Werke mit Friedrich Nietzsche, siehe Freud, Sigmund, Gesammelte Werke, Gesamtregister, 18. Band, Frankfurt am Main 1968, S. 1061

167 Z. B. Nietzsche, Friedrich, Menschliches, Allzumenschliches, in: ders., Werke in zwei Bänden, hg. von Ivo Frenzel, München 1967, so z.B. S. 405 "Die unaufgelösten Dissonanzen im Verhältnis von Charakter und Gesinnung der Eltern klingen in dem Wesen des Kindes fort und machen seine innere Leidensgeschichte aus."

168 Tönnies, Ferdinand, Gemeinschaft und Gesellschaft, 1. Aufl., Leipzig 1887

169 Simmel, Georg, Philosophie des Geldes, hg. von David P. Frisby und Klaus Christian Köhnke, Frankfurt am Main 1989, S. 723 "weil nur das Geld mit seiner Unbestimmtheit und inneren Direktionslosigkeit die nächste Seite dieser Befreiungsvorgänge ist"

170 Simmel, Georg, Philosophie ..., a.a.O., S. 723

171 Simmel, Georg, Der Begriff und die Tragödie der Kultur, in: ders., Philosophische Kultur, Leipzig 1911, S. 277

172 Simmel, Georg, Weibliche Kultur, in: ders., Philosophische Kultur, a.a.O., S. 278

Seite das stählerne Gehäuse des Kapitalismus die Einzelnen einschränkt,[173] die keine höhere Menschheitsstufe erreichen werden.

Georg Simmel sieht in der Tradition von Nietzsche den Kampf als eine Vergesellschaftungsform[174] an und untersucht die soziologische Positivität des Kampfes. So versachlicht sich nach Simmel in der Moderne der Klassenkampf und wird von moralischen Zuordnungen gelöst. Auch die heutige Konkurrenz in der Sphäre der Produktion ist eine institutionalisierte Form des Streites oder des Kampfes. Im Mittelalter wurde noch versucht, über die Zünfte und Gilden die Konkurrenz einzuschränken.[175] Da sich in der Moderne die sachlichen Erfordernisse der Gesellschaft (z.B. Abschaffung des Zunftwesens) mit einer gesteigerten Individualität und Subjektivität verbinden, ist die Kampfform 'Konkurrenz' wie auch die Figur des Flaneurs[176] für den modernen Menschen die adäquate Realisierungsform. So sind nach Simmel Konflikte zwischen Personen, die sich nahestehen, oft größer als diejenigen zu gänzlich Fremden, da man bei diesen von vornherein auf alle möglichen Differenzen gefasst sein muss.

Nach Simmel gibt es immer den menschlichen Wunsch nach Differenzierung, Unvergleichbarkeit und nach Individualität.[177] Er stellt Kommunikation und Verstehen in das Zentrum seiner Untersuchung über die Sozialität.[178] In seinem 'Exkurs über den Fremden'[179] sieht er den Fremden als denjenigen, der heute kommt und morgen bleibt. Der Fremde, der sowohl außerhalb wie innerhalb einer Gruppe angesiedelt ist, wirkt meist als Händler und nicht als Bodenbesitzer, was Simmel auch im übertragenem Sinne der Sesshaftigkeit versteht, da dem

---

173   Weber, Max, Gesammelte Aufsätze zur Religionssoziologie, a.a.O.

174   Simmel, Georg, Der Streit, in: ders., Soziologie, Untersuchungen über die Formen der Vergesellschaftung, a.a.O., S. 186

175   Gegenwärtige, in diese Richtung gehende Einschränkungen findet man noch beim Werbeverbot für freie Berufe: siehe Herrmann, Harald, Recht der Kammern und Verbände und Freie Berufe, Baden-Baden 1996, S. 351 ff.

176   Simmel, Der Streit, a.a.O., S. 232
Der Flaneur im Sinne von Charles Baudelaire und Walter Benjamin, der als distanzierter Zuschauer des unendlichen Schauspiels des großstädtischen Lebens und der Moderne auftritt. Siehe Bauman, Zygmunt, Flaneure, Spieler und Touristen, Hamburg 1997 und Simmel, Georg; Die Großstädte und das Geistesleben, in Runkel, Gunter (Hg.), Die Stadt, 2. erw. Aufl., Lüneburg 2000. Für Simmel wird die Moderne zu einem Schauspiel, das ohne Anfang und ohne Ende sich selbst konstruiert, während es läuft und sich durch sich selbst aufbaut, was Niklas Luhmann später Autopoiesis nennen wird.

177   Simmel, Georg, Grundfragen der Soziologie, Berlin 1970, S. 92

178   Simmel, Georg, Die Probleme der Geschichtsphilosophie, München 1923, S. 54, 40f.
Niklas Luhmann greift diesen Gedanken später auf.

179   Simmel, Soziologie, Untersuchungen über die Formen der Vergesellschaftung, a.a.O., S. 509ff

Fremden die Beweglichkeit zu eigen ist. Dies führt zur Objektivität des Fremden, weil er eher ohne Befangenheit, die aus diversen lokalen Partikularinteressen resultiert, agieren kann. So beriefen frühere italienische Städte ihre Richter von außerhalb, um den Familienstreitigkeiten aus dem Weg zu gehen.[180] So ist der Fremde nah und fern zugleich.

Das Individuum der Moderne wird in der Moderne auf der Suche nach einem festen Punkt auf sich selbst verwiesen, da wachsende gesellschaftliche Differenzen und damit Fremdheit durch Beschäftigung mit dem Ich beantwortet wird.

Simmel nähert sich der gesellschaftlichen Wirklichkeit aus verschiedenen Perspektiven. Seine bruchstückhafte Beschreibung sieht die Moderne in ihrer aufgespalteten und fragmentarischen Form. Da Simmel diese Veränderungen aufspürt, entwickelt er sich zu einem der "einflußreichsten und sensibelsten Analytiker der Moderne".[181]

George Herbert Mead und der Pragmatismus

Die Gründung der Soziologie in Amerika ist im wesentlichen darauf zurückzuführen, dass sie als wissenschaftliche Anleitung zur Sozialarbeit verstanden wurde. Sie wurde von Universitätspräsidenten in den neuen Universitäten am Ende des 19. Jahrhunderts institutionalisiert, um die Gesellschaft zu reformieren. Diese Reformer erklärten sich von der europäischen Wissenschaft los und förderten den Pragmatismus, das erste amerikanische Eigengewächs, das sich aus der amerikanischen Erfahrung der frühen Siedler speist. So ist z.B. für George Herbert Mead der Philosoph William James noch zu sehr von der moralischen Autonomie des Individuums überzeugt[182] und noch zu sehr dem europäischen Denken verhaftet. Erst John Dewey vollendet nach Mead den Pragmatismus, weil er die amerikanische Gemeinschaft und die amerikanische Praxisorientierung unterstützt. Der Pragmatismus wird zur Philosophie der amerikanischen Nation.

Die frühe amerikanische Soziologie war durch eine geringe Kenntnis der europäischen Soziologie gekennzeichnet, da sie hauptsächlich an Sozialreformen und nicht an theoretischen Erörterungen interessiert war. Dies änderte sich erst später durch den Einfluss europäischer sozialwissenschaftlicher Emigranten nach 1933 und des Werkes von Talcott Parsons. Mead begreift sich als Vertreter eines Sozialbehaviorismus und einer Sozialpsychologie, für die das

---

180   In Sizilien wird dies wegen diverser Familienstreitigkeiten noch heute häufig praktiziert.

181   Baumann, Zygmunt, Moderne und Ambivalenz, Frankfurt am Main 1996, S. 227

182   Mead, George H., The Philosophy of Royce, James and Dewey in their American Setting, in: ders., Selected Writings, Chicago 1981

Ganze (die Gesellschaft) wichtiger ist als der Teil (das Individuum).[183] Im amerikanischen Pragmatismus wird der Einzelne als Teil der sozialen Gruppe angesehen. Die soziale Ordnung wird als eine moralische angenommen und als eine Ordnung der Welt, wie sie sein sollte.[184] Mead liefert ein idealisiertes Modell der amerikanischen Gemeinde als Muster für menschliches Verhalten, Moral und Gesellschaft. Der Einzelne soll nicht mit eigenen Standards und Kriterien an Entscheidungen herangehen, sondern diese soll er sich aus dem Gruppenprozess besorgen. Handeln besitzt für Mead einen "gruppenhaften, gesellschaftskonformen und kooperativen Charakter."[185] Die Vorstellungen Meads umfassen das Selbstverständnis einer amerikanischen Gemeinschaft, in der der Einzelne von den Anderen erfährt, was er selbst wollen soll. Die Gemeinschaft, nicht der Einzelne entscheidet über Gut und Böse.[186] Meads Ethik stellt die wissenschaftliche Verbrämung des amerikanischen Selbstverständnisses dar, nach dem sich freie Bürger in einer freien Gemeinschaft auf vernünftige Problemlösungen verständigen sollen.

George Herbert Mead hat sich intensiv mit Problemen der Sozialisation beschäftigt. So sind insbesondere seine Ausführungen zum Spiel[187] für die heutige Sozialisationstheorie wichtig. Für Mead ist Spiel eine der Voraussetzungen, unter denen sich ein Selbst entwickelt. Er differenziert zwischen 'play' (Spiel) und 'game' (Regelspiel). Spiel und Regelspiel sind Voraussetzungen für die Integration des Kindes in die Gesellschaft. Durch die Transformation von Übungsspiel zum Regelspiel erfährt das Kind die gesellschaftlichen Regeln. Die Internalisierung der kollektiven Moral lässt das Kind zu einem "bewußten Mitglied seiner Gemeinschaft werden. Das ist der Prozeß, durch den sich eine Persönlichkeit entwickelt."[188]

---

183   Mead, George H., Geist, Identität, Gesellschaft, Frankfurt am Main 1978, S. 45

184   Mead, George H., Wissenschaftliche Methode und wissenschaftliche Behandlung moralischer Probleme, in: ders., Gesammelte Aufsätze, Bd. 1, hg. von Hans Joas, Frankfurt am Main 1980, S. 371 f. (am. Original 1923)

185   Tenbruck, Friedrich H., George Herbert Mead und die Ursprünge der Soziologie in Deutschland und Amerika, in: Joas, Hans (Hg.), Das Problem der Intersubjektivität. Neuere Beiträge zum Werk George Herbert Meads, Frankfurt am Main 1985, S. 217

186   Ebd., S. 209

187   Mead, George Herbert, Sozialpsychologie, Darmstadt 1976, S. 276-291.
      Ders., Geist, Identität und Gesellschaft, Frankfurt am Main 1978, S. 191-206,
      Ders., Genesis der Identität und die soziale Kontrolle, in: ders., Gesammelte Aufsätze, Bd. 1, hg. von Hans Joas, Frankfurt am Main 1980
      Ders., Das Verhältnis von Spiel und Erziehung, in: ders., Gesammelte Aufsätze, Bd. 1, hg. von Hans Joas, Frankfurt am Main 1980

188   Ders., Geist,... a.a.O., S. 203

Die Konstruktion des 'generalisierten Anderen' ermöglicht es Mead, die Internalisierung der gesellschaftlichen Regeln zu beschreiben. Auf der Stufe des 'plays' sind die kindlichen Rollen instabil und inkonsistent. Das Kind hat hier noch kein Selbstbewusstsein entwickelt, was es erst auf der Stufe des 'games' ausbilden kann. Nun lernt es, verschiedene Rollen simultan zu übernehmen, zu koordinieren und Handlungsabläufe zu antizipieren. Für Mead sind neben Sprache das Spiel und der Wettkampf die gesellschaftlichen Voraussetzungen zur Entwicklung des Selbst.[189] Die für die Sozialisation des Individuums notwendige Herausbildung von 'I', 'Me' und 'generalized other' ist nur möglich durch das Spiel. Das Kind lernt durch das Spiel ('play') und den Wettkampf ('game') die umfassendere Moral der Gesellschaft, es kann sich nun an die Stelle des 'generalisierten Anderen' setzen, wodurch die Moral und die gesellschaftlichen Regeln reflexiv internalisiert werden. Diese Regeln sind die Spielregeln des Regelspiels, d.h. die Werte und Normen einer Gruppe. Die Orientierung an generalisierten Anderen wird immer stärker universalisiert, bis hin zu einer Orientierung auf eine universelle Moral. Das Spiel des Kindes ist somit Voraussetzung für die Fähigkeit zur Rollenübernahme und zur Entwicklung des Selbst-Bewusstseins. Der Konzeption des Spiels bei Mead liegt eine Entwicklungslogik zugrunde, in der die Stadien 'play', 'game' und 'generalized other' von jedem Individuum in dieser Reihenfolge durchlaufen werden. Die Veränderung der kindlichen Natur über die Internalisierung der Regeln und die Orientierung an dem Anderen führen über den Aufbau von Normen zur Formierung des Individuums.

Das Selbst formiert sich durch den Aufbau der 'Mes' im Einklang mit der relevanten Gruppe und der umfassenden Gesellschaft. Entgegen einer fehlerhaften Mead-Rezeption entwickelt das Individuum nach Mead sein Selbst nicht gegen die Gesellschaft, sondern in Anpassung und Orientierung an die ihn umgebende Gesellschaft. Die Moralvorstellung Meads ist die Moral einer amerikanischen Gemeinde, in der die Probleme als praktische in einem Interaktionsprozess aller Gemeindemitglieder gelöst werden sollen. Mead steht in der Tradition des amerikanischen Pragmatismus, der nicht in der Überwindung der gesellschaftlichen Normen, sondern in der Durchsetzung der vorhandenen Normen seinen Bezugspunkt besitzt. Der Traditionalismus des Meadschen Ansatzes steht im Gegensatz zu dem Gebrauch, der in der Folge von ihm gemacht wird, was man nur mit einer geringen Kenntnis seines Werkes erklären kann. Die Rezeption von George Herbert Mead betont das Gegenteil von dem, was er geschrieben und gesagt hat. Diese fehlerhafte Mead-Rezeption wird z.T. in der deutschsprachigen Soziologie vertreten. Diesen

---

189   Ders., Geist,... a.a.O., S. 194

Fehler über Mead schreiben die Einen von den Anderen ab.[190] Dagegen werden in der amerikanischen Mead-Diskussion diese Probleme adäquater erörtert.[191] Insbesondere wird die Frage diskutiert, inwieweit George H. Mead überhaupt etwas mit dem Symbolischen Interaktionismus zu tun hat[192] oder nicht etwa einen 'Sozialbehavioristen', was man in modernen Termini einen Vertreter des verhaltenstheoretischen Ansatzes nennen könnte, darstellt.

In Deutschland wurde der Pragmatismus zuerst von Max Scheler aufgegriffen.[193] Er unterscheidet drei Wissensformen, denen er jeweils ein bestimmtes auslösendes Interesse zuordnet. *1. Arbeitswissen*: praktisch-technische Beherrschung der Welt für menschliche Zwecke. *2. Bildungswissen*: zur Entfaltung der Person. *3. Erlösungswissen:* umfasst Teilhabe am Höchsten. Doch der Pragmatismus hat nach Max Scheler Wissen nur als Arbeitswissen, nicht jedoch als Bildungs- und Erlösungswissen konzipiert.[194]

Auch Arnold Gehlen fundiert seine Sozialtheorie im Pragmatismus. So sieht er die *Handlung* als ausschlaggebendes menschliches Schlüsselphänomen an, um den traditionellen Dualismus von Natur und Vernunft, von Leib und Seele zu überwinden. "Die amerikanischen 'Pragmatisten', zumal JOHN DEWEY haben in dieser Hinsicht bleibende Verdienste."[195] Gehlen schließt in seinem Hauptwerk 'Der Mensch', das die philosophische und soziologische Anthropologie mit begründet hat, an George Herbert Mead an.

Ekkehard Martens weist in seinem Vorwort über den von ihm herausgegebenen Sammelband über den Pragmatismus darauf hin, dass der Pragmatismus zur dominanten philosophischen Theorie der Gegenwart avanciert ist.[196]

---

190   Siehe u.a.: Preglau, Max, Symbolischer Interaktionismus: George Herbert Mead, in: Morel, Julius u.a., Soziologische Theorie, 3. Aufl., München. Wien 1993, S. 59 ff

Treibel, Annette, Einführung in soziologische Theorien der Gegenwart, 3. verbesserte Aufl., Opladen 1995, S. 112 f

191   Siehe Ritzer, George, Contemporary Sociological Theory, 3. Aufl., New York 1992

192   Siehe Kuhn, Manford, Major Trends in Symbolic Interaction Theory in the Past Twenty-Five Years, in: The Sociological Quarterly, 5, 1964

193   Scheler, Max, Die Wissensformen und die Gesellschaft, 2. Aufl., Bern 1960 (Original 1926)

194   Ders. a.a.O., S. 240

195   Gehlen, Arnold, Anthropologische Forschung, Reinbek 1961, S. 142

196   Martens, Ekkehard (Hg.), Pragmatismus. Ausgewählte Texte von Charles Sanders Peirce, William James, Ferdinand Camming Scott Schiller, John Dewey, Stuttgart 1975, S. 4

Die Geburtsstunde des Pragmatismus läutete die Veröffentlichung der Artikel von Charles S. Peirce 'The Fixation of Belief' und 'How to Make One Ideas clear' der Jahre 1877 und 1878 ein. Peirce konstatiert die Reihe Individuen → Öffentlichkeit der Logik→ Überleben der Art → Evolution. Denken ist kein Selbstzweck, sondern auf das Überleben der Gattung ausgerichtet. Es kommt auf die Wirkungen von Handlungen an. Peirce sieht darin "eine Anwendung des einzigen Prinzips der Logik, das durch Jesus empfohlen wurde, 'An ihren Früchten werdet ihr sie erkennen'."[197] Wahrheit besteht für Peirce[198] nicht im Handeln, sondern im Prozess der Evolution. William James kommt in 'Der Wahrheitsbegriff des Pragmatismus'[199] an vielen Stellen dem Pragmatismus von Nietzsche nahe.

John Dewey verband den Pragmatismus mit der Pädagogik. In seinem Buch 'Wie wir denken'?, das jahrzehntelang das einflussreichste Textbuch amerikanischer Universitäten und Lehrerseminare war, versuchte er, Mittel zum Erreichen bestimmter Zwecke mit Hilfe der experimentellen Methode in der Abfolge von Versuch und Irrtum auszuweisen. Als Elemente seiner pragmatischen Pädagogik gelten: permanentes Lernen, Teamteaching, Gesamtschulen, Projektmethoden, Integration von Bildung und Ausbildung, Sprecherziehung, Erfahrungsbezogenheit, behavioristische Lernpsychologie, Verschränkung von Zweck und Mitteln und Erziehung als Prozess der Selbstverwirklichung, was mittlerweile weitgehend auch in Deutschland als Grundlage des Erziehungssystems eingeführt wurde.

Herbert Blumer und der Symbolische Interaktionismus

George Herbert Mead wird von den Vertretern des *Symbolischen Interaktionismus* als ihr geistiger Vater angesehen. So betont Herbert Blumer, ein Schüler und Nachfolger Meads an der Universität Chicago, der bei Mead 1927 promovierte, die Bedeutung Meads für den Symbolischen Interaktionismus. "Im wesentlichen beziehe ich mich ... auf die Gedanken von Georg Herbert Mead, der, mehr als alle anderen, die Grundlagen des symbolisch-interaktionistischen Ansatzes gelegt hat."[200]

---

197   Peirce, Charles Sanders, in: Martens, a.a.O., S. 20

198   Peirce, in: Martens, a.a.O., S. 34, S. 36, S. 161 ff.

199   James, Williams, Der Wahrheitsbegriff des Pragmatismus, in: Martens, a.a.O.

200   Blumer, Herbert, Der methodologische Standort des symbolischen Interaktionismus, in: Arbeitsgruppe Bielefelder Soziologen (Hg.), Alltagswissen, Interaktion und gesellschaftliche Wirklichkeit, 2. Aufl., Reinbek 1975, S. 80

Dies wird auch deutlich bei anderen Symbolischen Interaktionisten, die sich auf Mead berufen.[201] Wird die Vaterschaft zu Recht reklamiert oder handelt es sich beim Symbolischen Interaktionismus nur um einen illegitimen Spross Meads?

Zur Beantwortung dieser Frage kann man sich an das Thomas-Theorem erinnern, dass Situationen und Sachverhalte, die von den Beteiligten als real definiert werden, in ihren Konsequenzen real sind, d.h., wenn sich die Symbolischen Interaktionisten auf Mead berufen, dann stellt dies eine objektive Wirkung Meads dar. So soll man nicht nur Mead untersuchen, sondern man muss auch seine Wirkungen analysieren, um die institutionellen Folgen zu erkennen. Doch die Mead-Rezeption im Symbolischen Interaktionismus ist selektiv angelegt. "Im Verhältnis gesellschaftlicher Organisationen wie in dem menschlicher Bedürfnisse, in der Reduktion des Handlungsbegriffs auf den der Interaktion, in der sprachtheoretischen Verdünnung des Bedeutungsbegriffs und im Fehlen jedes Bezugs zu Evolution und Geschichte liegen gewaltige Abweichungen von Mead, die zudem durch eine äußerst fragmentarische Kenntnisnahme von Meads Werk erkauft werden."[202]

Dies hängt damit zusammen, dass sich die Symbolischen Interaktionisten von Parsons und seiner Schule distanzieren wollten. So ist z.B. die Position von Blumer nur verständlich in dem Versuch, sich von der damals in den USA vorherrschenden strukturell-funktionalen Theorie, die später zur Systemtheorie erweitert wurde, abzusetzen. Nach Blumer ist die Bedeutung von Dingen und Sachverhalten nach der strukturell-funktionalen Theorie, die Blumer Faktortheorie nennt, weil sie auf den "Faktoren wie soziale Position, Statusanforderungen, soziale Rollen, kulturelle Vorschriften, Normen und Werte, soziale Zwänge und den Anschluß an soziale Gruppen"[203] beruht, klar. Er setzt dagegen, dass "die Bedeutung aus dem Interaktionsprozeß zwischen verschiedenen Personen hervor(geht)."[204] Doch dies verkennt, dass die Bedeutungen nicht immer neu konstituiert werden, sondern dass auch vorgefundene Bedeutungen übernommen werden.

---

201   Vergl., Manis, Jerome G. und Bernard N. Meltzer (Hg.), Symbolic Interaction, Boston 1973

Douglas, J.D. (Hg.), Unterstanding Everyday Life, London 1974

Steinert, Heinz (Hg.), Symbolische Interaktion, Stuttgart 1973

Helle, Horst Jürgen, Verstehende Soziologie und Theorie der Symbolischen Interaktion, Stuttgart 1977

202   Joas, Hans, Praktische Intersubjektivität, Die Entwicklung des Werkes von G.H. Mead, Frankfurt am Main 1980, S. 12

203   Blumer, Der methodologische Standort des Symbolischen Interaktionismus, in: Arbeitsgruppe Bielefelder Soziologen (Hg.), a.a.O., S. 81

204   Ders. a.a.O., S. 83

So wächst das Kind in eine symbolisch vorstrukturierte Welt hinein, deren Bedeutung es erst auf einer späteren Entwicklungsstufe erkennen, kritisieren und verändern kann.

Herbert Blumer entwickelte die Annahmen von Mead in eine bestimmte Richtung und löste sie von allen sozialbehavioristischen Anteilen. Er setzte sie in Gegensatz zum Methodologischen Individualismus und der Systemtheorie, denen er als Faktortheorien Konservatismus vorwarf. Er nannte die Verbindung der Mead-Interpretation mit eigenen Gedanken 'Symbolischer Interaktionismus'. Dieser Begriff ist für ihn "eine barbarische Wortschöpfung", den er in einem Artikel im Jahre 1937 vornahm. "Die Bezeichnung fand irgendwie Anklang und wird jetzt allgemein verwandt."[205] Für den Symbolischen Interaktionismus formuliert Blumer drei Grundannahmen.

1. Die Menschen handeln Dingen gegenüber aufgrund der Bedeutungen, die die Dinge für sie besitzen, wobei Dinge auch Menschen, Situationen und Institutionen bedeuten können. (Beispiel: Ein Tisch besitzt praktische Bedeutung, man kann an ihm sitzen, essen etc.)

2. Die Bedeutung solcher Dinge ist aus der sozialen Interaktion mit anderen Menschen abgeleitet oder sie entsteht aus ihr. (Beispiel: Mann als Freund oder Kollege - formell/ informell)

3. Die Bedeutungen werden in einem interpretativen Prozess, den die handelnde Person in ihrer Auseinandersetzung mit den Dingen vornimmt, konstituiert und gegebenenfalls auch geändert. (Beispiel: Aus dem Tisch kann man ein Kunstwerk machen, indem man ihn verhängt und zu einem Kunst-Objekt kreiert.)

Für den Symbolischen Interaktionismus sind die Bedeutungen von Dingen, so bei Menschen, Situationen und Institutionen zentral. Als angemessene Methode der Wissenschaft und der Alltagspraxis gilt die Interpretation, da die Bedeutungen nie für immer festgelegt sind. Die Handelnden orientieren ihr Handeln an Anderen, an Situationen und an Feldern, die die Handlungen Anderer beeinflussen. Um das Handeln Anderer zu verstehen, muss man deren Definitionsprozess erschließen.[206] Da die Welt, die Wissenschaftler untersuchen wollen, häufig nicht ihre eigene ist, muss man u.a. durch teilnehmende Beobachtung, Analyse von Lebensläufen und qualitativen Methoden der empirischen Sozialforschung diese oft fremde Welt erschließen. Für Blumer besteht die Aufgabe der wissenschaftlichen Forschung darin, "die Schleier zu lüften, die den Lebensbereich verdecken, den zu untersuchen man vorhat."[207]

---

205   Ders., a.a.O., S. 144

206   Blumer, a.a.O., S. 96

207   Blumer, a.a.O., S. 121

Die Vorliebe des Symbolischen Interaktionismus für die These der Konstitution der Wirklichkeit durch Aushandeln hängt damit zusammen, die Welt als sich jeweils neu zu entwickelnde zu konzipieren. Es werden fließende Begriffe, wie die zerfließenden Uhren auf den Gemälden Salvador Dalís, konstruiert, um eine angeblich fließende Realität einzufangen. Dies zeigt eine theoretische Schwäche in der Analyse der Symbolischen Interaktionisten an, da sich dort Strukturen im kommunikativen Handeln verflüssigen.

Ähnlich verhält sich dies auch mit dem Begriff der *Identität*. Identität umschreibt ein neuzeitliches Problem. Der Begriff wird nicht mehr logisch gefasst als Ersetzbarkeit eines Dinges durch ein anderes,[208] sondern der Begriff der Identität wird in den Sozialwissenschaften neu konzipiert und aufgeweicht.

So ist ein Mensch im logischen Sinne nach einem Zeitablauf nicht mehr mit sich selbst identisch, im sozialen Sinne versucht er dagegen, das zu sein. Für den soziologischen Gebrauch des Begriffes 'Identität' muss man kleine Veränderungen beim Menschen vernachlässigen. Doch darf man dies wie Lothar Krappmann nicht zu weit treiben, der die These vertritt, dass einer nur Identität besitze, der "sich mit konfligierenden Identifikationen in Interaktionen (behauptet)",[209] der Andere nicht unterdrückt, Rollendistanz, Empathie und Ambiguitätstoleranz besitzt. Auch hat ein Individuum nach Krappmann keine Identität, "wenn es eine Machtstellung besitzt und ausnutzt",[210] wenn es Andere ausbeutet, weil es dann nicht vom Ausgebeuteten erführe, "wer er ist"[211] und generell, wenn die Erwartungen der Anderen nicht berücksichtigt werden.[212] Hier zeigt sich die ideologische Konzeption des Identitätsbegriffes. Eine bestimmte Persönlichkeitsstruktur und eine bestimmte politische Einstellung sollen mit diesem Begriff geadelt werden. Im Identitätsbegriff werden zwei disparate Bestandteile zusammengefasst, nämlich Ich-Stärke und Moral. Die Schwierigkeiten eines solchen Identitätsbegriffes hängen mit seiner fehlenden Negierbarkeit zusammen. Denn dann wäre jemand mit sich selbst identisch, wenn er ein Anderer sei, dies aber entschieden. Eine solche Paradoxierung[213] der Identität stellt jedoch keine Lösung dar. Die Kriterien, die z.B. Krappmann angibt, sind willkürlich und beruhen auf politischen

---

208   Hermes, Hans, Einführung in die mathematische Logik, 2. Aufl., Stuttgart 1969, S. 141
      Klaus, Georg, Moderne Logik, Berlin 1970, S. 294

209   Krappmann, Lothar, Soziologische Dimensionen der Identität, Stuttgart 1982, S. 19

210   Ders. a.a.O., S. 29

211   Ders. a.a.O., S. 35

212   Ders., a.a.O., S. 34

213   Runkel, Gunter, Paradoxien im Erziehungs- und Wissenschaftssystem, in: Hochschule Lüneburg, Berichte-Informationen-Meinungen, Heft 6, Lüneburg 1985

Urteilen.[214] Es stellt sich die Frage, ob nicht gerade dadurch, dass eine bestimmte politische Theorie der Gesellschaft in wissenschaftliche Termini transponiert wurde, diese Richtung besonders im Umkreis der Pädagogik immensen Auftrieb erhielt.[215]

Auch die systematische Vermischung von Seins- und Sollensaussagen hat im Umkreis der Pädagogik die Verbreitung des Symbolischen Interaktionismus gefördert, weil man hier die vermisste Rezeptologie zu finden glaubte, um das Technologiedefizit von Erziehung[216] zu reduzieren.

Die sozialwissenschaftliche Identitätsproblematik entstand in der Weiterentwicklung der Psychoanalyse nach Freud. So hat insbesondere Heinz Hartmann[217] die bei Freud stärkere Betonung der Triebtheorie in eine Ich-Theorie zu verändern gesucht. Erikson baut in sein Sozialisationskonzept den Identitätsbegriff ein und popularisiert ihn.[218] Dies hängt mit einer gewachsenen Problemlage zusammen. 'Identität' wird zu einem sozialen Problem, weil sich die traditionelle Sicherheit auflöst. Wachsende 'Identitäts'- (oder Ich-) Probleme entstehen durch eine ansteigende Bedeutung von Selbstreferenz. Dies erzeugt Konflikte bei denjenigen, die den gesteigerten Ansprüchen der Selbstreferenz nicht genügen.

Man sollte, wie dies auch Tugendhat und Henrich[219] vorgeschlagen haben, den Begriff der 'Identität' bei Mead meiden. Zum einen hat er ihn selbst nicht gebraucht, obwohl dieser Begriff zu Meads Zeiten zur Verfügung stand und nicht so neuzeitlich ist, wie dies Joas suggeriert.[220] Immerhin ist der Begriff der Identität spätestens seit Leibniz in der abendländischen Philosophie

---

214 Auf einer Vortragsreise durch die VR China erlebte ich die Kulturabhängigkeit der Identitätsproblematik. Auf einem Hotelmeldezettel sollte ich über meine 'identity' Auskunft geben, die ich mit 'yes' angab, um damit anzuzeigen, dass 'Identität' vorhanden sei. Doch eingedenk der Krappmannschen Diskussion dieser Problematik strich ich 'yes' und ersetzte es durch 'no'. Der ratlose Empfangschef erklärte mir die chinesische Identitätskonzeption, die darin besteht, dass einer 'Identität' durch die Mitgliedschaft in einem Arbeitskollektiv erhält.

215 Vergl. Brumlik, Micha, Der symbolische Interaktionismus und seine pädagogische Bedeutung, Frankfurt am Main 1973

216 Vergl. Luhmann, Niklas und Karl Eberhard Schorr, Zwischen Technologie und Selbstreferenz, Frankfurt am Main 1982

217 Hartmann, Heinz, Ich-Psychologie, Stuttgart 1992

218 Erikson, Eric H., Identität und Lebenszyklus, Frankfurt am Main 1970

219 Tugendhat, Ernst, Selbstbewußtsein und Selbstbestimmung, Frankfurt am Main 1979 und Henrich, Dieter, 'Identität' - Begriffe, Probleme, Grenzen, in: Marquard, Odo und Karlheinz Stierle (Hg.), Identität, Poetik und Hermeneutik, Bd. VIII, München 1979, S. 134 f.

220 Siehe Joas, Hans, Einleitung, in: George Herbert Mead, Gesammelte Aufsätze, Bd. 1, Frankfurt am Main 1980, S. 17

eingeführt und George H. Mead zeigt sich als profunder Kenner dieser Tradition. Mead, dem die Begriffe 'Identität' und 'Selbst' zur Verfügung standen, hat sich für 'Selbst' entschieden. Es ist daher falsch, wenn in der Übersetzung des Hauptwerkes von Mead "Mind, Self and Society" 'Self' mit 'Identität' übertragen wird. Die Konfusionen, die sich im Anschluss an diese falsche Terminologie ergeben haben, beruhen u.a. auf dieser Begriffswahl. Auch Jürgen Habermas konstatiert die 'meistens' irreführende Übersetzung des Meadschen Ausdrucks 'Self' durch den aus dem Symbolischen Interaktionismus und der Psychoanalyse stammenden Ausdruck 'Identität', der er sich mit "gewisser Sorglosigkeit"[221] anschließt. Schon Tugendhat hat gezeigt,[222] dass die fehlerhafte Verwendung des Begriffs 'Identität' bei Habermas und in der Mead-Übersetzung zu sprachtheoretischen Konfusionen führt.

Der sozialwissenschaftliche Gebrauch des Begriffs 'Identität' ist unzureichend, da man immer mit sich selbst identisch ist und nicht noch identischer werden kann.[223]

Seit Descartes findet man in der abendländischen Geistesgeschichte eine zunehmende Beschäftigung mit dem *Selbst*. Doch der Terminus 'Selbstbewusstsein', der eigentlich nur Bewusstsein seiner selbst bedeutet, hat in der Alltagssprache zu viele Nebenbedeutungen angenommen. So bedeutet 'selbstbewusst' im Deutschen jemand, der sehr selbstsicher und bestimmt auftritt, im Englischen bedeutet das entsprechende 'self-conscious' das Gegenteil, nämlich jemand, der sich gehemmt fühlt, weil er sich in seinem Verhalten zu sehr beobachtet.

Das Bewusstsein von sich selbst bildet sich im frühkindlichen Sozialisationsprozess heraus. Das Kind lernt, dass das Wort 'ich' von jeweils Anderen verwendet wird, wenn der Andere von sich selbst spricht, der von Anderen mit 'du' angeredet wird, die ihn in seiner Abwesenheit mit 'er' oder 'sie' oder 'es' bezeichnen. Es lernt, dass 'ich', 'du' und 'es' ineinander überführbar sind.[224]

---

221 Habermas, Jürgen, Theorie des kommunikativen Handelns, Bd. 2, Frankfurt am Main 1981, S. 151

222 Tugendhat, a.a.O., S. 289 ff.

223 Luhmann, Niklas, Erziehung als Formung des Lebenslaufs, in: Lenzen, Dieter und Niklas Luhmann, Bildung und Weiterbildung im Erziehungssystem, Frankfurt am Main 1997, S. 17
Parsons reserviert den Begriff 'Identität' für das Erhaltungssystem von Mustern (pattern maintenance) der individuellen Persönlichkeit. Vergl. Parsons, Talcott, Der Stellenwert des Identitätsbegriffs in der allgemeinen Handlungstheorie, in: Döbert/Habermas/Nunner-Winkler (Hg.), Entwicklung des Ichs, Köln 1977 und der frühe Luhmann benutzt ihn im Sinne eines Handlungskerns, der zur Kompensation der Kontingenz beiträgt. Vergl. Luhmann, Niklas, Identitätsgebrauch in selbstsubstitutiven Ordnungen, besonders Gesellschaften, in: Marquard, Odo und Karlheinz Stierle (Hg.), Identität, Poetik und Hermeneutik, Bd. VIII, München 1979, S. 322

224 Bei Karl Marx findet man in seinem Werk 'Das Kapital', erster Band, MEW Bd. 23, Berlin 1969, S. 67, ein ähnliches Bild: "In gewisser Art geht es dem Menschen wie der Ware. Da er weder mit einem Spiegel auf die

Im Sozialisationsprozess werden Verweisungen angeeignet. Herr 'X' ist dann derselbe wie der 'Vorsitzende des Fußballclubs'. Man kann sich ihm von unterschiedlichen Perspektiven nähern.

Das Konzept des 'Selbst' wurde auch vom späten Wittgenstein behandelt. So bedarf ein 'innerer Zustand', wie z.B. Schmerzen, äußerer Kriterien, um relevant zu werden. Er verdeutlicht dies an dem Konzept der Privatsprache und an seinem Beispiel von den 'Käfern'. "Niemand kann je in die Schachtel des Andren schauen, und jeder sagt, er wisse nur vom Anblick seines Käfers, was ein Käfer ist. - Da könnte es ja sein, daß jeder ein anderes Ding in seiner Schachtel hätte. Ja, man könnte sich vorstellen, daß sich ein solches Ding fortwährend veränderte. - Aber wenn nun das Wort 'Käfer' dieser Leute doch einen Gebrauch hätte? - So wäre er nicht der der Bezeichnung eines Dings. Das Ding in der Schachtel gehört überhaupt nicht zum Sprachspiel; auch nicht einmal als ein Etwas: denn die Schachtel könnte auch leer sein. - Nein, durch dieses Ding in der Schachtel kann 'gekürzt werden', es hebt sich weg, was immer es ist."[225]

Nur durch den Gebrauch, das von einem Sprachspiel begleitet wird, konstituiert sich ein Sachverhalt. Von daher begründet sich ein 'Selbst' nur durch den Gebrauch, der davon gemacht wird, also durch Andere.

Edmund Husserl

Edmund Husserl wurde 1859 in Proßnitz (Mähren) geboren, war Professor für Philosophie in Göttingen und Freiburg im Breisgau, wo er 1938 starb.

Er begründete die *Phänomenologie* als Lehre von dem im Bewusstsein aufweisbaren Strukturen. Die Phänomenologie betont, dass die "erkennende Subjektivität als Urstätte aller objektiven Sinnbildungen und Seinsgeltungen" anzusehen und "die seiende Welt als Sinn- und Geltungsgebilde zu verstehen"[226] sei. Er verwendet als erster den Begriff der 'Lebenswelt' als Welt der Dinge, "wie wir sie in unserem vor- und außerwissenschaftlichen Leben erfahren",[227] zu der auch das Leben mit Anderen und die Vergemeinschaftungen gehören. Husserl begründet seine Erkenntnistheorie im 'Körper', der auch als 'Leib'[228] konzipiert wird. Dies geschieht durch

---

Welt kommt noch als Fichtescher Philosoph: ich bin ich, bespiegelt sich der Mensch zuerst in einem anderen Menschen. Erst durch die Beziehung auf den Menschen Paul als seinesgleichen bezieht sich der Mensch Peter auf sich selbst als Mensch."

225 Wittgenstein, Ludwig, Philosophische Untersuchungen, in: ders., Schriften, Frankfurt am Main 1963, S. 403

226 Husserl, Edmund, Die Krisis der europäischen Wissenschaften und die transzendentale Phänomenologie. Eine Einleitung in die phänomenologische Philosophie, Den Haag 1962 (Original 1936), S. 102

227 Ders., a.a.O., S. 141

228 Luhmann, Niklas, Die neuzeitlichen Wissenschaften und die Phänomenologie, Wien 1996, S. 48

'Appräsentation', d.h. als eine Mitvergegenwärtigung von etwas, was so nicht zu sehen ist. So wird z.B. beim Blick auf die Vorderseite eines Dinges auch die Rückseite appräsentiert.

Alfred Schütz

Alfred Schütz wurde 1899 in Wien geboren. Er war Finanzjurist in einem Wiener Bankhaus und beschäftigte sich nebenbei mit Soziologie. Er stand in einem regen Austauschprozess mit anderen Wissenschaftlern, so mit Edmund Husserl, Aron Gurwitsch und Talcott Parsons. Er emigrierte 1939 in die USA, wo er zuerst wiederum in einer Bank und dann ab 1952 als Professor für Soziologie an der 'New School of Social Research in New York' tätig war. Er starb 1959 in New York.

Alfred Schütz übernimmt die Grundannahmen der Phänomenologie, verbindet sie mit der verstehenden Soziologie von Max Weber und entwickelt daraus seinen soziologischen Ansatz.[229] Schütz arbeitet besonders das Problem des 'Fremdverstehens' heraus, das dadurch zu lösen sei, dass die Erlebnisse des Anderen durch ein Ich so auszulegen seien, wie der Andere es selbst auslegt.[230] Dies geschieht durch die 'Reziprozität der Perspektiven' mit der 'Vertauschbarkeit der Standorte' der Handelnden und der 'Idealisierung der Kongruenz der Relevanzsysteme', d.h. dass die biographischen Differenzen der Akteure irrelevant seien und dass gemeinsame Gegenstände übereinstimmend interpretiert werden. Schütz versucht, in objektiver Weise den subjektiven Sinn menschlichen Handelns zu erfassen.[231] Dazu entwickelt er drei Postulate:

1) *Das Postulat logischer Konsistenz.* Die vom Wissenschaftler entworfenen Konstruktionen müssen mit den Prinzipien der formalen Logik übereinstimmen, was die "objektive Gültigkeit der von Sozialwissenschaftlern konstruierten gedanklichen Gegenstände [verbürgt]."[232] Durch die Verwendung der Logik unterscheidet sich wissenschaftliches Denken vom Alltagsdenken. Doch ist es zweifelhaft, ob man von der Verwendung logischer Prinzipien auf 'objektive Gültigkeit' konstruierter Gegenstände schließen kann.

2) *Das Postulat der subjektiven Interpretation.* Dahinter steht die Annahme, "jede Art menschlichen Handelns oder dessen Ergebnis auf den subjektiven Sinn zurückzuführen, den

---

229   Schütz, Alfred, Der sinnhafte Aufbau der sozialen Welt. Eine Einleitung in die verstehende Soziologie, Frankfurt am Main 1974 (Original 1932), sein erstes und einziges Buch, das zu seinen Lebzeiten veröffentlicht wurde.

230   Schütz, Der sinnhafte Aufbau, a.a.O., S. 139

231   Schütz, Alfred, Wissenschaftliche Interpretation und Alltagsverständnis menschlichen Handelns, in: ders., Gesammelte Aufsätze, Bd. 1, Den Haag 1971, S. 49

232   Ebd., S. 49

dieses Handeln oder sein Ergebnis für den Handelnden gehabt hat."[233] Es ist offensichtlich, dass dies schwierig oder in vielen Fällen unmöglich ist.

3) Eine innerhalb der Lebenswelt durch ein Individuum ausgeführte Handlung soll für Andere ebenso verständlich sein, wie für ihn selbst. Wenn dieses Postulat erfüllt ist, dann verbinden sich nach Schütz die Konstruktionen des Sozialwissenschaftlers mit der sozialen Wirklichkeit im Alltagsdenken.[234] Es wird nicht klar, warum das so sein muss, da nach Schütz (siehe 1. Postulat) die Konstruktionen des Wissenschaftlers im Gegensatz zum Denken des Menschen in der Alltagswelt durch "ihren ausschließlich logischen Charakter"[235] gekennzeichnet sind.

In einer nachgelassenen Arbeit, die nur als unvollständiges Manuskript existierte und das Thomas Luckmann dann im Sinne von Alfred Schütz ergänzte, werden die 'Strukturen der Lebenswelt' analysiert.[236]

Schütz unterscheidet drei Formen des Wissens von der Lebenswelt.

1. Gewohnheitswissen

2. Erfahrungen

3. Typisierungen

Das Gewohnheitswissen unterteilt Schütz in

1. *Fertigkeiten* als Grundelemente des gewohnheitsmäßigen Funktionierens des Körpers, auf denen gewohnheitsmäßige Funktionseinheiten der Körperbewegung aufgebaut sind.[237]

2. *Gebrauchswissen* als standardisierte gelernte Tätigkeiten des Körpers, wie z.B. Schreiben, Klavierspielen, Reiten und Eierbacken.[238]

3. *Rezeptwissen*, das trotz Überschneidungen mit dem Gebrauchswissen eine eigene Kategorie wie z.B. Spuren lesen für den Jäger oder 'automatisierte' Übersetzungsphrasen für den Dolmetscher ausmacht.[239]

4. *Erfahrungen*, die eine Form des Wissensvorrates beinhalten, da Gegenstände und Ereignisse in der Lebenswelt dem Akteur in ihrer Typenhaftigkeit entgegentreten.[240]

---

233   Ebd., S. 50

234   Ebd., S. 50

235   Ebd., S. 49

236   Schütz, Alfred und Thomas Luckmann, Strukturen der Lebenswelt, Neuwied und Darmstadt 1975

237   Ebd., S. 119

238   Ebd., S. 119

239   Ebd., S. 119 f.

240   Ebd., S. 26

5. *Typisierungen* enthalten Wissenselemente, die sich auf charakteristische Weise wiederholen und eine Sedimentierung vergangener Situationsprobleme darstellen.[241]

Peter L. Berger und Thomas Luckmann

Peter L. Berger und Thomas Luckmann waren Schüler von Alfred Schütz, die nach dem 2. Weltkrieg an der 'New School of Social Research' in New York studierten. Sie schufen mit dem gemeinsam verfassten Buch 'Die gesellschaftliche Konstruktion der Wirklichkeit. Eine Theorie der Wissenssoziologie'[242] ein modernes, aber dennoch schon klassisch zu nennendes Werk der soziologischen Nachkriegsliteratur. Dabei schließen sie an die Wissenssoziologie an, die zuerst in Deutschland von Max Scheler (1874-1928)[243] und Karl Mannheim (1893-1947)[244] entwickelt wurde. Es geht in der Wissenssoziologie um den Zusammenhang zwischen Individuum und den 'Objektivationen des Geistes', zwischen den 'Ideal- und den Realfaktoren'. Die frühe Wissenssoziologie orientiert sich zum einen an der Marxschen Denkfigur von 'Basis und Überbau' und zum anderen an Nietzsches Anti-Idealismus mit dem Blick auf das menschliche Dasein als Kampf um Macht und Überleben, der Bedeutung von Täuschung und Selbsttäuschung und der Rolle der Illusion als notwendige Lebensbedingung.[245] Berger und Luckmann orientieren sich des weiteren an den Frühschriften von Karl Marx, der philosophischen Anthropologie von Helmut Plessner und Arnold Gehlen, der Analyse der Verinnerlichung gesellschaftlicher Wirklichkeit nach George Herbert Mead, der Weiterentwicklung der Gesellschaftstheorie von Emile Durkheim und der Betonung eines 'subjektiv gemeinten Sinnes' für die Konstitution der gesellschaftlichen Wirklichkeit nach Max Weber.[246] Sie gehen von der Bedeutung verschiedener Wissensformen in der Alltagswelt aus, so z.B. Rezepturen. Gesellschaft ist zum einen eine objektive Wirklichkeit, die sich u.a. aus der Institutionalisierung und Legitimierung ergibt. Der Mensch schafft sich eine Welt, die er dann als nicht-geschaffene erlebt. Diese wird dadurch legitimiert, dass man ihr objektive Gültigkeit und normative Bedeutung zuordnet.[247] Zum

---

241   Ebd., S. 30 f.

242   Berger, Peter und Thomas Luckmann, Die gesellschaftliche Konstruktion der Wirklichkeit. Eine Theorie der Wissenssoziologie. Neuauflage der 5. Aufl., 28 – 29. Tsd, Frankfurt am Main 1991

243   Scheler, Max, Die Wissensformen und die Gesellschaft, 2. Aufl., Bern 1960 (Original 1926)

244   Mannheim, Karl, Wissenssoziologie, hg. von Kurt H. Wolff, 2. Aufl., Neuwied 1970

245   Berger, Peter und Thomas Luckmann, Die gesellschaftliche ... a.a.O., S. 7
       Nietzsche, Friedrich, Vom Nutzen und Nachteil der Historie für das Leben, a.a.O.

246   Berger, Peter und Thomas Luckmann, Die gesellschaftliche ... a.a.O., S. 18

247   'Legitimation' im Anschluss an Marxens 'Ideologie' und Paretos 'Derivation'.

anderen stellt Gesellschaft auch eine subjektive Wirklichkeit dar, die vom Individuum über Sozialisation internalisiert wird.

Zur Analyse der Gesellschaft als objektive und subjektive Wirklichkeit benutzen Berger und Luckmann die Begriffe 'Externalisierung', 'Objektivation' und 'Internalisierung'[248] zur Darstellung der Wechselbeziehungen zwischen institutionellen Prozessen und legitimierenden symbolischen Sinnwelten,[249] dargestellt z.B. an der Religion, die zuerst von Menschen geschaffen und dann über Sedimentbildung und Erziehung der nachfolgenden Generation institutionalisiert wird.[250] Die 'Lebenswelt' (Husserl und Schütz) oder 'Alltagswelt' ist das fraglos Gegebene und der Ausgangspunkt für die Analyse sozialer Probleme. Berger und Luckmann stellen sich die Aufgabe, die gesellschaftliche Konstruktion der Wirklichkeit zu analysieren.[251] Sie formulieren damit ein Programm, dass in der gegenwärtigen Sozialwissenschaft ein breiteres Interesse gefunden hat.[252]

Erving Goffman

Ein weiterer Soziologe, der einen interpretativen Theorieansatz vertritt, ist Erving Goffman. Erving Goffman wurde 1922 in der Provinz Alberta, Kanada geboren. Nach verschiedenen Stationen, die ihn nach Toronto, Chicago, Berkeley / Cal. und Pennsylvania führten, wurde er 1981 zum Präsidenten der American Sociological Association gewählt. Er starb 1982 in Philadelphia.

Nach seinem Tode wurde Goffman als ein mikrosoziologischer Theoretiker angesehen, der aus der Interaktionsanalyse wichtige Erkenntnisse gewonnen hat. Für die Analyse der Alltagswelt gewinnt er zentrale Begriffe, wie 'Stigma',[253] 'totale Institution',[254] 'Rollendistanz', 'Eindrucksmanagement', 'Vorder- und Hinterbühne',[255] 'Rahmen', 'Spiel'[256] und 'Wettkampf'. Den Symbolischen Interaktionismus lehnt er wegen der mangelnden Berücksichtigung eines

---

248   Berger, Peter und Thomas Luckmann, Die gesellschaftliche ... a.a.O., S. 139 und 197

249   Berger, Peter und Thomas Luckmann, Die gesellschaftliche ... a.a.O., S. 198

250   Berger, Peter und Thomas Luckmann, Die gesellschaftliche ... a.a.O., S. 73ff.

251   Berger, Peter und Thomas Luckmann, Die gesellschaftliche ... a.a.O., S. 3

252   Siehe das Kapitel über den konstruktivistischen Realismus in der vorliegenden Arbeit.

253   Goffman, Erving, Stigma. Über Techniken der Bewältigung beschädigter Identität, Frankfurt am Main 1967

254   Ders., Asyle. Über die soziale Situation psychiatrischer Patienten und anderer Insassen, Frankfurt am Main 1972

255   Ders., Wir alle spielen Theater. Die Selbstdarstellung im Alltag, 2. Aufl., München 1969

256   Ders., Interaktion: Spaß am Spiel/Rollendistanz, München 1973
       Ders., Interaktionsrituale. Über Verhalten in direkter Kommunikation, Frankfurt am Main 1986
       Ders., Interaktion und Geschlecht, Frankfurt am Main. New York 1994

Regelkonzepts ab. Von Alfred Schütz übernimmt er die Rahmenanalyse.[257] Er untersucht, welche Züge in einem Spiel oder Wettkampf von Akteuren gemacht werden. Dabei liefern soziale Rahmen dem Menschen ein Orientierungsmuster, ob sie sich in einem Spiel oder Wettkampf befinden. Solche komplexen Handlungen laufen auf der 'Vorder-' und 'Hinterbühne' ab, die auch Täuschungen und ein 'Impressionsmanagement' beinhalten können: Der Einzelne muss sich in sozialen Situationen umsichtig durch ein richtiges Management von Ritualen bewegen und muss die angemessenen Züge in einem solchen Spiel machen. Die konstrukthafte soziale Realität ist kein beliebiger Definitionsprozess, sondern dahinter steht eine kulturelle und soziale Ordnung. Die Menschen stellen mit ihrer körperlichen Gegenwart eine Übereinkunft mit anderen über ihre Wirklichkeit dar und müssen 'formbare Selbst-Repräsentationen' liefern. Dahinter stehen nicht nur gegenseitige Interaktions- und Machtspiele, sondern auch ein moralischer Prozess der Ordnungsbildung.[258] Goffman versucht, aus der Analyse von Mikrostrukturen zu einer Verknüpfung mit den Makrostrukturen zu gelangen. Er leugnet nicht den Einfluss von Makrostrukturen auf das Handeln Einzelner, sondern er betont, dass es bei einer Mikrofundierung auch gesellschaftlicher Strukturen bedarf.

Exkurs: Funktionalismus

Aus der soziologischen Klassik heraus (z.B. Herbert Spencer) und der frühen Anthropologie entwickelte sich der *Funktionalismus*. Die Diskussion um den Funktionalismus kreiste um die Fragen des Gleichgewichtszustandes eines Systems,[259] seine Grenzbedingungen[260] und seine Bestandskriterien.[261]

---

257   Hettlage, Robert, Erving Goffman (1922-1982), in: Kaesler, Dirk, Klassiker der Soziologie. Bd. 2, München 1999, S. 190

258   Ebd., S. 199

259   Habermas, Jürgen, Zur Logik der Sozialwissenschaften, Tübingen 1967, S. 88

260   Habermas, Jürgen, Theorie der Gesellschaft oder Sozialtechnologie?, in: Habermas, Jürgen und Niklas Luhmann, Theorie der Gesellschaft oder Sozialtechnologie – was leistet die Systemforschung?, Frankfurt am Main 1971, S. 149

261   Luhmann, Niklas, Funktion und Kausalität, in: ders., Soziologische Aufklärung, Bd. 1, 2. Aufl., Opladen, 1971, S. 18 f.
       und Hempel, Carl G., The Logic of Functional Analysis, in: Gross, Larry (Hg.), Symposon on Sociological Theory, Evanston 1959, S. 294

Schon beim frühen Funktionalismus wurde die Bedürfnisbefriedigungsbezogenheit sozialen Verhaltens thematisiert. So bedeutet für Malinowski Funktion immer die Befriedigung eines Bedürfnisses.[262] Für den Funktionalismus sind biologische Bedürfnisse mit kulturellen Formen verbunden.[263]

Der Mensch schafft sich eine eigene Wirklichkeit, die sich in Institutionen[264] repräsentiert. Die Institutionen sind ambivalent ausgerichtet, da sie einerseits auf die menschlichen Bedürfnisse bezogen sind, andererseits eine neue Wirklichkeit darstellen,[265] die dem Einzelnen feindlich gegenübertreten kann. Talcott Parsons greift funktionalistische Gedankengänge auf und baut sie in seine struktur-funktionale Theorie ein.

Talcott Parsons

Talcott Parsons wurde 1902 in Colorado Springs, USA geboren. Er studierte zuerst drei Jahre Biologie, danach ein Jahr Sozialwissenschaften, Philosophie und englische Literatur. Danach verbrachte er ein Jahr an der London School of Economics und wechselte später nach Heidelberg, wo er insbesondere das Werk von Max Weber kennen lernte, der einige Jahre früher dort gelehrt hatte. Er schrieb in Heidelberg bei Alfred Weber, dem Bruder und Nachfolger von Max Weber, eine Doktorarbeit über den Begriff des Kapitalismus in den Theorien von Max Weber und Werner Sombart mit dem Titel 'The Concept of Capitalism in Recent German Literature: Sombart and Weber'.[266]

1927 wechselte Talcott Parsons an die Harvard University, wo er bis zu seiner Emeritierung blieb. Talcott Parsons starb 1979 nach einer Gastvorlesung an der Münchener Universität über 'Die schwindende Bedeutung des Begriffs der Klasse in der modernen Gesellschaft' im Hilton Hotel München (Frankfurter Rundschau, 10.5.1979).

---

262 Malinowski, Bronislaw, Eine wissenschaftliche Theorie der Kultur und andere Aufsätze, Zürich 1949, S. 30

263 Radcliffe-Brown, A. R., Structure and Function in Primitive Society, London 1952, S. 179

264 Die Entstehung und Funktion von Institutionen hat besonders Arnold Gehlen untersucht, u.a. in: Gehlen, Arnold, Urmensch und Spätkultur, Bonn 1956

Gehlen, Arnold, Der Mensch. Seine Natur und seine Stellung in der Welt, 12. Aufl., Wiesbaden 1978

Ders., Anthropologische Forschung, 6. Aufl., Reinbek bei Hamburg 1968, S. 23 u. 69 ff.

Ders., Die Seele im technischen Zeitalter. Sozialpsychologische Probleme in der industriellen Gesellschaft, 11. Aufl., Hamburg 1969, S. 74

Zur Kritik an und Auseinandersetzung mit Gehlen vergl.:

Hollitscher, Walter, Der Mensch im Weltbild der Wissenschaft, Wien 1969, S. 26 ff.

Honneth, Axel und Hans Joas, Soziales Handeln und menschliche Natur. Anthropologische Grundlagen der Sozialwissenschaften, Frankfurt am Main. New York 1980, S. 52 ff.

265 Schelsky, Helmut, Auf der Suche nach Wirklichkeit, Düsseldorf. Köln 1965, S. 33 ff

266 Parsons, Talcott, Die Entstehung der Theorie des sozialen Systems: Ein Bericht zur Person, in: Parsons, Talcott, Edward Shils, Paul F. Lazarsfeld, Soziologie - autobiographisch, Stuttgart 1975

Die 1. Phase der wissenschaftlichen Entwicklung von Talcott Parsons besteht in der Konvergenz verschiedener theoretischer Ansätze. Er verband die Klassiker Max Weber, Emile Durkheim, Vilfredo Pareto und Alfred Marshall, den er später durch Bronislaw Malinowski ersetzte, zu einer neuen Synthese. Das Ergebnis dieser Studien stellt das Werk 'The Structure of Social Action'[267] dar. Er trieb seine Forschungen, durch den Einfluss der Philosophen I. Kant und A. N. Whitehead angeregt, in Richtung einer allgemeinen soziologischen Konzeption, die zuerst den Namen 'Struktur-funktionale Theorie' erhielt.[268]

Parsons versuchte den amerikanischen Pragmatismus, wie er von Peirce, James und Dewey begründet und dann von Cooley, Mead und Thomas aufgegriffen wurde,[269] zu überwinden. Zusammen mit anderen Harvard-Wissenschaftlern veröffentlichte er 1949 'Toward a General Theory of Action',[270] danach 1951 'The Social System'.[271] Daneben publizierte er 1949 'Essays in Sociological Theory'[272] und zusammen mit Robert F. Bales und Edward A. Shils 'Working Papers in the Theory of Action' (1953).[273] In diesen Schriften führt Talcott Parsons die 'pattern variables' ein.

Diese 'Orientierungsalternativen des Handelns' sind geprägt von der von Ferdinand Tönnies eingeführten Dichotomie von 'Gemeinschaft' und 'Gesellschaft', die von Max Weber mit den Begriffen 'Vergemeinschaftung' und 'Vergesellschaftung' fortgeführt wird. Sie dienen einer Analyse des menschlichen Handelns.

---

267   Parsons, Talcott, The Structure of Social Action, 3. Aufl., New York. London 1968 (Original 1937)

268   Pucnik, Joze, Strukturell-funktionale Analyse und empirische Forschung, Diss. Hamburg 1971

269   Siehe: Jensen, Stefan, Talcott Parsons. Eine Einführung, Stuttgart 1980, S. 17

270   Parsons, Talcott und Edward A. Shils (Hg.), Toward a General Theory of Action, 2. Aufl. , New York. Evanston 1962 (Original 1951)

271   Parsons, Talcott, The Social System, 4. Aufl., Toronto 1968 (Original 1951)

272   Parsons, Talcott, Essays in Sociological Theory, revidierte Fassung, 4. Aufl. , New York. London 1967 (Original 1949)
       Ungefähr die Hälfte der dortigen Artikel sind ins Deutsche übersetzt in dem von Dietrich Rüschemeyer herausgegebenen Band: Parsons, Talcott, Beiträge zur soziologischen Theorie, Neuwied am Rhein. Berlin 1964

273   Parsons, Talcott, Robert F. Bales und Edward A. Shils, Working Papers in the Theory of Action, Wiederabdruck, Westport. Connecticut 1981 (Original 1953)

Dies sind:

1. Diffusität   -   Spezifität
2. Affektivität   -   Affektive Neutralität
3. Partikularismus   -   Universalismus
4. Zuschreibung   -   Leistungsorientierung
       (Ascription)   (Achievement)

Zur Erläuterung der analytischen Anwendung dieser 'pattern variables' bietet sich das Beispiel 'Mutter mit Kind' versus 'Berufsrolle', wie 'Lehrerin' oder 'Ärztin' an.

1. Eine 'Mutter' soll eine diffuse Aufgabe für das Kind übernehmen, d.h. sie ist für alles zuständig, was das Kind betrifft, die 'Lehrerin' oder 'Ärztin' nur für das Spezifische, das in dem Funktionsbereich Erziehung oder Gesundheit/Krankheit des Kindes benötigt wird.

2. Die 'Mutter' soll umfassende Affektivität ihrem Kind gewähren, 'Lehrerin' und 'Ärztin' sollen sich affektiv neutral verhalten.

3. Eine 'Mutter' ist in erster Linie für ihr eigenes Kind zuständig, die 'Ärztin' soll alle heilen, die zu ihr kommen und die 'Lehrerin' soll alle Kinder ihrer Klasse unterrichten.

4. Die Mutterrolle erfolgt über Zuschreibung, z.B. über Geburt des Kindes, im Gegensatz zu den Berufsrollen, die durch eigene Leistung erreicht werden können.

Diese 'Orientierungsalternativen des Handelns' legt Parsons auch seiner Evolutionstheorie zugrunde, da sich in der gesellschaftlichen Entwicklung eine Verschiebung von den 'gemeinschaftlichen' zu den 'gesellschaftlichen' Bereichen vollzieht.

In den 'Working Papers in the Theory of Action (1953)' gewinnt nun ein 'Vier-Funktionen-Paradigma' Gestalt. Parsons sieht vier Funktionen als zentral für ein System an, die zum einen alle von jedem System erfüllt werden müssen, die aber schwerpunktmäßig unterschiedlichen Systemen zugeordnet werden können.

Es sind die Funktionen

Adaptation (Anpassung an den dauernden strukturellen Wandel im System und im Verhältnis zu anderen Systemen)

Goal - attainment (Zielorientierung von Systemen)

Integration (Integration der konstitutiven Einheiten eines Systems)

Latent pattern maintenance (Aufrechterhaltung der Systemstruktur bei Überwindung stets neu auftretender Spannungen).

Wenn man die Anfangsbuchstaben dieser vier Funktionen aneinander reiht, erhält man das AGIL-Schema.

A. Die 'Adaptation' als Systemproblem erfordert die Bereitstellung von Ressourcen, um Ziele verwirklichen zu können. Diese Funktion beinhaltet die Fähigkeit, über einen Zeitablauf unterschiedliche Situationserfordernisse aufzugreifen und zu bearbeiten. Im allgemeinen Handlungssystem muss das an das physische System grenzende 'Verhaltenssystem (Behaviorales System) diese Funktion am ehesten erfüllen, auf der Ebene des 'Sozialsystems' die 'Wirtschaft'.

G. Goal-Attainment, d.h. Zielerreichung, erfordert Abstimmung der Ziele und Bedürfnisse eines Systems mit seiner Umwelt. Dabei müssen unterschiedliche Ziele in spezifischen Entscheidungssituationen analysiert und auf ihre Realisierung geprüft werden. Auf der Handlungsebene ist das 'Psychische System' hauptsächlich mit der Verwirklichung dieser Funktion beschäftigt, auf der Ebene des 'Sozialsystems' das 'politische System'.

I. Die 'Integration' erfordert die interne Koordination unterschiedlicher Systemeinheiten. Parsons sieht in der Integrationsfunktion den Fokus von Systemen und auch der soziologischen Theorie.[274]

L. Die 'Bewahrung latenter Strukturen' (Latent pattern maintenance) erfordert, dass das System zum einen seine Grundstruktur erhält und es auf veränderte Rahmenbedingungen ausrichten kann. Es werden längerfristige Wertmuster aufgebaut, die die Differenz zwischen dem System und seiner Umwelt markieren. Das Zentrum der 'Strukturerhaltung' im 'Allgemeinen Handlungssystem' stellt das 'Kultursystem' dar; auf der Ebene des 'Sozialsystems' das 'kulturelle Treuhandsystem'.[275]

---

274   Dies hängt damit zusammen, dass sich für Parsons Soziologie primär mit sozialen Systemen beschäftigt, wogegen er 'Biologie' in Auseinandersetzung mit dem 'Behavioralen System' und 'Kulturwissenschaften' mit dem 'kulturellen System' sieht.

275   Die erwähnten Begriffe und damit verbundenen Sachverhalte ändern sich bei Parsons und bei den verschiedenen Übersetzungen.

Es gibt Filme, die damit beginnen, dass die Kamera von der Milchstraße auf die Erde, dann auf einen bestimmten Erdteil, ein Land, eine Stadt, ein Gebäude und in eine Wohnung hinschwenkt. Eine solche Fahrt der Kamera - ein Zoom - ist auch im übertragenen Sinne, d.h. im Bereich der Theorie, möglich. So beschreibt Parsons die menschliche Lebenswelt als aus vier Ebenen bestehend.

telischer Bereich	
	Handlungswelt
Biosphäre	
physikalisch-chemische Systeme	

Wenn man die Handlungswelt unterteilt, so erhält man über Kreuztabellierung die folgenden vier Systeme.[276]

L   **I**

Kultursystem	Sozialsystem
Organismussystem	Psychisches System

A   **G**

Auf der nächsten Ebene lassen sich aus den vier Systemen wiederum über Kreuztabellierung folgende Systeme herauskristallisieren.[277]

---

276 Siehe u.a. Parsons, Talcott, Gesellschaften, Frankfurt am Main 1975, S. 30

277 Vergl. Jensen, Stefan, Systemtheorie, Stuttgart. Berlin. Köln. Mainz 1983, S. 143

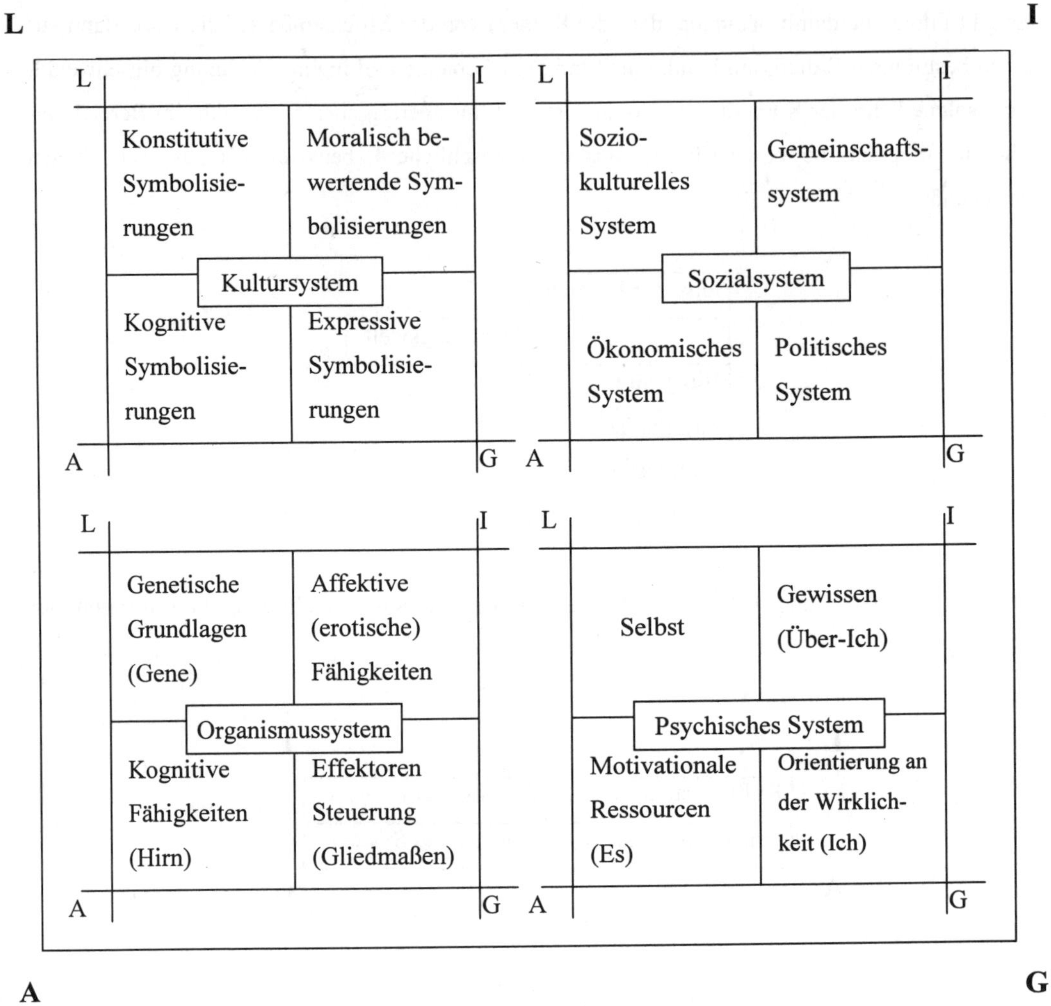

L   **I**

L   I   L   I

| Konstitutive Symbolisierungen | Moralisch bewertende Symbolisierungen | Sozio-kulturelles System | Gemeinschafts-system |

Kultursystem   Sozialsystem

| Kognitive Symbolisierungen | Expressive Symbolisierungen | Ökonomisches System | Politisches System |

A   G   A   G

L   I   L   I

| Genetische Grundlagen (Gene) | Affektive (erotische) Fähigkeiten | Selbst | Gewissen (Über-Ich) |

Organismussystem   Psychisches System

| Kognitive Fähigkeiten (Hirn) | Effektoren Steuerung (Gliedmaßen) | Motivationale Ressourcen (Es) | Orientierung an der Wirklichkeit (Ich) |

A   G   A   G

A   **G**

Das Sozialsystem gliedert sich wiederum in folgende Subsysteme.[278]

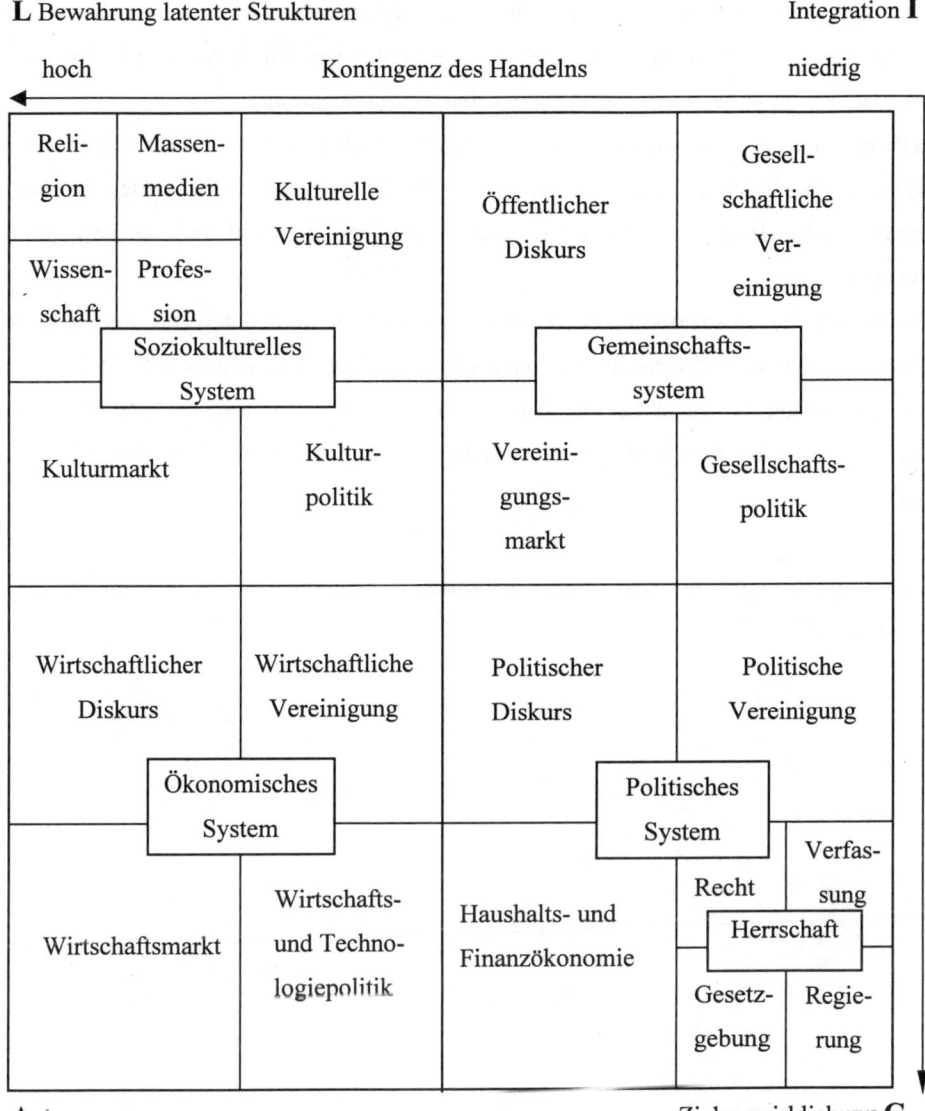

L Bewahrung latenter Strukturen   Integration I

   hoch   Kontingenz des Handelns   niedrig

A Anpassung   Zielverwirklichung G

Die unterschiedlichen Typen des Handelns kann man ebenfalls anhand des vorgestellten Schemas beschreiben. So ist die Interaktion, die am ökonomischen System orientiert ist, auf das

---

278   Münch, Richard, Dialektik der Kommunikationsgesellschaft, Frankfurt am Main 1991, S. 370

Austauschmedium 'Geld' bezogen. Um ein Beispiel zur Erläuterung zu liefern: Die Mutter bietet ihrem Kind Geld an, damit es das Kinderzimmer aufräumt.

Wenn Handeln stärker auf das politische System ausgerichtet ist, so ist der Gebrauch von Macht bedeutsam. Um bei dem Beispiel zu bleiben: Die Mutter befiehlt Ihrem Kind, das Zimmer aufzuräumen und droht bei Nichtbeachtung des Befehls mit Sanktionen.

Interaktionen, die vom Gemeinschaftssystem beeinflusst sind, benutzen 'Solidarität' und 'gemeinsame Wertbindung' zur Erreichung der Ziele. Die Mutter appelliert in diesem Fall an die gemeinsam geteilte Welt der Familie und ihrer Regeln, um ihr Kind dazu zu bewegen, das Zimmer aufzuräumen.

Im Handeln, das an dem sozio-kulturellen System orientiert ist, werden universalistische Normen wie Gleichheit, Freiheit und Gerechtigkeit auf konkrete Sachverhalte angewendet. In diesem Fall versucht die Mutter ihr Kind zu überzeugen, dass die Zimmerreinigung eine Anwendung universalistischer Normen, wie sie auch von Anderen praktiziert wird oder werden sollte, durch das Kind darstellt.

Alle gesellschaftlichen Subsysteme stehen in einem Austauschverhältnis zueinander, d.h. sie interpenetrieren.[279]

---

279   Der von Talcott Parsons geprägte Begriff der 'Interpenetration' stellt für Richard Münch den Zentralbegriff der Herausbildung der Moderne dar, siehe: Münch, Richard, Die Struktur der Moderne, Frankfurt am Main 1984

Ders., Die Kultur der Moderne, Frankfurt am Main 1986

Ein vereinfachtes Schema der Interpenetration der sozialen Subsysteme liefert die folgende Abbildung.[280]

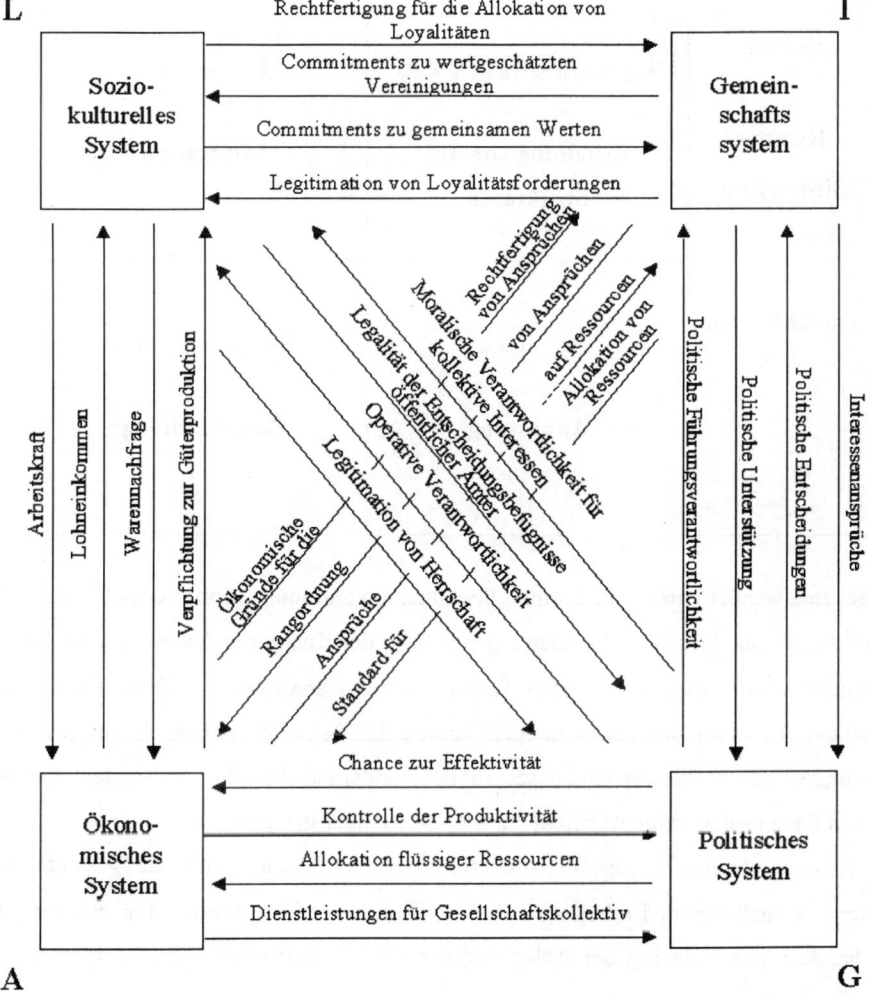

280   Ähnlich Münch, Richard, Die Struktur der Moderne, Frankfurt am Main 1984, S. 63

Das 'Vier-Funktionen-Schema' ordnet Parsons in zwei Dimensionen, so in die 'Raumdimension' und die 'Zeitdimension'.

Zeitdimensionen		
	Instrumentelle	Konsumtive Phase
Externe **Raum-** **dimension**	**L** ("latent pattern maintenance") **Erhaltung latenter** **Strukturen**	**I** ("integration") **Integration**
Interne Phasen	**A** ("adaption") **Anpassung**	**G** ("goal attainment") **Zielerreichung**

Dieses Schema wendet Parsons in 'Family, Socialization and Interaction Process'[281] an, in dem er die Generationen und Geschlechtsbeziehungen anhand der Kategorien 'extern' versus 'intern' und 'instrumentell' versus 'expressiv' (später konsumatorisch) analysiert.[282] Dieses Familienmodell stellt eine gute Beschreibung der damaligen Familie dar; in der Zwischenzeit sind jedoch große Veränderungen des Rollenverständnisses in der modernen Familie eingetreten, sodass das Modell von Parsons derzeitige westliche Strukturen weniger gut abbildet.

Talcott Parsons verwendet das 'Vier-Funktionen-Schema', um damit die gesamte Realität strukturiert zu analysieren. Er betont,[283] dass es sich bei seiner Theorie um ein analytisches Modell handele, das nicht mit der Abbildung der Wirklichkeit verwechselt werden dürfe. Die

---

281   Parsons, Talcott, Robert F. Bales und James Olds, Family, Socialization and Interaction Process, New York 1955. Auch in: Parsons, Talcott, Sozialstruktur und Persönlichkeit, Frankfurt am Main 1968, bes. S. 74 ff.

282   Es wurden experimentelle Kleingruppenforschungen zugrundegelegt, die z.B. Robert F. Bales durchgeführt hat. Ähnliche empirische Untersuchungen findet man auch in der 'Soziometrie' (z.B. von Moreno)

283   So in: Ackermann, Charles und Talcott Parsons, Der Begriff "Sozialsystem" als theoretisches Instrument, in: Parsons, Talcott, Zur Theorie sozialer Systeme, hg. von Stefan Jensen, Opladen 1976

Menschen reißen 'Tatsachen' aus ihrer Verbundenheit und verleihen ihnen Sinn über Selektion und Zuschreibung. Parsons warnt häufig vor der 'fallacy of misplaced concreteness', dem 'Irrtum der unangebrachten Konkretheit'. Für ihn existieren 'Systeme' nicht wirklich,[284] sondern sie stellen Konstruktionen dar. Die Menschen interagieren mit 'Tatsachen', doch diese zeigen sich erst durch Wegweiser. Die Menschen selektieren und geben den 'Dingen' ihren Sinn. "Die 'Tatsachen' der Wissenschaft sind Mythen"[285] und auch das analytische Denken stellt eine Mythologisierung dar.

Das 'Vier-Funktionen-Schema' wendet Parsons auch auf das Wirtschaftssystem an.[286] Die 'Wirtschaft' oder das 'wirtschaftliche System' wird für Parsons zu einem der vier primären Teilsysteme der Gesellschaft. Es ist für ihn, neben der Politk, am stärksten ausdifferenziert. Im Anschluss daran entwickelt er die Bedeutung der anderen primären Teilsysteme mit ihren jeweiligen Hauptfunktionen, die später ausgeführt werden. Parsons geht von der Keynesschen ökonomischen Theorie aus, die er zusammen mit Smelser für seine Theorie fruchtbar macht, nämlich dem Austausch zwischen Haushalten und Unternehmungen. Dabei taucht das Problem der zentralen Rolle des 'Geldes' auf, das von den Ökonomen als einzigartiges Phänomen betrachtet wurde. Parsons Leistung besteht darin, diesen Austauschprozess in der Wirtschaft als einen Sonderfall eines allgemeinen Mechanismus zu betrachten und ein allgemeines Paradigma über die in anderen Subsystemen wirksamen Mechanismen zur Steuerung von Austauschprozessen zu entwickeln. Parsons nennt diese Mechanismen 'soziale Interaktionsmedien'.[287]

'Geld' stellt also das 'soziale Interaktionsmedium' des 'wirtschaftlichen Subsystems' der Gesellschaft dar. 'Geld' wird über das Versprechen von Vorteilen als Medium des Transfers von Selektionen betrachtet. Es wird eine kommunizierbare Offerte abgegeben. 'Biete Geld, suche Ware'. Für 'Geld' ist dann fast alles erhältlich. Materielle und immaterielle Güter, Frauen, Kinder, Sklaven, ja sogar das Seelenheil, was u.a. einer der Gründe für die Entstehung des Protestantismus darstellte.

---

284 Von daher überrascht es doppelt, dass Niklas Luhmann, der einerseits ein Schüler von Talcott Parsons war und andererseits oft als Konstruktivist argumentiert, davon ausgeht, dass es Systeme gibt, in: Luhmann, Niklas, Soziale Systeme, Grundriß einer allgemeinen Theorie, Frankfurt am Main 1984, S. 30

285 Ackermann / Parsons, a.a.O. , S. 70

286 Parsons, Talcott und Neil Smelser, Economy and Society, New York 1958

287 Parsons, Talcott, Zur Theorie der sozialen Interaktionsmedien, hg. von Stefan Jensen, Opladen 1980 (Dort auch eine genaue Einleitung von Stefan Jensen über die Theorie der sozialen Interaktionsmedien)

Parsons bezeichnet 'Macht' als das soziale Interaktionsmedium im politischen System.[288] 'Macht' wird analog zu 'Geld' als zirkulierendes Medium konzipiert. Sie sichert die Fähigkeit zur Durchsetzung kollektiver Entscheidungen. 'Macht' kann ähnlich wie 'Geld' gehortet werden, aber sie muss wie auch 'Geld' arbeiten. Derjenige, der mit mehr Macht ausgestattet ist, muss Macht einsetzen (ähnlich wie Geld ausgeben), um Macht zu erhalten oder zu steigern. Der 'Empfänger der Macht' kann nun diese normalerweise nicht horten. Im Normalfall wird der Machtempfänger nicht mächtiger, sondern es bleiben, von gesellschaftlichen Katastrophen abgesehen, die Mächtigen mächtig und die Reichen reich.

Zur Macht gehört einerseits Generalisierung und zum anderen Legitimierung. Generalisierung bedeutet hier, dass Macht normalerweise nicht eingesetzt werden muss und es sich um ein symbolisches Medium handelt. Dies schließt allerdings nicht aus, dass hinter der 'Macht' 'Gewalt' steht. Parsons nennt die Gruppe der Phänomene, die hinter anderen stehen und diese fundieren: 'real assets', was man am ehesten mit 'realen stillen Reserven' (im Sinne der Ökonomie) übersetzen kann. So steht z.B. hinter 'Geld' als 'real asset' 'Haben' und hinter der 'Liebe' (im Sinne der Liebe der Eheleute oder von Partnerin und Partner) als 'real asset' die 'Sexualität'.[289]

Die Legitimierung oder Legitimation, die Parsons aus Max Webers Formen der legitimen Herrschaft und dem 'Legitimationsanspruch'[290] bezieht, muss auch von den Betroffenen als 'legitim' angesehen werden.

Für das dritte Teilsystem des Sozialsystems, das Gemeinschaftssystem, ist die 'Integrationsfunktion' zentral. Als 'Interaktionsmedium' führt Parsons hier 'Einfluss' ein, der als ein Mittel der Meinungsbildung und Überzeugungsarbeit konzipiert wird. Der 'Einfluss' wird von der Stellung des Einflussgebers als Mitglied in einem Kollektiv mitbestimmt; darauf bezogen ist der Einfluss partikularistisch, was man auch als Reputation einer Person bezeichnet, die zur 'Wir-Gruppe' gehört. Doch der normative Bezug ist universalistisch, d.h. er kann sich auf alle möglichen Sachverhalte beziehen.

Das vierte 'Interaktionsmedium', das auf der Ebene des 'sozio-kulturellen Systems' des Sozialsystems angesiedelt ist, nennt Parsons 'Commitment',[291] in der Vorankündigung in seinem

---

288   Parsons, Talcott, On the Concept of Political Power (Original 1963), in: ders., Sociological Theory and Modern Society, New York. London 1967 (dt. in dem von Jensen herausgegebenen Band über die 'Interaktionsmedien')

289   Runkel, Gunter, Sexualität und Ideologien, Weinheim und Basel 1979

290   Weber, Max, Wirtschaft und Gesellschaft, a.a.O, S. 7

291   Zitiert nach dem von Stefan Jensen übersetzten Aufsatz in: Parsons, Talcott, Zur Theorie der sozialen Interaktionsmedien, a.a.O, S. 183 ff.

Aufsatz über 'Influence'[292] noch 'generalized commitments'. Diese 'Bindung' oder 'verallgemeinerte Bindung' wird als 'Wertbindung' konzipiert, da Parsons dieses Medium im normativen Teilsystem ansiedelt. Commitments (Wertbindungen) beinhalten, dass der Einzelne über internalisierte Muster an bestimmte Normensysteme gebunden oder zumindest daran orientiert ist. Diese Wertbindungen sind generalisierte Verpflichtungen (Obligationen), die einerseits individuell aufgrund bestimmter normativer Erwägungen (z.B. Pietät, Gerechtigkeit) von Bezugspersonen angemahnt werden können. Andererseits können auch völlig unbekannte Interaktionspartner unter Bezug auf allgemein verbindliche, universalistische Normen vom Einzelnen verbindliches Agieren einfordern. Dass diese generalisierten Normen selbst wiederum strittig sein können, zeigt z.B. die Diskussion um 'political correctness'. Außerdem zeigt das Phänomen 'politische Korrektheit' eine Inflation von 'Wertbindungen' an und provoziert dadurch Gegenentwürfe.

Interaktionsmedien müssen knapp gehalten, d.h. limitiert werden. Es entstehen Selbstbefriedigungsverbote, z.B. darf man Geld nicht selber drucken, Macht soll man mit Anderen entwickeln und Liebe soll sich auf Andere beziehen. Die Interaktionsmedien unterliegen einem Prozess der 'Inflation' und 'Deflation'.

Parsons ergänzt die 'Interaktionsmedien' mit den 'Modi' des Erreichens von Zielen in der sozialen Interaktion, wobei 'Anreiz' und 'Geld' die adaptive Funktion, 'Einschüchterung' und 'Macht' die Zielfunktion, 'Überredung' und 'Einfluss' die Integrationsfunktion und 'Appell an Wertbindungen' und 'Generalisierung von Commitments' die Funktion der Erhaltung sinnvoller Muster ausfüllen sollen.

Grafik:[293]

			Kanal	
			Situation	**Intention**
Sanktion	positiv	**Modus**	Anreiz	Überredung
		Medium	Geld	Einfluss
	negativ	**Modus**	Einschüchterung	Appell an Wertbindungen
		Medium	Macht	Generalisierung von Commitments

---

292   Parsons, Talcott, Essays in Sociological Theory ..., a.a.O., S. 355

293   Parsons, Talcott, Theorie der sozialen Interaktionsmedien ..., a.a.O., S. 147

Parsons weitet seine Medienkonzeption auf das allgemeine Handlungsystem aus. So setzt er als Medium des behavioralen (Verhaltens-) System 'Intelligenz', des psychischen (Persönlichkeits-) System 'Performanz', dem Sozialsystem 'Affekt' und dem Kultursystem 'Definition der Situation'. Parsons geht von der Vorstellung aus, dass sich auch in den Subsystemen der außerhalb des Sozialsystems stehenden Systeme Medien feststellen lassen. Mit Ausnahme des Mediums 'Intelligenz'[294] beläßt es Parsons jedoch bei allgemeinen Andeutungen.[295]

Gesellschaften stellen für Parsons eine besondere Form von sozialen Systemen dar. Parsons sieht in Anlehnung an Aristoteles Gesellschaften als die Klasse von Sozialsystemen an, die als System das höchste Ausmaß an Autarkie (self-sufficiency) im Verhältnis zu ihrer Umwelt erreichen.[296] Eine Gesellschaft stellt ein Sozialsystem mit dem höchsten Grad der Selbständigkeit gegenüber seiner Umwelt dar und ist selbstgenügsam. Eine Gesellschaft muss sich in die Form eines kollektiv organisierten Gemeinwesens bringen, das eine normative Ordnung durchsetzt, Kontrolle über ein Territorium ausübt und seine Mitglieder normalerweise über Geburt und Sozialisation rekrutiert.

Talcott Parsons beschäftigt sich intensiv mit der *Evolution* von Gesellschaften. Er verwendet die an das AGIL-Schema angelehnten evolutionären Begriffe, wie 'adaptive upgrading', was man mit *'adaptivem Aufschwung'* übersetzen kann, *Differenzierung*, *Integration* und *Wertgeneralisierung.*[297]

Der *'adaptive Aufschwung'* ist ein Prozess, in dem mehr Ressourcen für ein System verfügbar gemacht werden können (z.B. größere Bevölkerung, Einführung der Landwirtschaft); *Differenzierung* bewirkt die Aufteilung von systemischen Einheiten, die nun größere funktionale Bedeutung für das System erhalten (z.B. die Differenzierung von Verwandtschafts- und Berufsrollen); die *Integration* muss die auseinanderstrebenden Teilsysteme koordinieren (z.B. über Ausweitung von Partizipation); dies geht mit einer *Wertgeneralisierung* einher, weil die Gesellschaft angemessene Legitimierungen und Orientierungsmuster benötigt, die in

---

294   Das er in: Parsons, Talcott und Gerald M. Platt, Die amerikanische Universität, Frankfurt am Main 1990 darstellt

295   Siehe die Diskussion in: Loubser, Jan J., Rainer C. Baum, Andrew Effrat und Victor Meyer Lidz (Hg.), Explorations in General Theory in Social Science. Essays in Honor of Talcott Parsons, 2 Bände, New York. London 1976 bes. Part IV, Bd. 2, Generalized Media in Action., S. 448 ff.

296   Parsons, Talcott, Der Begriff der Gesellschaft: Seine Elemente und ihre Verknüpfungen, in: ders., Zur Theorie sozialer Systeme, a.a.O., S. 126

297   Parsons, Talcott, Gesellschaften. Evolutionäre und komparative Perspektiven, Frankfurt am Main 1975, S. 39ff.
       Ders., Das System moderner Gesellschaften, 2. Aufl., München 1976, S. 40 ff.

komplexeren sozialen Systemen auf eine höhere Stufe der Verallgemeinerung gehoben werden (dies wird z.B. in der modernen Forderung, dass alle Menschen unveräußerliche Menschenrechte genießen sollen, deutlich.).

Parsons unterscheidet drei evolutionäre Stufen, die er primitiv,[298] intermediär und modern nennt. Sie beruhen auf unterschiedlichen Schichtungsformen; so ist die primitive, d.h. archaische Stufe durch segmentäre Differenzierung, die intermediäre durch stratifikatorische und die moderne Stufe durch funktionale Differenzierung gekennzeichnet.

Er fundiert seine Evolutionstheorie mit *evolutionären Universalien.*

Dies sind beim Übergang von tierischem Verhalten zu frühen Gesellschaften u.a. die

A   Entwicklung von Technologien (wie z.B. Werkzeuggebrauch), die weitergegeben werden können, die die physische Umwelt zu bearbeiten helfen. Man findet zwar schon bei anderen Lebewesen, z.B. bei Menschenaffen, rudimentären Werkzeuggebrauch, doch ihre Perfektionierung ist dem Menschen vorbehalten.

G   Kommunikation durch Sprache, die in der Form der gegenseitigen, elaborierten Rede erst beim Menschen auftaucht und für den Menschen zentrale evolutionäre Bedeutung erlangt hat.[299]

I   Die Integration über eine Verwandtschaftsordnung, die verschiedene Rollen umfasst und komplexere Sozialordnungen ermöglicht. Das Verwandtschaftssystem regelt über die bisexuelle Reproduktion und das Inzesttabu die Erhaltung der Art.

L   Die Herausbildung von Ahnenverehrung und Natur-Gottheiten, die über Symbolik und Kulte und zugeschriebene Bedeutungsrelevanz Handlungen beeinflussen und legitimieren.

Der Übergang von der ersten zur zweiten Stufe beruht auf "kritischen Entwicklungen der Code-Elemente der normativen Strukturen",[300] so insbesondere auf der Herausbildung einer geschriebenen Sprache.

In intermediären Gesellschaften treten in den verschiedenen Bereichen folgende Veränderungen auf:

A   Die *Ausdifferenzierung* einer *Marktorganisation* mit der Einführung des *Geldes* als Austauschmedium. In diesen Gesellschaften bildet sich als evolutionäre Universalien *Geld*

---

298   Der Begriff 'primitiv' ist unglücklich gewählt, weil diese Gesellschaften nicht im Wortsinne 'primitiv' sind, sondern schon komplexere Gebilde darstellen. Von daher ist der Ausdruck 'archaisch' vorzuziehen.

299   Parsons, Talcott, Evolutionary Universals in Society in: ders., Sociological Theory and Modern Society, New York. London 1967, S. 495 f.

300   Parsons, Talcott, Gesellschaften, a.a.O., S. 46

und *Markt* aus. 'Geld' wird zu einem allgemeinen symbolischen Medium, das genügend neutral ist, um den Erwerb von Gütern, die viele anstreben, zu regulieren. Auch der Markt, der die Konsumtion und die Produktion zusammenführt, was u.a. zur Herausbildung und dem Aufblühen von Städten führt,[301] stellt eine evolutionäre Universalie der Hochkultur dar.

G   Kommunikation durch *Schrift*. In intermediären Gesellschaften werden die Schriftkundigen zum Kern einer *bürokratischen Organisation,* die dann politische Herrschaft, wie sie sich in stratifizierten Gesellschaften ausdifferenziert, unterstützen und eventuell auf Dauer stellen kann. Die Entwicklung und Institutionalisierung der Schrift ist am Beginn der zweiten Stufe auf religiöse und bürokratische Experten beschränkt, in späteren Stufen intermediärer Gesellschaften werden diese Kenntnisse auf alle Männer der Oberschicht ausgedehnt.

I   Herausbildung einer *sozialen Schichtung* mit damit verbundener Hierarchie, die funktional effizienter wirkt als andere Formen und den Mitgliedern klare Rollen zuweist. Auch die Entwicklung der *sozialen Schichtung* in intermediären Gesellschaften aus den ursprünglich stärker auf Gleichheit ausgerichteten Systemen geht mit einer Ausdifferenzierung von Rollen, die sich z.B. im Kriegeradel und der Priesterkaste bündeln, die dann häufig von einzelnen Familien an sich gerissen werden, einher. Stratifikatorische Differenzierung wird abgesichert durch einen Prozess der *kulturellen Legitimierung*, der die sich herausbildenden stärkeren Rollen- und Machtdifferenzen mit dem Verweis auf ähnliche Rollen- und Machtverteilungen im Jenseits begründet.

L   Die *Religionssysteme*, die sich über Naturreligionen, pantheistischen Religionen zu monotheistischen Religionen[302] weiterentwickeln, übernehmen u.a. die Rolle der kulturellen Legitimierung, die sich aus den Ungleichheiten und Spannungen der diversen Gruppen ergeben. In intermediären Gesellschaften bilden sich *demokratische Assoziationen* aus, so z.B. in der griechischen polis, dem römischen Senat, den Kardinalskollegien, den Adelsversammlungen in den Adelsrepubliken und den Gilden, Zünften und anderen Frühformen von Koorperativen, die teilweise in moderne Gesellschaften hineinreichen.

---

301   Siehe: Runkel, Gunter (Hg.), Die Stadt, 2. erw. Aufl., Lüneburg 2000

302   Siehe Runkel, Gunter, The Sexual Morality of Christianity, in: Journal of Sex & Marital Therapy, Vol. 24, No. 2, 1998

Damit verbunden ist eine Institutionalisierung von *generalisierten universalistischen Normen*, die dann in der Einführung eines 'Rechtsstaats'[303] und dem englischen Common Law kulminieren.

Im Laufe der gesellschaftlichen Entwicklung bildet sich ein Rechtssystem aus, das sich von den religiösen Bezügen löst, und eine größere Partizipation der Bürger an ihren öffentlichen und privaten Angelegenheiten ermöglicht. Es findet nach Parsons eine Entwicklung zu bedeutenderen Freiräumen in der Moderne statt, die sich in größerer Selbstverantwortung der Akteure, legalen Wahlverfahren und stärkerer Solidarität äußern. Sie sind das Ergebnis der gesellschaftlichen Entwicklung, in der sich evolutionäre Universalien herausgebildet haben.

In modernen, funktional differenzierten Gesellschaften setzen sich die Prozesse der intermediären Gesellschaften fort. Es bildet sich ein kulturelles Muster aus, das wie folgt beschrieben werden kann. Auf der Ebene der Anpassung (A) erfolgt eine Ausdifferenzierung des 'rationalen Lernens' mit einer gesteigerten Bedeutung von Schul- und Hochschulausbildung, da in der modernen Gesellschaft die Schriftbeherrschung für alle Erwachsenen und Jugendlichen institutionalisiert wird, was einen weiteren Modernisierungsschub auslöst.

Das Ziel (G) stellt die 'selbstverantwortliche Persönlichkeit' als Ergebnis selbstreferenzieller Prozesse dar. Die 'soziale Interaktion' (I) erfolgt unter dem Rahmen des 'rationalen Kapitalismus', da sich andere Wirtschaftsformen historisch überlebt haben, das politische System wird nach 'demokratischen, rational-legalen Herrschaftsformen' aufgebaut, im Gemeinschaftssystem kommt es zu Formen einer Zivilgesellschaft und im sozio-kulturellen Bereich zu universalisierter Bildung und differenzierten, auf Argumenten aufgebauten Diskursformen. Als kulturelles Muster bildet sich der Individualismus aus, der sich mit dem Aktivismus der Weltgestaltung, dem Rationalismus und dem Universalismus verbindet.

---

303   Parsons verwendet hier den deutschen Terminus in: ders., Evolutionary Universals..., a.a.O., S. 513

Dies ergibt folgendes Schema der modernen, säkularisierten Kultur:[304]

L   I

Rationalismus	Universalismus	Universalisierte Bildung und Moral	Zivilgesellschaft

Kulturelles Muster   Soziale Interaktion

Individualismus	Aktivismus der Weltgestaltung	Rationaler Kapitalismus	Demokratisch rational-legale Herrschaft

Rationales Lernen	Selbstverantwortliche Persönlichkeit

A   G

Parsons ordnet auch die evolutionären Universalien dem AGIL-Schema[305] zu.

L   I

Generalisierte universalistische Normen	Demokratische Assoziation mit gewählter Führung und freiwilliger Mitgliedschaft
Geld, Macht	Bürokratische Organisation

A   G

---

304   Ähnlich Münch, Richard, Die Kultur der Moderne, Bd.1, Frankfurt am Main 1986, S. 176

305   Siehe Parsons, Talcott und Gerald M. Platt, Die amerikanische Universität, Frankfurt am Main 1990. In diesem Buch hat Parsons, trotz des verwirrenden Titels, die letzte große und abschließende Form seiner Theorie formuliert.

Für Talcott Parsons stellt Gesellschaft, wie dargelegt, einen Typus des sozialen Systems dar, das sich durch den höchsten Grad der Selbstgenügsamkeit (self suffiency) im Verhältnis zu seiner Umwelt und anderer Sozialsysteme auszeichnet.[306] Ein solches Sozialsystem wird im wesentlichen über das Persönlichkeitssystem, über Status und Rollen, über Identifikationen und über die Koordination der verschiedenen Subsysteme integriert. So entwickelt sich im Persönlichkeitssystem eine wechselseitige Orientierung an eigenen Entscheidungen, an Erwartungen an Andere und an gemeinsam geteilten Werten zwischen Ego und Alter.

Die Anpassung der Persönlichkeitssysteme an das Sozialsystem entsteht durch Sozialisation, die wiederum die Schritte Lernen, Verinnerlichung und externe Kontrolle umfasst. Ein wesentlicher Teil der Sozialisation besteht in der Internalisierung der Werte und Normen einer gegebenen Gesellschaft, in die ein Individuum hinein geführt wird.

Status und Rolle sind für Parsons weitere wichtige Kategorien, die den Handelnden über seine Zielorientierung mit dem Sozialsystem verbinden. So versuchen die Akteure, einen hohen Status zu erreichen oder zu verteidigen. Eine Verfestigung des Status zeichnet die Schichtung einer Gesellschaft auf. Die Schichtungslage und die damit verbundenen Rollen entstehen u.a. aus:

1. Verwandtschaftsgruppe, da sich der Status auch aus dem Verwandtschaftsgefüge ergibt.
2. Persönlichen Eigenschaften wie Geschlecht, Alter, Intelligenz, Schönheit, psychische Robustheit etc.
3. Leistungen, d.h. die Ergebnisse der Handlungen des Akteurs.
4. Eigentum, d.h. dasjenige, das dem Einzelnen qua eigenem Handeln oder qua eigener Geburt gehört und weiter veräußert werden kann.
5. Autorität als Möglichkeit, Andere zu beeinflussen.
6. Macht als Möglichkeit, sich durch Handlungen Einfluss auf Andere zu verschaffen und dadurch z.B. Leistungen, Eigentum und Autorität zu steigern.

Die Rolle stellt im Gegensatz zum Status das Prozesshafte an den Interaktionsbeziehungen dar. Das Rollenspiel der Akteure stellt einen wichtigen Bereich dar, in den die Akteure ihre Intentionen einbringen können, wodurch die Ziele eines Sozialsystems neu ausgehandelt werden können. Die Rolle ist ein Ausschnitt aus dem Orientierungssystem eines Akteurs, das für Erwartungen in bezug auf einen besonderen Interaktionszusammenhang zuständig ist, der durch ein besonderes Set von Wertstandards ergänzt wird, das die Interaktionen steuert.[307] Erlerntes Rollenverhalten kann problematisch und verändert werden, was man an den tradierten Geschlechtsrollen sehen kann.

---

306   Parsons, Talcott, Das System moderner Gesellschaften, 2. Aufl., München 1976, S. 16
307   Parsons, Talcott, The Social System, 4. Aufl., New York. London 1968, S. 38 f.

Institutionen sind wichtige Elemente der Integration eines Sozialsystems, um z.B. ökonomische, politische, pädagogische und religiöse Einrichtungen auf Dauer stellen zu können. Institutionen sind nach Parsons ein Komplex von Rollen- oder Statusbeziehungen, die vergleichbare Muster aufweisen.[308] Sie treten in den jeweiligen Subsystemen auf; so eignen sich insbesondere Organisationen (wie z.B. Unternehmen und Verbände) zur Institutionalisierung von Eigentum und Eigentumsrechten in der Wirtschaft, z.B. Parteien zur Durchsetzung von Macht in der Politik, z.B. Familien und Schulen zur Integration ins Sozialsystem und z.B. Kirchen und Sekten zur Implantierung der Religion ins Kultur- und Sozialsystem.

Ein soziales System kann auf Dauer nur funktionieren, wenn es durch einen gemeinsamen Wertekanon zusammengehalten wird. Das Ausmaß der gemeinsam geteilten Werte garantiert Kontinuität und somit ein gewisses Maß an Beständigkeit. Die Systeme und ihre Repräsentanten streben die Implantierung eines gemeinsamen Wertekanons an, um z.B. Motivationen aufzubauen, Rollen- und Positionszuweisungen vorzunehmen, Institutionen handlungsfähig zu machen, negative Abweichungen zu sanktionieren und moralische Anforderungen einzubauen.

Die primäre Funktion des Sozialsystems besteht in der Integration. Ein wichtiges Element dieser Integration wird in der gesellschaftlichen Gemeinschaft geleistet, die u.a. die Internalisierung von Normen, z.B. durch Erziehung, Werteübereinstimmung, Rollenübernahme und die Interpenetration von Politik im Sinne der Durchsetzung und Stabilisierung der normativen Ordnung und Ökonomie im Sinne der Regelung von ökonomischen und technologischen Handeln in dem sozialen System steuert.

Es wird deutlich, dass Parsons die jeweiligen Funktionen zwar analytisch trennt, aber dennoch Steigerungen und Abfederungen in ihren jeweiligen Interpenetrationen vorsieht.[309]

Die moderne Gesellschaft, die sich aus der stratifikatorisch geprägten Gesellschaft entwickelte und zuerst im nordwestlichen Europa entstand, ist für Parsons das Ergebnis dreier Prozesse revolutionären Strukturwandelns:

1. der industriellen Revolution

2. der demokratischen Revolution

3. der Revolution des Bildungswesens.[310]

---

308   Parsons, Talcott, The Social System, a.a.O., S. 39

309   Münch, Richard, The Interpenetration of Microinteraction and Macrostructures in a Complex and Contingent Institutional Order, in: Alexander, Jeffrey C., Bernhard Giesen, Richard Münch und Neil J. Smelser (Hg.), The Micro-Macro Link, Berkeley. Los Angeles. London 1987

310   Parsons, Talcott, und Gerald M. Platt, Die amerikanische Universität, Frankfurt am Main 1990, S. 11

Diese drei Revolutionen fördern sich gegenseitig. Ihnen liegt ein *institutionalisierter Individualismus* zugrunde, der die Verwirklichung der Ziele und Werte der individuellen und kollektiven Einheiten bildet. Dies ist nur möglich, wenn es einen gewissen Konsens über die relevanten Werte und die Grundmuster kultureller Orientierungen gibt, mit denen die Werte verknüpft sind.[311]

1. Die *industrielle Revolution* führt zu einer Zunahme generalisierter materieller Mittel, damit verbundenem Bevölkerungswachstum und steigender Lebenserwartung. Zu den gesellschaftlichen Vorteilen gehört der Aufbau von Arbeitsmotivation, Einhaltung organisationsbedingter Disziplin und als Kehrseite u.a. gefährliche Technologien und Umweltverschmutzung.

2. Die *demokratische Revolution* hat die zwangsweise Kontrolle des Menschen durch den Staat verringert, eine Kontrolle der Autorität und der gewählten Amtsinhaber bewirkt, die an das institutionalisierte Recht gebunden werden, eine größere Partizipation, politische Freiheit des Einzelnen und freies Unternehmertum ermöglicht.

3. Die *Revolution des Bildungswesens* hat zu einer Universalisierung der Schulbildung geführt; zuerst wurde eine allgemeine Lese- und Schreibfähigkeit und zunehmend eine Teilnahme an Institutionen der höheren Bildung durchgesetzt. Dies verringert nach Parsons die Unwissenheit und führt zur Nutzung von Wissen zur Verwirklichung von menschlichen Zielen und Werten.

Diese drei Revolutionen, die nicht dauerhaft rückgängig zu machen sind, treiben moderne Gesellschaften in eine offene Zukunft.[312]

Anhand der Parsonsschen Theoriearchitektonik wirkt außerdem eine kulturelle Revolution, die zunehmend die übrigen Systeme unter einen Legitimationsdruck stellt und als Muster Individualismus, Aktivismus der Weltgestaltung, Rationalismus und Universalismus umfasst, in dem z.B. mehr Selbstreferenz und mehr Partizipation angemahnt werden (können).

Robert K. Merton

Robert K. Merton[313] orientiert sich in seiner Analyse der Sozialtheorie und Sozialstruktur besonders an Emile Durkheim und Talcott Parsons.

---

311   Ebd., S. 12

312   Zu einer ernsthaften Auseinandersetzung mit Parsons und Kritik an seinem Werk siehe: Black, Max (Hg.), The Social Theories of Talcott Parsons, Englewood Cliffs, N.J. 1961 (mit einem Nachwort 'The Point of View of the Author')

Dagegen fällt die deutsche Parsons-Kritik, z.B. von Ralf Dahrendorf, sehr ab.

Die Sozialstruktur enthält kulturell definierte Ziele, die mehr oder weniger in die Gesellschaft integriert sind. Sie stehen in einem Bezugsrahmen der Erwartungen. Diese Aspirationen hängen wiederum von der möglichen Realisierung ab.[314]

Mertons zentrale These ist, dass abweichendes Verhalten als Ergebnis der Dissoziation von kulturell vorgeschriebenen Erwartungen und sozial strukturellen Möglichkeiten der Realisierung der Aspirationen analysiert werden kann. Merton stellt seine Theorie in die Nachfolge von Emile Durkheim, der den Begriff der Anomie (oder Normlosigkeit), der schon im späten 16. Jahrhundert so verwendet wurde, gebrauchte. Anomie bedeutet in diesem Zusammenhang, dass Gesellschaften durch eine zunehmende Normlosigkeit instabil werden und eine größere Zahl von abweichenden Verhaltensweisen entstehen. So wird der Sieg im Wettkampfsport oder das Geld nach Merton immer stärker moralfrei oder als normlos (anomisch) konzipiert.

Merton entwickelt ein Schema der individuellen Anpassung in einer kulturhaltigen Gesellschaft.

Typologie der Formen individueller Anpassung

Formen der Anpassung	*Kulturelle Ziele* *+ unterstützen* *- behindern*	*Institutionalisierte Bedeutungen*
I Konformität	+	+
II Innovation	+	-
III Ritualismus	-	+
IV Rückzug	-	-
V Rebellion	+/-	+/-

Weil sich westliche Gesellschaften als offene Klassen- oder Schichtungsgesellschaften verstehen und auf hohes Einkommen als gesellschaftliches Ziel hin ausgerichtet sind, gibt es einen engen Zusammenhang von Armut und abweichendem Verhalten: Die moderne Sozialstruktur erzeugt nach Merton mehr Anomie und abweichendes Verhalten. Dahinter steht der Konflikt zwischen kulturellen Zielen und der legitimen Möglichkeit der Realisierung dieser Ziele, die Anomie erzeugen.

---

313   Merton, Robert K., Social Theory and Social Structure, New York. London 1968 darin: 'Social Structure and Anomie' und 'Continuities in the Theory of Social Structure and Anomie'

314   Merton, a.a.O., S. 186f.

Zur Bestimmung von abweichendem Verhalten in einer Gesellschaft benötigt man *sozial differentielle Muster*,

Ausgesetztsein (exposure) an die kulturellen Ziele und Normen, die das Verhalten beeinflussen,

Akzeptanz der Ziele und Normen und internalisierten Werte (Gesundheit als Hauptsorge um sich selbst),

Relative Erreichbarkeit (accessibility) der Ziele, d.h. die möglichen Lebenschancen,

Ausmaß der Diskrepanz zwischen den akzeptierten Zielen und der Erreichbarkeit,

Grad der Anomie,

Ausmaß des abweichenden Verhaltens der verschiedenen Art, die man anhand der 'Typologie der Formen individueller Anpassung' ordnen kann.

Niklas Luhmann

Niklas Luhmann wurde am 08.12.1927 in Lüneburg geboren und absolvierte in den Jahren 1937-1944 das Johanneum in Lüneburg. Nach seinem Abitur studierte er Jura und war von 1950-1960 im Niedersächsischen Kultusministerium tätig. Daran anschließend studierte er Soziologie an der Harvard Universität bei Talcott Parsons und nach verschiedenen Stationen, die ihn zur Verwaltungs-Hochschule Speyer und der Sozialforschungsstelle in Dortmund führten, wurde er 1968 nach seiner Habilitation in Münster zum Professor für Soziologie an die Universität Bielefeld berufen.

Luhmanns Schriften zeichnen sich durch systematische Klarheit, ein besonderes Raffinement, eine zunehmende Tiefenschärfe und einen großen Humor aus. Seine heitere Lebensart, Wärme und Sympathie strahlte er auch im persönlichen Umgang aus. Er hat sich zu einem modernen soziologischen Klassiker entwickelt, der weit in die Zukunft hinein wirken wird. Schon heute veranstalten soziologische und andere Fachrichtungen Tagungen, die sich nur mit den Arbeiten von Niklas Luhmann beschäftigen.[315] Niklas Luhmann gehört ohne Frage zu den bedeutendsten Soziologen nicht nur Deutschlands oder Europas, sondern der Welt.[316] Niklas Luhmann starb am 06.11.1998 in Oerlinghausen bei Bielefeld.[317]

---

[315] Haferkamp, Hans und Michael Schmid (Hg.), Sinn, Kommunikation und soziale Differenzierung. Beiträge zu Luhmanns Theorie sozialer Systeme, Frankfurt am Main 1987

[316] Siehe meine beiden Nachrufe: Runkel, Gunter, Niklas Luhmann – Ein Nachruf, in: Universität Lüneburg, Berichte. Informationen. Meinungen. Heft 25, April 1999

Ders., Klassiker der modernen Wissenschaft. Der 'Soziologe Niklas Luhmann' in: Landeszeitung, 08.12.1998

[317] Die amerikanische Luhmann-Rezeption ist bisher sehr mangelhaft. So wird bei Jonathan H. Turner, The Structure of Sociological Theory, Belmont/California 1991, eine der wichtigsten soziologischen Einführungsschriften in den USA, in dem Kapitel 5 über Niklas Luhmann nur eine englischsprachige Schrift Luhmanns, The Differentiation of Society, New York 1982, herangezogen, obwohl eine Reihe von englischen Texten von Luhmann vorliegen. In Ermangelung von Deutschkenntnissen des Autors, was für

Niklas Luhmann ist einer der interessantesten Soziologen der Gegenwart, der mit der Weiterentwicklung und Verfeinerung der Systemtheorie eine umfassende Gesellschaftstheorie geliefert hat, mit deren Hilfe man auch spezielle soziologische Probleme betrachten kann. Systemtheorie liefert theoretische Konstrukte, die Teile der Wirklichkeit abbilden sollen und geht davon aus, dass sich in der Wirklichkeit Systembildungen feststellen lassen und sich von daher Systemkonstrukte für die Analyse der Wirklichkeit eignen.

Niklas Luhmann geht von der Systemtheorie von Talcott Parsons aus, die in den fünfziger Jahren unter dem Terminus 'Strukturfunktionale Theorie' bekannt wurde. In seinen frühen Schriften kehrt Luhmann die Parsonssche Sichtweise um. Luhmann spricht von einer 'Funktional-strukturellen Theorie', in der die Funktionen sich nicht aus den Strukturen, sondern umgekehrt die Strukturen aus den Funktionen ergeben, wodurch die vorhandene soziale Wirklichkeit als Lösung eines funktionalen Problems konzipiert wird. Dadurch entsteht 'Reduktion von Komplexität', d.h. Verringerung der Vielfalt.

Grundlagen eines Systems bestehen in Komplexität und Kontingenz. Komplexität liegt vor, wenn nicht jedes Element mit jedem anderen verknüpft werden kann und zeigt eine Fülle von Möglichkeiten des Handelns und Erlebens an. Da die Möglichkeiten[318] jeweils mehr beinhalten, als aktualisiert werden kann, bedarf es Mechanismen der Reduktion von Komplexität.[319]

Kontingenz bedeutet, dass alles auch anders als erwartet auftreten kann. Auch die Erwartungen an Andere unterliegen diesem Aspekt der Kontingenz, die auch wieder auf den Akteur zurückführt. Ego weiß, dass Alter weiß, dass Ego weiß.[320]

Die Grundfrage, die schon bei Hobbes und Parsons angelegt ist und die Niklas Luhmann in '*Gesellschaftsstruktur und Semantik*'[321] behandelt, ist: Wie ist gesellschaftliche Ordnung möglich? - oder anders formuliert: Wie konstituiert sich Sinn und Selektivität angesichts von Kontingenz, d.h. salopp formuliert, wieso soll irgend jemand irgend etwas sinnvoll finden, tun und/oder unterstützen, wo alles auch anders möglich ist.

---

amerikanische Professoren, die nicht aus einem anderen Land eingewandert sind, fast durchgängig für Fremdsprachen gilt, hat sich Turner mit der relevanten deutschsprachigen Literatur erst gar nicht beschäftigt.

318   Luhmann schließt hier an den scholastischen Begriff der Modalitäten an.

319   Ebenfalls eine scholastische Denkfigur, die auch bei Willard van Orman Quine, Was es gibt (1948), in: ders., Von einem logischen Standpunkt, Frankfurt am Main. Berlin. Wien 1979 auftritt.

320   Parsons nannte dies 'doppelte Kontingenz'.

321   Luhmann, Niklas, Gesellschaftsstruktur und Semantik. Studien zur Wissenssoziologie der modernen Gesellschaft, 4 Bände, Frankfurt am Main 1980 ff.

Zur Beantwortung dieser Frage zerlegt die Systemtheorie die Wirklichkeit in verschiedene Systeme mit ihren jeweils verschiedenen Funktionen, so in das Organismussystem, das Persönlichkeitssystem, das Sozialsystem und das Kultursystem, die jeweils in Austauschprozessen miteinander stehen und interpenetrieren. Das Sozialsystem wiederum gliedert sich z.B. in das ökonomische System,[322] das Erziehungssystem,[323] das Religionssystem,[324] das Rechtssystem,[325] das Kunstsystem,[326] das politische System[327] oder das Wissenschaftssystem.[328] Des Weiteren lieferte Luhmann Studien zu anderen Funktionsbereichen der Gesellschaft, so in *'Die Gesellschaft der Gesellschaft'*,[329] in denen er den sozialen Anteil der Gesellschaft zum Thema macht. Weitere Werke wie 'Die Erziehung der Gesellschaft' sollen im Jahre 2002 aus den Nachlass veröffentlicht werden.

Die Subsysteme des Sozialsystems lassen sich jeweils unter den verschiedenen Analyse-Dimensionen sachlich, zeitlich und sozial thematisieren. Sie werden in ein Differenzschema eingeordnet, so die Sachdimension in 'dieses/anderes', die Zeitdimension in 'vorher/nachher' und die Sozialdimension in 'Konsens/Dissens' und werden unter dem Aspekt der Knappheit, die in diesen drei Dimensionen auftreten kann, problematisch.

Des weiteren werden die Subsysteme von Niklas Luhmann unter den folgenden drei Gesichtspunkten betrachtet: Einmal ihre Beziehung zum Gesamtsystem, das nennt er Funktion, dann ihre

---

322   Ders., Die Wirtschaft der Gesellschaft, Frankfurt am Main 1988

323   Ders. und Karl-Eberhard Schorr, Reflexionsprobleme im Erziehungssystem, Stuttgart 1974

    Ders. und Karl-Eberhard Schorr, Zwischen Technologie und Selbstreferenz. Fragen an die Pädagogik, Frankfurt am Main 1982

    Ders. und Karl-Eberhard Schorr, Zwischen Intransparenz und Verstehen. Fragen an die Pädagogik, Frankfurt am Main 1986

324   Ders., Die Religion der Gesellschaft, Frankfurt am Main 2000

    Ders., Funktion der Religion, Frankfurt am Main 1977

    Ders. und Stephan H. Pfürtner (Hrsg.), Theorietechnik und Moral, Frankfurt am Main 1978

325   Ders., Das Recht der Gesellschaft, Frankfurt am Main 1995

    Ders., Rechtssoziologie, 2 Bände, Opladen 1987

    Ders., Ausdifferenzierung des Rechtssystems. Beiträge zur Rechtssoziologie und Rechtstheorie, Frankfurt am Main 1981

    Ders., Legitimation durch Verfahren, Frankfurt am Main 1983

326   Ders., Die Kunst der Gesellschaft, Frankfurt am Main 1995

327   Ders., Die Politik der Gesellschaft, Frankfurt am Main 2000

328   Ders., Die Wissenschaft der Gesellschaft, Frankfurt am Main 1990

329   Ders., Die Gesellschaft der Gesellschaft, 2 Bände, Frankfurt am Main 1997

Beziehung zu anderen Teilsystemen, dies nennt er Leistung und dann ihre Beziehung zu sich selbst, dies bezeichnet er mit Reflexion.

Soziale Systeme gliedert Luhmann in:

Interaktionssysteme; diese stellen einfache soziale Systeme dar, die durch Anwesenheit gekennzeichnet sind.

Organisationen, die durch Mitgliedschaft mit jeweiligen Ein- und Austrittregeln geprägt sind und

Gesellschaft, d.h. das umfassende Sozialsystem, das Luhmann als Weltgesellschaft konzipiert.

Luhmanns Typologie von Systemen sieht grafisch dargestellt wie folgt aus:

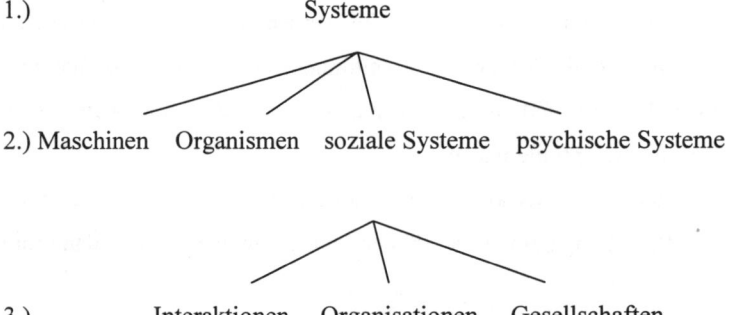

1.)   Systeme

2.) Maschinen   Organismen   soziale Systeme   psychische Systeme

3.)   Interaktionen   Organisationen   Gesellschaften

Die Umwelt der sozialen Systeme besteht aus psychischen und organischen Systemen (Organismen). Der Mensch ist demnach eine Interpenetration dieser verschiedenen Systeme.[330] Interpenetration kennzeichnet die gegenseitige Durchdringung verschiedener Systeme und der Systeme mit ihrer Umwelt.

Die sozialen Systeme differenziert Luhmann, wie das Schaubild zeigt, anhand von Interaktions-, Organisations- und Gesellschaftssystemen. *Interaktionssysteme* entstehen, wenn mehrere Personen anwesend sind und kommunizieren (face-to-face-Beziehungen). Es gibt diffuse Mitgliedschaften, Rollenzuweisungen, Handlungszwänge und das Ausbalancieren von Verhaltensregelungen. *Organisationssysteme* setzen nicht mehr dauernde Anwesenheit voraus, sondern Mitgliedschaftsrollen und Organisationsziele. Es werden Aufgaben, Programme, Stellen und hierarchische Positionen eingerichtet, die die Kommunikation lenken. *Gesellschaftssysteme*

---

330   Ein Gedanke, der ebenfalls schon bei Parsons auftaucht und zu einer andauernden Kontroverse mit anderen Theorien, z.B. der rational-choice Theorie geführt hat.

(und Luhmann sieht die Entwicklung hin zu *einem* Gesellschaftssystem: die Weltgesellschaft) lenken Sinnprozesse und Codierungen und schließen Interaktions- und Organisationssysteme ein.

Er ergänzt dies durch eine Evolutionstheorie, die er unter den Begriffen von Variation, Selektion und Stabilisierung betrachtet. Des weiteren wirken in der Evolution Prozesse der 'Differenzierung', wie die Prozesse der Ausdifferenzierung der Subsysteme. Diese ausdifferenzierten Systeme werden durch 'Inklusion' zusammengefasst, in deren Folge eine 'Wertgeneralisierung' stattfindet.

Jedes soziale System entwickelt eigene Interaktionsmedien, auch Codes genannt, die den Austauschprozess in diesen Systemen organisieren. So ist z.B. die Wirtschaft binär codiert in 'Geld haben versus nicht haben' (bzw. 'Eigentum besitzen versus nicht besitzen'), die Politik in 'Macht haben versus nicht haben', bzw. 'Regierung und Opposition', die Wissenschaft 'wahre Aussagen versus falsche' und die Intimbeziehungen[331] in 'Liebe versus Nichtliebe'. Hinter diesen Codes stehen symbiotische Mechanismen ('real assets' bei Parsons), so z.B. bei Wirtschaft 'Bedürfnisse', bei Politik 'Gewalt', bei Wissenschaft 'Wahrnehmung' und bei Intimbeziehungen 'Sexualität'.

Luhmann benutzt am Anfang seiner theoretischen Entwicklung wie Parsons *Handlung* als Letztelement für soziale Strukturen. Später tauscht er diesen Begriff zugunsten von *Kommunikation* aus. Diese umfasst die Elemente Information, Mitteilung und Verstehen. Erfolgreiche Kommunikation setzt Ego und Alter voraus, wobei die Teilnehmer an der Kommunikation unter *doppelter Kontingenz*, d.h. Ego weiß, dass Alter weiß, operieren.

Information gewinnt ein System aus seiner Wahrnehmung anhand seiner vorhandenen Struktur ('Sinn').[332] Mitteilung bedeutet, dass ein Anderer die Mitteilung teilt und Verstehen besteht darin, dass Einer aus einer Mitteilung eine Information gewinnt und in einer Anschlusskommunikation reagiert, z.B. durch Annahme oder Ablehnung des kommunizierten Sinns. Kommunikation ist ein rekursiver Prozess und verweist auf frühere Kommunikation. Regelmäßige Kommunikation kann zu Systembildungen führen.

Luhmann baut in seine Theoriekonzeption selbstreferenzielle Muster ein (zuerst in: *'Soziale Systeme'*),[333] die er in Anschluss an Maturana 'Autopoiesis', d.h. Selbstschaffen, Selbstmachen,

---

331   Ders., Liebe als Passion, Frankfurt am Main 1982

332   Ders., Sinn als Grundbegriff der Soziologie, in Habermas, Jürgen und Niklas Luhmann, Theorie der Gesellschaft oder Sozialtechnologie - was leistet die Systemforschung?, Frankfurt am Main 1971

333   Luhmann, Niklas, Soziale Systeme. Grundriß einer allgemeinen Theorie, Frankfurt am Main 1984

nennt.[334] Autopoiesis ist ein Kunstwort. Es ist zusammengesetzt aus griechisch αυτοσ = selbst und ποιειν = machen. Es bedeutet also Selbstmachen, Selbstschaffen, Selbsterzeugung. Autopoiesis definiert lebende Systeme, die durch ihre Organisation determiniert sind und ihre Grenzen im Prozess ihrer Selbsterzeugung produzieren.

Menschen sind danach autopoietische Systeme, die selbstreferenziell, homöostatisch, autonom, strukturdeterminiert und geschlossen sind. Die Autopoiesis umfasst Selbstorganisation, Selbstreproduktion und Selbstreferenzialität. Autopoiesis bedeutet, dass das System seine Struktur selbst herstellt. Dazu bedarf es geschlossener Selbstreproduktion und Kommunikation, die als Sinn Anschlussfähigkeit ermöglicht. Durch Temporalisierung der Elemente und durch Selbstbeobachtung strukturiert sich ein System. Die Strukturen werden über Prozesse aufgebaut, die selbst als quasi zeitlos aufblitzen. Eine solche Konzeption der Autopoiesis stellt eine Ergänzung der Input/Output-Betrachtung dar. Im Brennpunkt der Autopoiesis steht die 'black box', die aufgehellt wird. Das System produziert die Elemente, aus denen es besteht. Lebende Systeme müssen ihre Operationen der Autopoiesis unterordnen, um überleben zu können. Von daher stabilisieren Normen die Autopoiesis und insbesondere die Selbstreproduktion des Systems.

Die Autopoiesis benutzt zirkuläre Strukturen, um Erkennen zu ermöglichen. Über zirkuläre Selbstreferenz ist dann Beobachtung möglich. Die Umwelt des Systems wird nicht durch Punkt-zu-Punkt-Relationen abgebildet, sondern das System baut sich seine interne Umwelt auf. Die Eigenkomplexität des Systems transformiert Chaos in Ordnung, da es Chaos für ein System nicht gibt - es gibt nur Unpünktlichkeit und ähnliches. Solange ein System existiert, besteht Ordnung.

Die Konzeption der Autopoiesis verlangt eine Trennung der Perspektive nach innen (intern) und außen (extern). Intern läuft die Autopoiesis ab, extern schreiben Beobachter Sinn und Bedeutung den Operationen zu. Die Gesellschaft (die Beobachter) liefert Kommunikation und Sinn, das Individuum (autopoietisches Bewusstsein) denkt sich seinen Teil. Für einen Beobachter sieht ein autopoietisches System über interne Stabilisierung wie eine regulierte homöostatische Einheit aus. Alles was gesagt wird, wird von einem Beobachter einem Anderen gesagt, alles was gedacht wird, wird von einem autopoietischen Bewusstsein gedacht. Was einer wirklich denkt, bleibt einem Anderen (und wahrscheinlich auch dem Einen) verschlossen. Die Aussage 'Ich liebe Dich wirklich', ist 'wirklich' nur durch die Verwendung des Attributs.

Die interne Autopoiesis ist über Koppelung an externe Umwelten angeschlossen, die die Autopoiesis ermöglichen. Andernfalls hört Autopoiesis und damit Leben auf zu existieren. Die

---

334   Luhmann, Niklas, Die Wirtschaft der Gesellschaft als autopoietisches System, in: Zeitschrift für Soziologie 13, 1984

Einwirkung der Umwelt führt innerhalb der Autopoiesis zum Aufbau einer Struktur der autopoietischen Einheit. Über strukturelle Koppelung ist diese an ihre spezifische Umwelt angeschlossen, um ihre Einheit zu erhalten. Die interne Einheit hält die Autopoiesis konstant und kann periphere Zustandsänderungen durchführen. Das interne System kann sich ändern, um gleich zu bleiben, d.h. um seine Autopoiesis zu ermöglichen. Luhmann überträgt diese Autopoiesiskonstruktion auf die verschiedenen sozialen Systeme.

Luhmann unterscheidet psychische Systeme (Bewusstseinsysteme) von sozialen (Inter-aktionen, Organisationen und Gesellschaft), die grundsätzlich voneinander getrennt sind.[335]

Die psychischen Systeme operieren mit dem Modus Denken/Bewusstsein, die sozialen Systeme mit Kommunikation. Da beide Systeme operational geschlossen sind, operieren sie voneinander getrennt. Sie sind durch *strukturelle Koppelung* aneinander gebunden. So bedarf z.B. das menschliche Bewusstsein einer strukturellen Koppelung an einen lebenden menschlichen Körper, um operieren zu können.

Luhmann fundiert seine spätere Sozialtheorie wissenschaftstheoretisch auf den Arbeiten von Gotthard Günther[336] und George Spencer-Brown.[337] Von Spencer-Brown übernimmt er das Formenkalkül, dass Unterscheidung ('draw a distinction'), Bezeichnung und Wiedereintritt ('re-entry') die Kategorien sind, die für soziale Systeme relevant sind. So operiert ein System gemäß seiner Unterscheidung in einem bezeichneten Raum ('market-space'). Durch Überqueren der Grenze ('crossing') stößt das System in den unmarkierten Raum ('unmarket-space'). Durch Wiedereintritt ('re-entry') führt sich das System wieder in sich selbst zurück, doch durch seine Ausflüge ist das System nicht mehr mit sich selbst gleich. Wegen des zugrunde liegenden Dreischritts sozialer Systeme spricht Luhmann von einer 'Ebene der Beobachtung Dritter Ordnung'.[338]

---

335   Ders., Was ist Kommunikation?, in: ders., Soziologische Aufklärung, Bd. 6, Opladen 1995

336   Günther, Gotthard, Beiträge zur Grundlegung einer operationsfähigen Dialektik, 3 Bände, Hamburg 1976-1980

337   Spencer-Brown, George, Gesetze der Form (Laws of Form), Lübeck 1997, S. 3 (In früheren Ausgaben nennt sich der Autor auch 'Spencer Brown', bisweilen benutzt er für andere Publikationen die Pseudonyme 'Richard Leroy' oder 'James Keys'.)
      ders., Wahrscheinlichkeit und Wissenschaft, Heidelberg 1996

338   Luhmann, Niklas, Organisation und Entscheidung, Opladen. Wiesbaden 2000

Da Luhmann, wie Parsons, binäre Codierungen als Grundlage dieser Systeme begreift, geht er von Differenz-, nicht von Identitätskonzepten aus.

Luhmann bezeichnet in Anlehnung an George Spencer-Brown ein System als eine Form, die einerseits durch eine Unterscheidung und andererseits durch eine Bezeichnung getrennt wird. Die entstehende Paradoxie, dass eine Unterscheidung nur durch eine Unterscheidung markiert werden kann, löst er durch die Einführung eines Beobachters 2. Ordnung. So wird die Umwelt des selbstreferenziellen Systems zur Voraussetzung seines Selbst, weil diese, siehe Spencer-Brown, nur durch Differenz möglich ist.[339]

Die Systemtheorie von Luhmann beruht auf der Parsonsschen Theoriekonstruktion. Doch er löst sich von der Parsonsschen Betonung des AGIL-Schemas mit damit verbundenen Formen der Kreuztabellierung und kommt zu einer größeren Anzahl sozialer Systeme. Diese sind für Luhmann alle Systeme, die sich ausdifferenziert haben und z.B. durch symbolisch generalisierte Kommunikationsmedien charakterisiert werden können. Dabei gibt es stärker formalisierte Systeme, wie z.B. Ökonomie, Politik und andere Systeme, die z.T. noch nicht diesen Formalisierungsgrad erreicht haben, wie z.B. das System der sozialen Hilfe.

Ein wesentlicher Erkenntnisgewinn der Systemtheorie (sowohl bei Parsons wie bei Luhmann) besteht darin, dass die unterschiedlichen Systeme einen ähnlichen Strukturaufbau haben. So besitzen ausgereifte Systeme u.a. Reflexions-, Funktions- und Leistungsanteile, ein symbolisch generalisiertes Kommunikationsmedium, einen binären Code, symbiotische Mechanismen (Parsons spricht von 'real assets'), Kontingenzformeln, Programme, Organisationen und ihre jeweiligen Reflexionstheorien.

Von daher können unterschiedliche Systeme verglichen werden. Es wird dabei deutlich, welche Faktoren ein System auszeichnen, welche Subsysteme und andere Themen in welchem System angesiedelt sind. Das folgende Schaubild gibt einen Überblick über die Luhmannsche Einteilung der verschiedenen Systeme, die ich in der Abfolge anhand des Parsonsschen AGIL-Schemas angeordnet habe.

---

339   Luhmann, Niklas, Soziale Systeme, a.a.O., S. 243

Teilsystem	Reflexion	Code	Programm	Medium	Kontingenz-formel	Institutioneller Kern	Symbiot. Mechanismus 'real asset'
Wirtschaft (A)	Wirtschaftswissenschaften, Soziologie	Zahlung / Nichtzahlung	Zweckprogramme, Budget	Geld	Knappheit	Unternehmen, Haushalt	Konsumbedürfnisse
Politik (G)	Politologie, Soziologie	Macht haben/keine Macht haben, Regierung / Opposition	Parteiprogramme, Ideologien	Macht	Polititische Freiheit, Gleichheit	Staat, Verwaltung, Parteien	Physische Gewalt
Recht (G+I)	Rechtswissenschaft, Soziologie	Recht / Unrecht	Gesetze, Rechtsnormen	Rechtsetzung, Rechtsprechung	Legalität, Legitimität	Gerichte	Physische Gewalt
Wissenschaft (G+I)	Philosophie, Soziologie	Wahr / falsch	Theorien und Methoden	Wahrheit	Limitionalität	Universitäten, Forschungsinstitute	Wahrnehmung

		Gut lernen / schlecht lernen; Lob / Tadel	Lehr- und Lernpläne	Karriere	Von 'Perfektion' über 'Bildung' zur 'Lernfähigkeit'	Bildungssystem, Schule	Verbesserung
Erziehung (I)	Erziehungswissenschaft, Soziologie	Gut lernen / schlecht lernen; Lob / Tadel	Lehr- und Lernpläne	Karriere	Von 'Perfektion' über 'Bildung' zur 'Lernfähigkeit'	Bildungssystem, Schule	Verbesserung
Soziale Hilfe (I)	Sozialpädagogik, Soziologie	Helfen / nicht helfen	Menschenänderungsprogramme	Karriere (auch nach unten z.B. Drogenkarriere, kriminelle Karriere)	Bedürftigkeit / abweichendes Verhalten	Heime, Sozialbürokratie	Verbesserung
Familie (I)	Ethnologie, Soziologie	Mitglied / Nichtmitglied	Lebensgeschichte, teilweise Liebesgeschichte (für Eltern)	Familiale Liebe, Eltern auch sex. Liebe.	Liebe	Elternbeziehung, Eltern-Kind-Beziehung	Familiale Liebe, sexuelle Liebe
Intimbeziehungen (I)	Sexologie, Soziologie	Geliebt werden / nicht geliebt werden	Lebens- und Liebesgeschichte	Sexuelle Liebe	Sexuelle Liebe	Partnerschaften	Sexualität

Gesundheit (I)	Medizin, Gesundheitswissenschaften, Soziologie	Krank / gesund	Gesundheitsförderung, Prävention, Rehabilitation, Therapie	Körper	Gesundheit	Krankenhäuser, Arztpraxen	Körperliche und psychische Gesundheit
Sport (I+L)	Sportwissenschaft, Sportsoziologie	Sieg / Niederlage	Höher, besser, weiter	Körper	Gesundheit, Fitness, Leistung	Sportorganisation, Sportstätte	Körperliche Leistungsfähigkeit
Kunst (I+L)	Kunsttheorie, Kunstgeschichte, Kunstsoziologie	Früher: schön / häßlich Heute: stimmig / nicht stimmig	Kunstdogmatik, Kunstepochen, Stilprinzipien	Kunstwerke	Eigenwert mit Orientierung an der Kunstgeschichte	Kunstbetrieb, z.B. Museen, Galerien, Ausstellungen	Wahrnehmung
Religion (I+L)	Theologie, Soziologie	Immanenz / Transzendenz	Heilige Bücher, Dogmatik	Glaube	Gott	Kirchen und Sekten	Angst, religiöse Ekstase, Ritual

Ein solches Schema vereinheitlicht Funktionssysteme mit ihren unterschiedlichen Codes und symbolisch generalisierten Kommunikationsmedien, obwohl es interne Differenzen gibt und Analysen auch bisweilen zu anderen Ergebnissen führen können. So war sich Luhmann selbst nicht im klaren, ob z.B. Glaube das Kommunikationsmedium der Religion sei.[340] Für Krankenbehandlung und Erziehung setzt er auf organisierte Interaktion und nicht auf symbolisch generalisierte Interaktionsmedien,[341] weil diese Systeme ihre Umwelten, d.h. hier den Körper oder das psychische System beeinflussen wollen. Das vorliegende Schaubild stellt ein Ordnungsschema dar, um einen Überblick über die verschiedenen Subsysteme von Luhmann zu liefern, die er, trotz aller Feinheiten und Differenzen im Detail, als ähnlich aufgebaut ansah.

Im Zuge der Evolution, besonders im Übergang von der schichtmäßigen zur funktionalen Gesellschaftsstruktur, bilden die Systeme symbolisch generalisierte Kommunikationsmedien aus und es entstehen Systemdifferenzierungen.

Die Kommunikation in den Systemen werden nicht mehr subjektbezogen konzipiert, sondern das System kommuniziert mit Kommunikation, wobei Probleme der Information, Mitteilung und Verstehen auftauchen.

Am Beispiel der Kommunikation wird erneut die Trennung von psychischen und sozialen Systemen deutlich, da die einen auf Grundlage des Bewusstseins und die anderen auf Grundlage der Kommunikation operieren. 'Leute reden[342] und das Bewußtsein denkt sich seinen Teil.'

Dies erfolgt durch:

- eine symbolische Generalisierung von Kommunikationsmedien
- eine Systemdifferenzierung (Problemlösungsstrategien)
- und durch Evolution

Die Gesellschaft ist das umfassendste Sozialsystem, das alle Möglichen Interaktionen und Kommunikationen zwischen Menschen ordnet. Sie hat sich in verschiedene Teilsysteme ausdifferenziert, wie z.B. Politik, Wirtschaft, Wissenschaft, Erziehung, Intimbeziehungen, die Gesellschaft jeweils aus einem spezifischen Blickwinkel mit je spezifischen System/Umwelt Perspektiven aktualisieren. Diese Teilsysteme verbinden hohe Sensibilität für bestimmte Sachfragen mit Indifferenz für alles übrige. Jede Weiterentwicklung vergrößert zugleich

---

340   Dafür in: ders., Funktion der Religion, a.a.O., S. 134 ff. und in: Die Ausdifferenzierung der Religion, in: ders., Gesellschaftsstruktur und Semantik, Bd. 3, Frankfurt am Main 1989, S. 318
eher skeptisch in 'Die Religion der Gesellschaft', a.a.O.

341   Luhmann, Niklas, Die Gesellschaft der Gesellschaft, Frankfurt am Main 1997, S. 407 f.

342   Oder sollte man hier im Anschluss an Luhmann nicht eher sagen: 'Die Kommunikation kommuniziert.'

Sensibilität und Indifferenz.[343] Dies führt unter spezifischen Bedingungen zu Steigerungsverhältnissen, sodass es dann mehr politische Freiheit, wirtschaftliche Produktivität und wissenschaftlichen Fortschritt geben kann.[344] Die Systeme können allerdings auch gleichzeitig mehr Probleme produzieren, so z.B. die Schule mehr interesselose Jugendliche, das Medizinsystem resistente Viren und die wissenschaftlich und ökonomisch beeinflusste Agrarwirtschaft neuartige Krankheiten.

Die Systeme sind binär codiert, wie z.B. 'rechts-links', 'wahr-falsch', 'richtig-falsch', die mit Hilfe der Theorie symbolisch generalisierter Kommunikationssysteme beschrieben werden können.[345]

Die Teilsysteme sind selbstreferenziell und für Luhmann autopoietisch, da sie die Elemente, aus denen sie bestehen, selbst produzieren und reproduzieren. Es gibt keine direkten Reiz-Reaktions-Beziehungen zur Umwelt, sondern in den Subsystemen werden alle Entscheidungen auf sich selbst bezogen und die Elemente in sich selbst konstituiert.

Norbert Elias

Norbert Elias wurde am 22.6.1897 in Breslau geboren und wuchs in einem großbürgerlich-jüdischen Elternhaus auf. Nach dem 1. Weltkrieg, an dem er als Soldat teilnahm, studierte er Medizin und Philosophie. In Heidelberg wandte er sich der Soziologie zu, vor allem der Wissenssoziologie von Karl Mannheim und der Kultursoziologie Alfred Webers, des jüngeren Bruders von Max Weber.

Als Karl Mannheim 1930 auf den Lehrstuhl für Soziologie in Frankfurt berufen wurde, nahm er Norbert Elias als seinen Assistenten mit. Elias begann mit seiner Habilitationsschrift, die nach drei Jahren fertig war. Doch Elias musste im März 1933 Deutschland verlassen und diese Arbeit erschien erst 1969 in geänderter Form als 'Die höfische Gesellschaft'.[346]

Elias flüchtete über Frankreich und die Schweiz nach Großbritannien. Er schrieb dort sein Hauptwerk 'Über den Prozeß der Zivilisation',[347] dessen erster Band 1937 in Deutschland und dessen zwei Bände 1939 in Basel erschienen. Er war in England in der Erwachsenenbildung tätig und wurde 1954 Dozent an der Universität von Leicester. 1962 erhielt er eine befristete Professur in Ghana und gab ab 1965 Gastvorlesungen in Holland und Deutschland. Er lebte in Amsterdam und Bielefeld und starb am 1.8.1990 in Amsterdam.

---

343   Luhmann, Niklas, Politische Theorie im Wohlfahrtsstaat, München. Wien 1981

344   Ein Gedanke, den Durkheim schon in seinem Werk über die 'Arbeitsteilung' ausgeführt hat.

345   Von Niklas Luhmann im Anschluss an Parsons zum ersten Mal systematisch in: ders., Einführende Bemerkungen zu einer Theorie symbolisch generalisierter Kommunikationsmedien, in: ders., Soziologische Aufklärung, Bd. 2, Opladen 1975 ausgeführt.

346   Elias, Norbert, Die höfische Gesellschaft. Untersuchungen zur Soziologie des Königtums und der Aristokratie. Mit einer Einleitung: Soziologie und Geschichtswissenschaften, Neuwied. Berlin 1969

347   Elias, Norbert, Über den Prozeß der Zivilisation, 2 Bände, Frankfurt am Main 1997

In seinem Hauptwerk 'Über den Prozeß der Zivilisation' liefert er eine Theorie langfristiger Prozesse. Der Untertitel des Buches lautet: Soziogenetische und psychogenetische Untersuchungen. Der Begriff der 'Psychogenese' umfasst die langfristige Entwicklung individueller Persönlichkeitsstrukturen, die Elias mit 'Zivilisierung des Verhaltens' umschreibt. Der Begriff der 'Soziogenese' bedeutet die langfristige Entwicklung von gesellschaftlichen Strukturen, z.B. sozialer Ungleichheit, Machtstrukturen und Staatsgebilde.

Die Psychogenese erschließt er aus der Analyse von früheren Benimmbüchern. Diese zeigen einen Veränderungsprozess beim alltäglichen Verhalten an, so z.B. des Verhaltens beim Essen, körperlichem Verhalten wie Schneuzen, Spucken und Rülpsen, Benutzung der Toiletten, körperliche Hygiene, Aggressivität, Verhalten im Schlafraum und sexuelle Beziehungen. Man isst z.B. am Beginn der Neuzeit in Frankreich nicht mehr mit den Händen aus gemeinsamen Schüsseln, sondern mit eigenem Besteck auf eigenen Tellern, wobei man seine Körperreaktionen stärker kontrolliert und sich in gewählter Sprache unterhalten soll. Dieses Verhalten wird zuerst am Königshof ausgebildet, ist also höfisch-aristokratisch und wird später von den mittleren Schichten und der Unterschicht übernommen. Es tritt eine zunehmende Disziplinierung und Affektregulierung auf. Daraus resultiert eine langfristige Veränderung der Persönlichkeit und des individuellen Verhaltens.

Die Soziogenese entwickelt Elias insbesondere an der französischen Entwicklung im Spätmittelalter zur Moderne. Der König stützt sich auf Vasallen, denen er Boden zusprach, was zu häufigen Konflikten mit Konkurrenten führte. Differenzierung war die einzige Möglichkeit für Untertanen mit wenig Landbesitz, mehr Macht zu erhalten. So entwickelte sich eine stärkere ökonomische Differenzierung in Großgrundbesitz, Landarbeit, Handel und Handwerk, eine stärkere Differenzierung in Zentrum und Peripherie, Stadt[348] und Land und eine stärkere soziale Differenzierung in Adel, städtisches Bürgertum, Landbevölkerung und neue soziale Gruppen, wie z.B. fest angestellte Krieger.

Es bildet sich ein Mechanismus der Systembildung heraus. Eine Gewaltmonopolisierung setzt entsprechende Herrschaftsmittel voraus, so die Entwicklung eines stehenden Heeres und eines Polizeiapparats. Dieses Monopol wurde durch andere Monopole wie z.B. das Steuermonopol ergänzt. Dem König, z.B. in Frankreich und in England, gelang es, ein Gewaltmonopol und ein Steuermonopol, was wiederum zur Weiterentwicklung der Geldwirtschaft führte, zu etablieren.[349]

---

348   Runkel, Gunter (Hg.), Die Stadt, 2. erw. Aufl., Lüneburg 2000

349   In anderen europäischen Staatsgebilden jener Zeit, wie in Polen und im 'Heiligen römischen Reich deutscher Nation', die beide ein Wahlkönigtum (Wahlkaisertum) besaßen, gelang dies der Zentralinstanz nicht und führte zu ihrer Aufteilung, insbesondere durch die Auswirkungen des 30-jährigen Krieges und der

Das Verhältnis von Zentralisierung und Dezentralisierung, der Wettbewerbsdruck innerhalb der sich herausbildenden Staaten wie auch die Konkurrenz zwischen ihnen entwickelte eine zunehmende sozioökonomische Differenzierung mit jeweiliger Entwicklung von spezifischen Funktionen und Arbeitsteilung.

Psychogenese und Soziogenese bedingen sich gegenseitig. So erfordert das Handeln in komplexeren gesellschaftlichen Bezügen und Abhängigkeiten eine Entwicklung der Persönlichkeitsstruktur mit erhöhter Kontrolle der eigenen Triebe und Affekte und einer stärkeren Voraus- und Weitsicht des Handelns.

Am Ende seiner Studie 'Über den Prozeß der Zivilisation' fasst Elias die Entwicklungstendenzen einer modernen Gesellschaft in einem 'Entwurf zu einer Theorie der Zivilisation' zusammen. Die Prozesse der Psychogenese und der Soziogenese laufen in einem ungeplanten, aber dennoch strukturierten und gerichteten Wandlungsprozess ab. Ungeplant heißt, dass es keine Zentralinstanz gibt, die Wandlungsprozesse steuert. Die beteiligten Akteure verfolgen ihre eigenen Ziele, die sich in eine bestimmten Richtung entwickeln. Strukturiert und gewichtet bedeutet, dass der Wandel eine spezifische Ordnung aufweist. So ist der gesellschaftliche Entwicklungsprozess hin zur Moderne für Elias durch zunehmende Affektregulierung und Inklusion gekennzeichnet. Dieser Prozess verläuft nicht unilinear, sondern ist abhängig von den Machtpotentialen der gesellschaftlichen Akteure. Die interne Dynamik der Interdependenzgeflechte der Individuen, ihre Figuration bestimmen das Verhältnis der Einzelnen zur Gesellschaft. Die Figuration dient zur Illustration, dass die einzelnen Menschen auf verschiedenste Weise aneinander gebunden sind und zeigt unterschiedliche Interdependenzen mit labilen Machtbalancen an.

---

napoleonischen Besatzungszeit. Deutschlands Weg der 'verspäteten Nation' führte dann im 19. und 20. Jahrhundert zu neuen Problemen. Siehe u.a. Mann, Golo, Deutsche Geschichte des 19. und 20. Jahrhunderts, Frankfurt am Main 1992

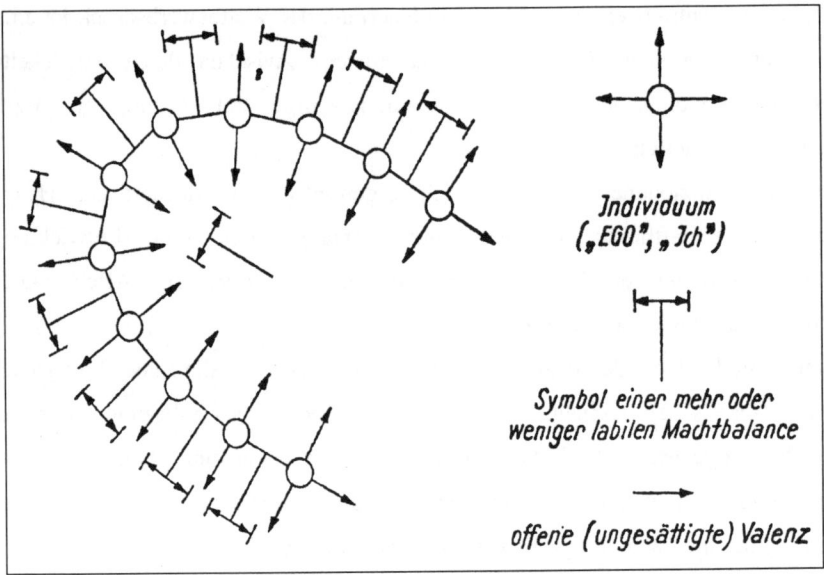

Figur: Eine Figuration (Elias, Norbert, Was ist Soziologie?, 2. Auflage, München 1971, S. 11)

Die verschiedenen Interdependenzen, Arten des Wettbewerbs und des Kampfes, Formen der Differenzierung, das Verhältnis von Psycho- und Soziogenese stehen in einem wechselseitigen Prozess. Daraus entsteht für die Akteure jeweils neuer Spielraum, der mit unterschiedlichen Machtchancen ausgestattet ist.[350]

Michel Foucault

Michel Foucaults Werke kann man in mehrere Phasen gliedern, zuerst eine stärker kulturtheoretische, die dann von einer machttheoretischen abgelöst wurde.[351]

Anschließend entwickelt Foucault verschiedene geistige Ordnungsschemata. In der frühen Neuzeit ist dies 'Ähnlichkeit', die sich dann über 'Repräsentation' (seit 1650) zum 'Menschen' (seit ca. 1800) wandelt.[352]

---

350   Elias, Norbert, Was ist Soziologie ?, 2. Aufl., München 1971, S. 70-76

351   Reckwitz, Andreas, Die Transformation der Kulturtheorien, Weilerswist 2000, S. 264 f. blendet die machttheoretische Ausrichtung von Foucault fast völlig aus, um ihn für seine kulturalistische Position fruchtbar zu machen.

352   Foucault, Michel, Die Ordnung der Dinge. Eine Archäologie der Humanwissenschaften, Frankfurt am Main 1974

      Man könnte dies im Anschluss an Parsons und Luhmann auch 'Kontingenzformeln der Ordnung' nennen.

Foucault startet in 'Die Ordnung der Dinge' mit einer Beschreibung, wie im klassischen China angeblich Tiere klassifiziert wurden.[353] Er führt eine chinesische Taxonomie der Lebewesen auf, die er einer Schrift von Jorge Luis Borges entnimmt. "Dieser Text zitiert 'eine gewisse chinesische Enzyklopädie', in der es heißt, daß 'Die Tiere wie folgt gruppieren: a) Tiere, die dem Kaiser gehören, b) einbalsamierte Tiere, c) gezähmte, d) Milchschweine, e) Sirenen, f) Fabeltiere, g) herrenlose Hunde, h) in diese Gruppierung gehörige, i) die sich wie Tolle gebärden, k) die mit einem ganz feinen Pinsel aus Kamelhaar gezeichnet sind, l) und so weiter m) die den Wasserkrug zerbrochen haben, n) die von weiten wie Fliegen aussehen."[354]

Jorge Luis Borges erweckt zwar den Eindruck, dass er diese Taxonomie einem wissenschaftlichen Werk des Sinologen Franz Kuhn (1884 bis 1961) entnommen habe, aber sie stellt eine eigene Erfindung, oder sollte man hier von Konstruktion sprechen, von Borges dar. Über Foucault ist diese fremdartige Aufzählung dann in die Wissenschaft gewandert.[355]

In seinen Hauptwerken beschäftigte er sich wesentlich mit Macht/Herrschaft und Verschleierung/Täuschung.[356]

Für Foucault hat sich in den letzten Jahrhunderten eine Veränderung der Formen der Macht ergeben. In früheren Formen war die Macht öffentlich und deshalb musste ein Straftäter, der z.B. den König töten wollte, jeweils öffentlich gefoltert werden, seine Tat bereuen und anschließend hingerichtet werden.[357] Die Reue und die Strafe stellten die kosmische Ordnung wieder her.

---

353 Foucault, Michel, Die Ordnung der Dinge, Frankfurt am Main 1974, S. 17

354 Foucault, Michel, Die Ordnung der Dinge, a.a.O., S. 17

355 Die Mimesis der Milchschweine. Grenzüberschreitend. Eine Leipziger Tagung über das Werk von Jorge Luis Borges, in: Frankfurter Allgemeine Zeitung, 24.10. 2001

Dies erinnert an den renommierten 'Pschyrembel, Klinisches Wörterbuch, 258. Aufl., München 1997,' in dass sich in die 255. Auflage 1983 eine 'Steinlaus', lateinisch 'Petrophaga lorioti', verirrte, die in einer der folgenden Auflagen entfernt wurde und wegen des Protestes der Benutzer wieder aufgenommen wurde. Die 'Steinlaus' habe, wie man nun der 258. Auflage entnehmen kann, zum Fall der Berliner Mauer beigetragen, was sie fast um ihre Existenzgrundlage gebracht habe. Nach Aussparen der Großbaustelle Berlin sei sie 1996 in einer bayerischen Klinik wieder aufgetreten und wurde umweltfreundlich in der Folge von Bauarbeiten domestiziert.

Dies zeigt, dass zwischen dem absichtlichen Konstruieren von Falschheit, was nur als Witz akzeptiert wird, und dem Aufstellen von Sachverhalten normalerweise unterschieden wird.

356 Taylor, Charles, Negative Freiheit?, bes. im Kapitel: Foucault über Freiheit und Wahrheit, 3. Aufl., Frankfurt am Main 1999, S. 188

357 Foucault, Michel, Überwachen und Strafen, Frankfurt am Main 1975, S. 58-74

In der Moderne ist uns dieser Hintergrund abhanden gekommen, weswegen uns die Körperstrafen als grausam erscheinen. In der Neuzeit tritt die Macht verborgen auf; sie ist auf die Überwachung der Subjekte ausgerichtet. Ausgangspunkt ist für Foucault Benthams Panopticon, in der ein zentral postierter Wachposten die Überwachung der in sternenförmig angebrachten Gebäuden einsitzenden Gefangenen ermöglicht. Die Macht ist nicht mehr sichtbar, aber sie sieht alles. Die neue Macht ist auf Humanismus, Menschenfreundlichkeit und Individualismus ausgerichtet, weil sie damit wirkungsvoller herrschen kann.

Auf diese Weise entsteht das moderne Individuum,[358] das zum Gegenstand der Normalisierung und Anpassung z.B. durch Schulen, Therapien und Anstalten wird. So werden Kriminelle unter dem Aspekt behandelt, dass sie therapiert, personalisiert und resozialisiert werden.[359] Das Bewusstsein der Individuen ist jedoch noch an der alten Struktur der Macht orientiert, wo es gilt, "dem König den Kopf abzuschlagen".[360]

Die neue Struktur der Macht hat kein oben und kein unten, sondern alle sind involviert. Sie ist auf Nützlichkeit, Lebenstechniken, den Körper und die Sexualität[361] ausgerichtet. Für Foucault entwickeln sich in dem modernen Diskurs über Sexualität neue Techniken der Kontrolle, die durch Reden und Geständnisse ('Offenheit') ausgelöst werden. Sie entwickeln sich über Beichtpraktiken, religiöse Selbsterforschung, psychoanalytische Gesprächstherapie und, so könnte man hinzufügen, bis hin zu Selbstdarstellungen in Talk-Shows. Solche 'Wahrheiten' werden für Foucault von einem modernen Machtsystem geschaffen und dienen modernen Systemen zur Formierung des Lebens.

Foucault sieht Wahrheit in der Tradition von Friedrich Nietzsche nicht jenseits gesellschaftlicher Ordnungen angesiedelt, sondern als Teil eines Machtsystems. Die "Wahrheit ist nicht die Belohnung für freie Geister... Jede Gesellschaft hat ihre eigene Ordnung der Wahrheit, d.h. sie akzeptiert bestimmte Diskurse, die sie als wahre Diskurse funktionieren läßt."[362]

---

358   Foucault, Michel, Dispositive der Macht, Berlin 1978, S. 82 f

359   Foucault, Michel, Überwachen... a.a.O., S. 285

      Ders., Dispositive..., a.a.O., S. 94

      Ders., Mikrophysik der Macht. Über Strafjustiz, Psychiatrie und Medizin, Berlin 1976, S. 395. "In dem Maße, in dem die Medizin, die Psychologie, die Erziehung, die Fürsorge, die Sozialarbeit immer mehr Kontroll- und Sanktionsgewalten übernehmen, kann sich der Justizapparat seinerseits zunehmend medizinisieren, psychologisieren, pädagogisieren".

360   Ders., Dispositive ..., a.a.O., S. 39

361   Foucault, Michel, Sexualität und Wahrheit, 3 Bde., Frankfurt am Main 1977-1993

362   Foucault, Michel, Dispositive ... a.a.O., S. 51

Pierre Bourdieu

Pierre Bourdieu wird am 1.8.1930 in Frankreich geboren. Nach verschiedenen Stationen, so in Algier (1958-1960), lehrte er Soziologie in Paris. Er starb dort am 23.1. 2002.

Als einen zentralen Begriff seiner Soziologie formuliert Bourdieu die Kategorie des *Habitus,* der als eine Wahrnehmungs-, Interpretations- und Bewertungsmatrix von Werken und Praktiken um Fähigkeiten, Gewohnheiten, Haltungen und Stil kreist.[363] Der Habitus ist inkorporiert und im Körper verankert. Der Habitus ist nicht Ergebnis von sinnorientierten Entscheidungen, sondern man übernimmt den Habitus im Sozialisationsprozess.

Der Habitus ist außerdem eingebettet in *soziale Felder,* die den Subsystemen der Systemtheorie weitgehend entsprechen.

Soziale Felder werden von Bourdieu als Kampf-,[364] Kräfte- und Spielfelder betrachtet, die besonderen Spielregeln gehorchen. In diesem Kampf geht es darum,

1. knappe Güter in Besitz zu nehmen
2. Prestige anzuhäufen
3. Macht zu erobern oder zu erhalten.

Dabei werden verschiedene Kapitalsorten eingesetzt, so das *ökonomische Kapital*, das alle Formen der materiellen Reichtümer umfasst, dann das *kulturelle Kapital*, das Ausbildung, Inkorporation von kulturellen Fähigkeiten und Wissensformen einschließt und das *soziale Kapital* als eine Machtquelle im Kampf der Akteure um knappe Güter in Form der gegenseitigen Beziehungen der Handelnden.

In seinem Buch über 'Die feinen Unterschiede'[365] führt er seine Theorie der sozialen Felder mit der Lebensstilforschung zusammen, um z.B. Distinktionsgewinne der Akteure aufzuzeigen. Der Lebensstil der Menschen äußert sich in einem bestimmten *Geschmack*, der nicht etwas Individuelles darstellt, sondern als Gesellschaftliches angesehen wird. Die *Distinktion*, d.h. das Betonen von Unterschieden (Nietzsches Pathos der Distanz) markiert den sozialen Raum. Dieses Feld wird insbesondere durch kulturelle Praktiken erzeugt, so die schichtmäßige Rezeption von Kunstobjekten. Die entsprechende Sozialisation bildet eine schichtmäßige (Bourdieu benutzt hier häufig den Begriff der 'Klasse') Distinktion heraus, die die gesellschaftlichen Differenzen befestigt. 'Kultur' dehnt Bourdieu auf alle Konsumbereiche aus, so z.B. auf Malerei, Musik,

---

363   Bohn, Cornelia und Alois Hahn, Pierre Bourdieu, in: Kaesler, Dirk (Hg.), Klassiker der Soziologie, München 1999

364   Es geht Bourdieu dabei auch immer um 'Die verborgenen Mechanismen der Macht', Hamburg 1997, bes. S. 62

365   Bourdieu, Pierre, Die feinen Unterschiede. Kritik der gesellschaftlichen Urteilskraft, Frankfurt am Main 1987

Film, Wohnungseinrichtung, Zeitungslektüre, Essen und Trinken, die er anhand eines umfangreichen empirischen Materials zur Beschreibung der Gesellschaft verwendet. So ergibt sich für Bourdieu folgendes Schema zur Analyse einer Gesellschaft, im vorliegenden Fall der französischen Gesellschaft der 1980er Jahre.

Siehe die Abbildungen auf Seite 116 und Seite 117.

Es gibt eine Verbindung zwischen der sozialen Lage eines Individuums und seinem kulturell geprägten Lebensstil. Aus Feldern ökonomischer, sozialer und kultureller Art erwirbt das Individuum in einem Spiel der Wechselwirkungen seine soziale Position. Der Zusammenhang zwischen den Räumen wird über den Habitus hergestellt.[366]

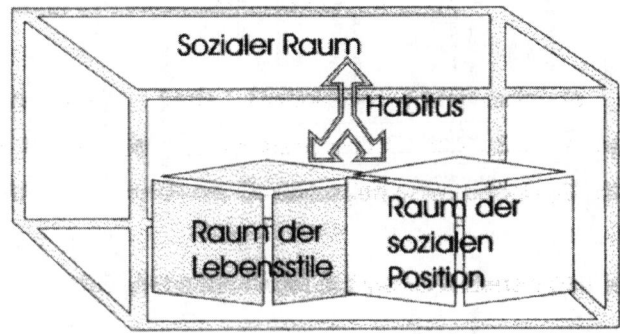

Der Habitus, der ein anthropologisches Fundament der sozialen Akteure darstellt, bildet sich in verschiedenen Schemata aus, so:

1. *Wahrnehmungsschemata*, die die soziale Welt ordnen
2. *Denkschemata*, die die soziale Welt interpretieren und bewerten und
3. *Handlungsschemata*, die zu verschiedenen Praktiken führen.

Für Bourdieu besteht die Existenzweise des Sozialen aus dem Habitus und dem Feld, die sich gegenseitig beeinflussen. Die inneren und äußeren Strukturen werden in den verschiedenen Formen der Praxis miteinander verbunden.

Pierre Bourdieu schließt einerseits an Theorien der rationalen Wahl an und andererseits an Theorien der funktionalen Differenzierung, die vornehmlich unter dem Terminus Systemtheorie auftauchen. Er formuliert dies aber nicht. Er benutzt in seinen diversen Studien über die Subsysteme des Handelns, die er Felder nennt, die Sprache der Ökonomie, z.B. den Begriff des Kapitals,[367] das durch Knappheit und Konflikte bestimmt ist und in der Sprache von Kosten und Nutzen formuliert wird.

---

366   Redeker-Kiehne, Manuela, Pierre Bourdieu, ein französischer Soziologe der Moderne, Hausarbeit Universität Lüneburg 2001, S. 13

367   Kieserling, André, Zwischen Wirtschaft und Kultur. Zum siebzigsten Geburtstag von Pierre Bourdieu, in: Soziale Systeme, Heft 2, 2000, S. 369

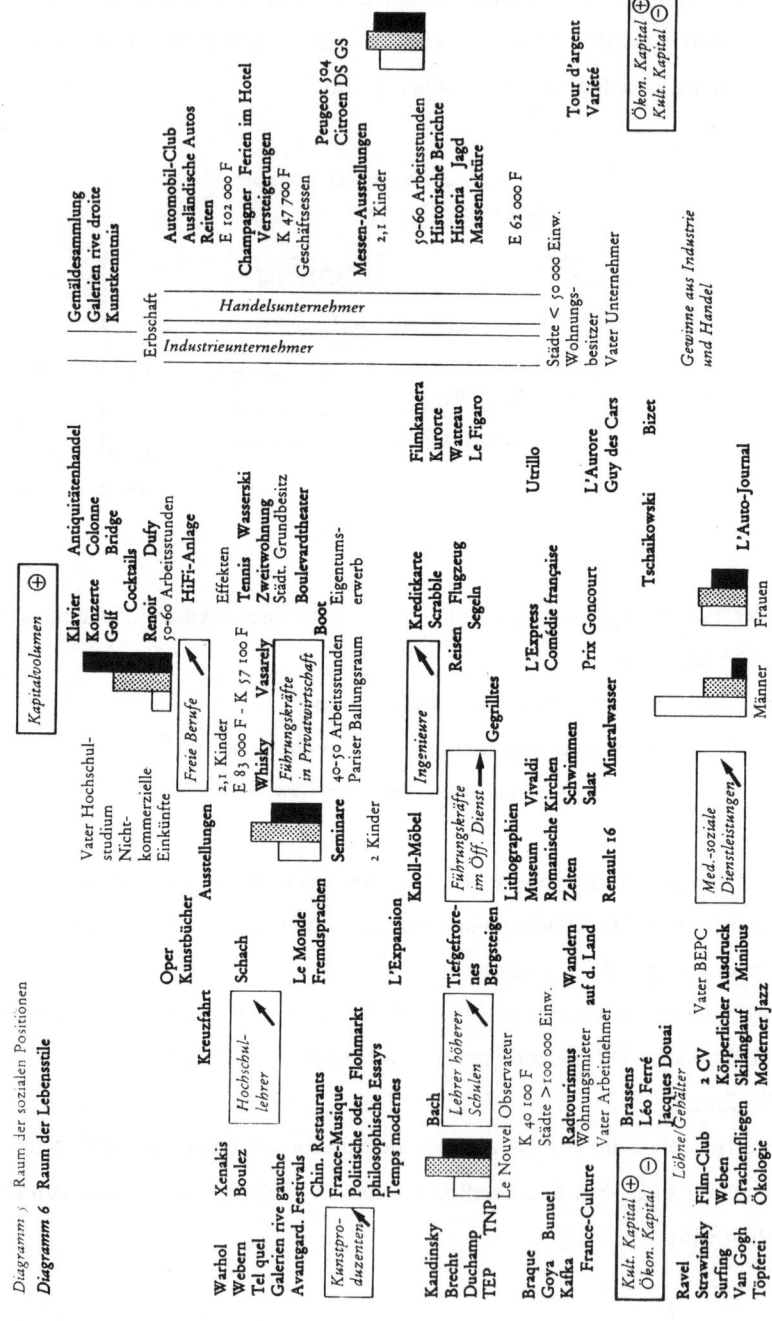

Diagramm 5   Raum der sozialen Positionen
Diagramm 6   Raum der Lebensstile

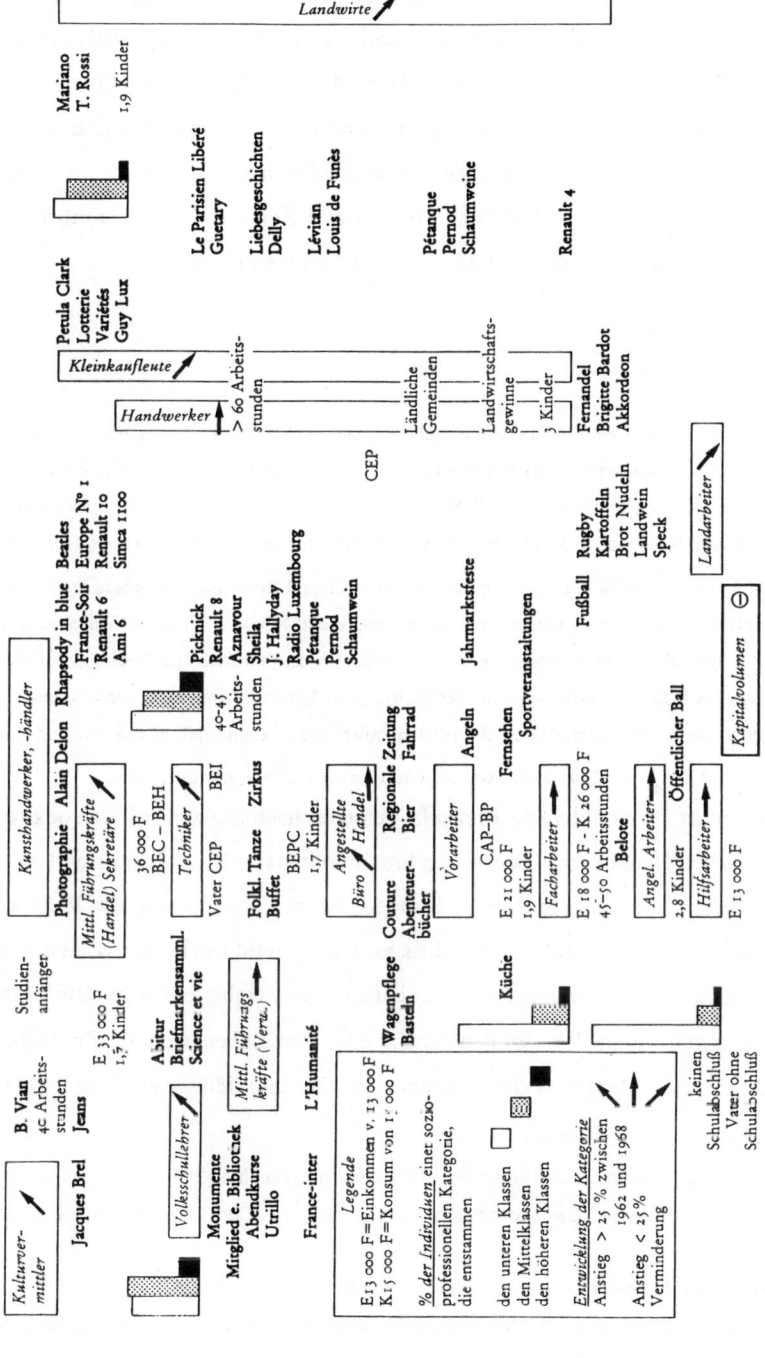

Ein Problem bei Bourdieu besteht darin, dass dann, wenn er z.B. Intellektuelle, Künstler oder Liebende als Kapitalisten beschreibt und die Selbstbeschreibung der jeweiligen Subsysteme dadurch kritisiert, er dann auch die Kapitalisten als Kapitalisten analysieren müsste. Doch er blockiert diese Möglichkeit, im Gegensatz zu den Anhängern der Theorie der rationalen Wahl, weil er nun an den Kapitalisten die fehlende moralische Orientierung kritisiert.[368]

Bourdieu versucht, den methodischen Primat der Ökonomie zu brechen, in dem er auf Spiel und Illusion verweist, deren Relevanz für alle Felder (oder systemtheoretisch gesprochen Subsysteme) gelten soll, ohne auf die Wirtschaft zu verweisen.[369]

Jürgen Habermas

Jürgen Habermas wurde 1929 in Düsseldorf geboren und wuchs in Gummersbach auf. Er studierte u.a. Philosophie in Göttingen und promovierte 1954 in Bonn über Schellings Geschichtsphilosophie. Ab 1956 war er Assistent von Theodor W. Adorno, der zusammen mit Max Horkheimer die kritische Theorie entwickelt hatte. Da beide eine Habilitation von Habermas in Frankfurt hintertrieben, habilitierte sich Habermas mit seiner Arbeit 'Strukturwandel der Öffentlichkeit'[370] bei Wolfgang Abendroth an der Philipps-Universität in Marburg an der Lahn.[371]

1964 kehrte Habermas nach Frankfurt am Main zurück und arbeitete an einer Weiterentwicklung der Kritischen Theorie. Er übernahm 1971 zusammen mit Carl Friedrich von Weizsäcker als Reaktion auf die Studentenbewegung die Leitung des Max-Planck-Instituts zur Erforschung der Lebensbedingungen der wissenschafts-technischen Welt in Starnberg, wo er Wissenstendenzen der spätkapitalistischen Gesellschaft analysierte und seine im engeren Sinne soziologische Theorie zur 'Theorie des kommunikativen Handelns' zusammenfasste.[372]

Für Habermas ist der kleinste Baustein der Gesellschaft, wie bei Parsons, dem er in seinem soziologischen Hauptwerk 'Theorie des kommunikativen Handelns' bemerkenswert häufig folgt, das intersubjektive Handeln. Dieses Handeln ist im Anschluss an die Phänomenologie in eine Lebenswelt eingebettet und in Anschluss an die Systemtheorie an sozialen Systemen orientiert. Diese beiden Bereiche trennen sich zunehmend und Habermas konstatiert eine 'Kolonisierung der Lebenswelt durch die sozialen Systeme.'[373] Die Lebenswelt ist für Habermas der soziale Raum, in dem die Menschen sich verständigen. Das Individuum wird durch Sozialisation, soziale

---

368   Bourdieu, Pierre u.a., Der Einzige und sein Eigenheim, Hamburg 1998

369   Bourdieu, Pierre u.a., Das ökonomische Feld, in: ders. u.a., Der Einzige und sein Eigenheim, Hamburg 1998, S. 171 ff.

370   Habermas, Jürgen, Strukturwandel der Öffentlichkeit, Darmstadt 1981

371   Die große Liberalität von Wolfgang Abendroth konnte ich an der Universität Marburg ebenfalls genießen, als ich dort bei ihm mein Vordiplom absolvierte.

372   Habermas, Jürgen, Theorie des kommunikativen Handelns, 2 Bände, Frankfurt am Main 1981/82

373   Habermas, Jürgen, Theorie des kommunikativen Handelns, a.a.O.

Integration und kulturelle Reproduktion in die Gesellschaft eingeführt. Für Habermas wird der auf Vernunft beruhende Diskurs zum grundlegenden sozialen Prozess der Lebenswelt. Daneben laufen Prozesse des sozialen Systems ab, die Habermas im Anschluss an das AGIL-Schema von Talcott Parsons konzipiert. Habermas vertritt als Ideal einen herrschaftsfreien Diskurs, in dem die Individuen sich an ausgehandelte moralische Prinzipien halten sollen. Habermas neigt zu einer Moralisierung seiner Theorie, was zu verschiedenen Kritiken geführt hat. So hat Niklas Luhmann schon früh[374] die Annahme kritisiert, Gesellschaften auf wert- und gewaltfreie Diskurse zu begründen: Soziologen sollten sich mit dem Faktischen beschäftigen, nicht mit dem, was alles an Gutem und Richtigem ausgedacht werden könnte. Die Gesellschaft funktioniert nach Luhmann nicht primär über Aushandelsprozesse der Individuen.

Die Entstehung des 'Rational Choice'- Ansatzes

Bereits Niccolo Machiavelli beschäftigte sich in seinem Buch 'Der Fürst - Il principe',[375] mit Prinzipien politischen Handelns, denen er rationale Kalküle zugrunde legte, die an der Selbstreferenz des politischen Systems orientiert waren. Für die Zeitgenossen war es empörend, dass er die Prinzipien von Moral und Christentum als Spielzüge im politischen Handeln beschrieb.

Seine Kenntnisse gewann er insbesondere durch die Beobachtung antiker und zeitgenössischer politischer Herrscher, wobei er besonderes skrupelloses und moralfreies Handeln bei den damaligen Renaissance-Päpsten und ihren Neffen und Söhnen studierte.[376]

Die Ursprünge einer theoretischen Reflexion und Anwendung des rationalen Handelns reichen in Europa jedoch bis zu den griechischen und römischen Philosophen und Staatstheoretikern zurück.

---

374   Vergl. Habermas, Jürgen und Niklas Luhmann, Theorie der Gesellschaft oder Sozialtechnologie – was leistet die Systemforschung?, Frankfurt am Main 1971

375   Machiavelli, Niccolo, Der Fürst (Il principe), 6. Aufl., Stuttgart 1978 (Original 1532)

376   In dem Tagebuch des Zeremonienmeisters verschiedener Renaissance-Päpste beschreibt der Elsässer Johannes Burcardus, der 1503 zum Bischof ernannt wurde, lakonisch die Regierungszeit des Borgia-Papstes Alexander VI von 1452 bis 1503. Er zeigt u.a. auf, mit welcher Grausamkeit, Skrupel- und Sittenlosigkeit dieser Papst regierte.

Burcardus, Johannes, Kirchenfürsten und Intriganten. Ungewöhnliche Hofnachrichten aus dem Tagebuch des Johannes Burcardus, Päpstlichen Zeremonienmeisters bei Alexander VI. Borgia, Zürich 1985

Die Theorie der 'Rationalen Wahl' geht von den Handlungen einzelner Individuen aus, die nach individuellen Kosten-Nutzen-Analysen ausgewählt werden, und die dann in ihrer Gesamtheit zu sozialen Strukturen der Makroebene führen.

Besonderen Eingang fand die 'Rationale Wahl' in die Ökonomie, in der individuelle Kosten-Nutzen-Analysen des Handelns eine herausragende Rolle spielen, so bei Adam Smith mit seiner 'invisible hand' des Marktes und anderen schottischen Moralphilosophen.[377] In ihrer Folge entwickelten viele Theoretiker der Ökonomie diese Ideen weiter.

In die Sozialwissenschaften fanden selbstreferenzielle, akteurorientierte Ansätze u.a. durch Georg Simmel Einzug, da er in seinen Schriften rationales Kalkül des Handelns voraussetzt und daraus die Elemente seiner sozialtheoretischen Überlegungen entwickelt. Die "in der Wirklichkeit untrennbaren Elemente jeden sozialen Geschehens (seien): ein Interesse, Zweck, Motiv und eine Form oder Art der Wechselwirkung unter den Individuen, durch die oder in deren Gestalt jener Inhalt gesellschaftliche Wirklichkeit erlangt. Soll es also eine Wissenschaft geben, deren Gegenstand die Gesellschaft und nichts anderes ist, so kann sie nur diese Wechselwirkungen, diese Arten und Formen der Vergesellschaftung untersuchen wollen."[378]

Elitentheoretiker wie Vilfredo Pareto, Gaetano Mosca und Robert Michels befassten sich ebenfalls mit rationalen Überlegungen sozialen Handelns. George Caspar Homans[379] versuchte in den 60er Jahren des 20. Jahrhunderts gesetzeswissenschaftliche Grundlagen von Sozialität zu entwickeln. Er formulierte aus der Analyse von Verhalten in Gruppen einige Hypothesen.[380]

1. Personen, die häufig miteinander interagieren, tendieren dazu, sich zu mögen.

2. Wenn sich die Häufigkeit der Interaktionen zwischen Personen erhöht, wird sich die gegenseitige Zuneigung steigern und umgekehrt.

3. Je größer die Solidarität der Gruppe nach innen, desto stärker die Feindseligkeit nach außen.

4. Je häufiger Personen interagieren, desto eher gleichen sich ihre Aktivitäten, Gefühle und Normen an.

---

377   Jonas, Friedrich, Geschichte der Soziologie, Band 1: Aufklärung, Liberalismus, Idealismus, Reinbek bei Hamburg 1968, S. 62 ff.

378   Simmel, Georg, Soziologie, Untersuchungen über die Formen der Vergesellschaftung, Leipzig 1908, S. 6 f. Siehe auch ähnliche Ausführungen in: Simmel, Georg, Philosophie des Geldes, 2. Aufl., Frankfurt am Main 1991, S. 254 ff.
Siehe dazu auch: Reimann, Horst, Bernhard Giesen, Dieter Goetze und Michael Schmid, Basale Soziologie: Theoretische Modelle. 4. Neubearb. und erw. Aufl., Opladen 1991, S. 2 f

379   Homans, George Caspar, Elementarformen sozialen Verhaltens, Köln. Opladen 1968

380   Homans, George Caspar, Theorie der sozialen Gruppe, 3. Aufl., Köln. Opladen 1968, S. 125 ff

5. Je höher der soziale Rang eines Menschen ist, um so größer wird die Anzahl der Personen sein, mit denen er Interaktionen einleitet und die mit ihm Interaktionen beginnen.

6. Interaktion geschieht dort am häufigsten, wo die soziale Distanz am niedrigsten ist.

7. Anomie entsteht durch einen Mangel an Kontrolle zwischen den Gruppenmitgliedern und der von der Gruppe über das Verhalten des Einzelnen ausgeübten Kontrolle.

    Der Niedergang eines Gemeinwesens geht einher mit der abnehmenden sozialen   Kontrolle über das Verhalten des Einzelnen.[381]

In der letzen Fassung seiner Theorien von 1967 lauten die Propositionen:

1. Je häufiger die Aktivität einer Person bedroht wird, desto wahrscheinlicher wird sie diese Aktivität ausführen.

2. Wenn in der Vergangenheit das Auftreten eines bestimmten Stimulus oder einer Menge von Stimuli die Gelegenheit war, bei der die Aktivität einer Person belohnt wurde, gilt: Je ähnlicher die gegenwärtige Stimuli den vergangenen sind, desto wahrscheinlicher wird die Person die Aktivität oder eine ähnliche ausführen.

3. Je wertvoller die Belohnung für eine Person ist, die sie bei der Ausführung einer Aktivität erhält, desto wahrscheinlicher wird sie die Aktivität ausführen.

    Je häufiger eine Person in der jüngeren Vergangenheit eine bestimmte Belohnung erhalten hat, desto weniger wertvoll wird jede weitere Einheit der Belohnung für die Person.

4. Wenn eine Person für eine Aktivität nicht die Belohnung erhält, die sie erwartet, oder wenn sie eine Bestrafung erhält, die sie nicht erwartet, wird sie ärgerlich werden, und dabei sind die Ergebnisse aggressiven Verhaltens belohnend.

Diese Sichtweise wurde in Deutschland von Karl Dieter Opp, der diese Richtung 'verhaltenstheoretische Soziologie'[382] nannte, Siegwart Lindenberg, Reinhard Wippler und Hartmut Esser[383] und Anderen vertreten, in Frankreich u.a. von Raymond Boudon.[384]

---

381   Homans, George Caspar, Theorie der sozialen Gruppe, a.a.O., S. 344 f.

382   Opp, Karl Dieter, Verhaltenstheoretische Soziologie, Reinbek bei Hamburg 1972

383   Esser, Hartmut, Soziologie. Allgemeine Grundlagen, 2. Aufl., Frankfurt am Main. New York 1996
       Ders., Alltagshandeln und Verstehen: Zum Verhältnis von erklärender und verstehender Soziologie am Beispiel Alfred Schütz und 'Rational Choice', Tübingen 1991

384   Boudon, Raymond, Die Logik des gesellschaftlichen Handelns, Darmstadt. Neuwied 1979

Spieltheoretische Überlegungen interaktiven Handelns, wie sie u.a. von John von Neumann und Oskar Morgenstern[385] durchgeführt wurden, führten zu einer Erweiterung der Betrachtungen rationalen Handelns. Ausgangssituation hierfür ist, dass mindestens zwei Personen nach eigenem Kosten-Nutzen-Kalkül handeln und keine Verträge oder Absprachen vornehmen können. Ein prominentes Beispiel ist das 'Gefangenendilemma', das weiter unten ausführlicher beschrieben wird.

Dieser theoretische Ansatz tritt unter verschiedenen Begriffen auf. So werden synonym die Namen 'Rational Choice Theory', 'RC-Theorie', 'Theorie der rationalen Wahl', 'verhaltenstheoretische Soziologie', 'Methodologischer Individualismus', 'Neue politische Ökonomie' und noch weitere benutzt.

Die individualistische Theorie wurde immer weiter ausgebaut und mit mathematischen und spieltheoretischen Überlegungen verbunden, sodass heute eine Theorie entstanden ist, die nicht mehr nur auf bestimmte Teilgebiete des Sozialen beschränkt Anwendung finden kann, sondern auch umfassende Erklärungsmöglichkeiten bietet. Die Grundzüge umfassen:

- Der Einzelne handelt.
- Das menschliche Verhalten wird durch Anreize bestimmt, sodass Vor- und Nachteile abgewogen werden können.
- Die Anreize werden durch Präferenzen und Einschränkungen bestimmt.
- Die Einschränkungen bestimmen den Handlungsspielraum.
- Die Individuen führen Handlungen aus, die ihre Ziele innerhalb des Handlungsspielraums verwirklichen helfen.

Die Theorie der rationalen Wahl zeichnet Annahmen über Nutzenmaximierung, Struktur von Präferenzen, Entscheidungsfindung unter Unsicherheit und die zentrale Rolle der Individuen bei der Erklärung sozialer Phänomene aus. Nutzenmaximierendes Wahlhandeln bedeutet, dass Individuen ihre Ziele mit geeigneten und wirksamen Mitteln verfolgen. Die Individuen orientieren sich an den zu erwarteten und nicht an den tatsächlichen Nutzen, weil Entscheidungen unter Unsicherheit zu treffen sind.

---

385   Neumann, John von und Oskar Morgenstern, Spieltheorie und wirtschaftliches Verhalten, 3. Aufl., Würzburg 1973

James S. Coleman

Eine ausgearbeitete, umfassende Theorie stellte James S. Coleman in seinem dreibändigen Werk 'Grundlagen der Sozialtheorie'[386] dar, auf die ich mich im Folgenden beziehe. James S. Coleman ist einer der wichtigsten Vertreter einer allgemeinen Theorie, in der individuelles und soziales Handeln verbunden wird. Er will die soziologische Theoriebildung durch eine offene und erweiterungsfähige Theorie des rationalen Entscheidens begründen. Er untersucht die Entstehung und den Einfluss von Strukturen und Handlungssystemen auf Chancen, Verlauf und Folgen von Handlungen in der Mikroebene und darauf aufbauend in der Makroebene. Er wendet seine Theorie überall dort an, wo es um Entscheidungsprozesse geht, d.h. also auch in den Nachbardisziplinen der Soziologie wie etwa Ökonomie, Politikwissenschaft, Rechtswissenschaft, Pädagogik und Psychologie.

Ausgangspunkt der Entwicklung einer 'Theorie der rationalen Wahl' sind für Coleman die Prozesse der Mikroebene, aus denen Strukturen und Prozesse der Makroebene abgeleitet werden. D.h., die interaktiven Einzelhandlungen der Individuen einer Gesellschaft oder Gruppe ergeben in ihrer Gesamtheit Sozialstrukturen der Makroebene wie z.B. formale Organisationen und Körperschaften, Rechtssysteme oder Erziehungsinstitutionen. Coleman geht von Einzelindividuen aus, die durch eigene, rationale Überlegungen geleitet, handeln. Diese werden von ihm Akteure genannt. Jeder Akteur verfügt über bestimmte Ressourcen und jeder hat bestimmte eigene Interessen, die er verwirklicht sehen möchte. Sind Ressourcen und Interessen gleich, so ist das Individuum zufrieden, sollte das nicht der Fall sein, so wird der Akteur versuchen, sein Interesse an fremden Ressourcen anderer Akteure durch Tausch zu verwirklichen. Tausch impliziert, dass der Akteur etwas bieten kann, was den zweiten Akteur wiederum interessiert, sodass beide ihre Interessen gegenseitig verwirklichen können. Somit ist der Akteur prinzipiell ein souveränes Individuum in dieser Theorie, das eigenverantwortlich Entscheidungen trifft und entsprechend handelt.

Ressourcen seien materielle (z.B. Dinge) oder immaterielle (z.B. informative) Güter oder auch nur eigene Tätigkeit (z.B. Arbeitskraft). Somit kann man Ressourcen als Ereignisse fassen und hinsichtlich ihrer Veräußerlichkeit, Lieferbarkeit, Teilbarkeit, Verbrauchbarkeit, dem Fehlen oder Vorhandensein von externen Effekten (Wirkungen auf Andere) unterscheiden.

---

386   Coleman, James S., Grundlagen der Sozialtheorie. Band 1: Handlungen und Handlungssysteme.   Band   2: Körperschaften und die moderne Gesellschaft. Band 3: Die Mathematik der sozialen Handlung, München 1994-1995

Um Ressourcen tauschen zu können, muss der Akteur wiederum Kontrolle über Ressourcen ausüben können. Akteure und Ressourcen, Interesse und Kontrolle sowie die Fähigkeit des Einzelnen zu individuellem Abwägen von Vor- und Nachteilen bezüglich seiner Handlungsentscheidungen sind somit die Elemente, aus denen Colemans Sozialtheorie besteht.

Das eigene Interesse an bestimmten Ressourcen eines Anderen lässt den Akteur zielgerichtet handeln, da die Interessen verwirklicht werden wollen. Dadurch ergibt sich Interdependenz zwischen den Akteuren, die unterschiedliche Formen annehmen kann.

Da die Akteure ihre von eigenen Interessen geleiteten Handlungen nicht immer alleine kontrollieren können, sondern diese Kontrolle teilweise oder völlig von Dritten ausgeübt werden kann, führt er hier den Begriff der 'Interdependenz' ein. Er unterscheidet drei Arten von Interdependenz.

Strukturelle Interdependenz: Der Akteur nimmt an, dass seine Handlungen von denjenigen Anderer unabhängig sind, z.B. die Handlungen eines Käufers in einem Monopolmarkt mit festgelegten Preisen.

Verhaltensinterdependenz: Der Akteur sieht seine Handlungsmöglichkeiten abhängig von den Handlungen Anderer (z.B. Verhandlungen zwischen zwei oder mehreren Akteuren mit unbekannten Strategien).

Evolutionäre Interdependenz: Diese Verhaltensinterdependenz ist das Ergebnis verschiedener Strategien in einer Population, die mittels Variation, Selektion und Stabilisierung zu einem zirkulären Gleichgewicht der Strategien führen kann (z.B. findet man dieses in der evolutionären Biologie). Jegliche Form des Handelns dient dem Zweck der besseren Verwirklichung der eigenen Interessen. Dies kann erreicht werden durch das Ausüben der Kontrolle über Ressourcen, an denen man eigenes Interesse hat, das Erlangen von Kontrolle über Ressourcen, über die ein Anderer Kontrolle hat und mit dem man Kontrolle über bestimmte Ressourcen tauscht, einseitige Übertragung von Kontrolle über Ressourcen, an denen man zwar ein Interesse hat, dieses jedoch besser durch Kontrollausübung eines Anderen verwirklicht sieht, da zwar eine Kontrolle über eigene Handlungen nicht aufgegeben werden kann, aber das Recht auf Kontrollausübung aufgegeben werden kann. Dies kann ebenfalls eine Handlungsentscheidung sein.

Durch solche Austauschhandlungen entsteht in bestimmten Handlungskontexten ein soziales Gleichgewicht, in dem jeder seine Interessenverwirklichung in Abhängigkeit von seinen ursprünglichen Ressourcen maximiert, über die er Kontrolle ausüben konnte. Dennoch treten Situationen auf, in denen ein soziales Gleichgewicht fehlt, wie z.B. bei einseitiger Übertragung von Kontrolle über Ressourcen in bestimmten Kontexten, die man als kollektives Verhalten bezeichnen kann (Mobverhalten, Panik, öffentliche Meinung, Entstehen einer charismatischen Herrschaft, Revolutionen, etc.). Solche Phänomene sind, laut Coleman, eine wichtige Quelle sozialen Wandels.

Soziale Beziehungen lassen sich in einfache oder komplexe Beziehungen einteilen.

Einfache Beziehungen sind durch das gegenseitige, fortlaufende Erschaffen von Anreizen gekennzeichnet, die einer Fortführung der Beziehung dienen sollen. Typischerweise umfassen solche Beziehungen insbesondere die elementaren, sozialen Beziehungen, so z.B. die 'informellen' Beziehungen zwischen Herrn und Diener, Vater und Sohn oder Freundschaftsbeziehungen. Komplexe Beziehungen treten überall dort auf, wo eine dritte Partei von außen die Anreizstruktur für eine Fortführung der Beziehung schafft. Aus dieser Art der Beziehung resultieren formale Organisationen. "Die Organisation ist eine Beziehungsstruktur, die sich aus Verpflichtungen und Erwartungen jeder Person für alle Beziehungen, die eine Person eingeht, einen positiven Saldo ergeben, wie es in einer sozialen Organisation der Fall ist, die aus einfachen Beziehungen besteht."[387] Ein gängiges Beispiel einer solchen Organisation ist die moderne Körperschaft, die sich aus Positionen zusammensetzt und in der die Beziehungen der Positionsträger untereinander formal geregelt sind. Coleman bezeichnet diesen Teil des sozialen Umfeldes als 'konstruiertes soziales Umfeld', während der Teil, der sich aus einfachen Beziehungen zusammensetzt, für ihn 'natürliches soziales Umfeld' ist, das selbständig wächst und sich verändert.

Kontrolle über bestimmte Ressourcen auszuüben setzt voraus, dass derjenige auch das Recht besitzt, diese Kontrolle anzuwenden. Diese Rechte werden Handlungsrechte genannt, die teilweise verfassungsmäßig,[388] ansonsten durch intersubjektiven Konsens gewährleistet werden.

"Das Recht auf Kontrolle einer Handlung, die Akteur A ausübt, kann individuell von Akteur A, von einem Kollektiv oder irgendeinem anderen Akteur behauptet werden oder strittig sein. Die Kontrolle des Rechts selber wird jedoch immer kollektiv ausgeübt"[389] und "Ein Akteur besitzt ein Recht nur, wenn es ihm von den relevanten anderen Akteuren gewährt worden ist."[390]

Hieraus entstehen Vorstellungen über Rechtsverteilungen von Handlungsrechten der einzelnen Akteure, und es existieren im sozialen Umfeld so viele 'Privatwelten', die diese Rechte für sich festgelegt haben, wie Akteure. Daraus resultieren soziale Konflikte, auch wenn es ein Bestreben

---

387   Coleman, James S., Band 1, a.a.O., S. 54

388   'Verfassung' im Sinne Colemans ist ein formalisiertes Regelwerk z. B. einer Organisation.

389   Coleman, James S., Band 1, a.a.O., S. 67

390   Coleman, James S., Band 1, a.a.O., S. 73

gibt, diese Rechtsverteilungen intersubjektiv in ein Gleichgewicht, zu einem Konsens zu bringen.

Das Recht auf Kontrolle einer Handlung kann nur aufgegeben werden, wenn derjenige das Recht bereits besitzt oder wenn er das Verfügungsrecht über das Recht auf Kontrolle besitzt. So können u.U. dementsprechend Rechtsübertragungen auf andere Akteure stattfinden und somit werden solche Übertragungen ebenfalls eine besondere Form der Ressourcen. In diesem Bereich beginnt Macht eine besondere Rolle zu spielen, da Rechtsallokationen auftauchen, sodass sich Herrschaftsbeziehungen herauskristallisieren. "Ein Akteur übt in einem bestimmten Handlungsbereich Herrschaft über einen anderen Akteur aus, wenn er das Recht besitzt, die Handlungen des anderen in diesem Bereich zu bestimmen."[391] Herrschaftsbeziehungen können freiwillig oder durch Zwang aufrechterhalten werden, beides ist möglich. Um Zwang auszuüben, muss derjenige allerdings ausreichend Ressourcen hierfür besitzen, und sei dies lediglich die Zustimmung der relevanten Akteure zu dieser Herrschaftsausübung.

Wird eine Übertragung von Rechten vorgenommen, weil der Akteur der Meinung ist, dass ihm diese Kontrollrechtsübertragung Vorteile bringt, so nennt dies Coleman konjunkte Herrschaftsbeziehung. Dies bedeutet, dass der Akteur seine Interessen durch diese Übertragung besser verwirklicht sieht, als wenn er alleine seine Interessen vertritt, oder wenn es sich um eine Herrschaft handelt, wie z.B. die zwischen Eltern und ihrem Kind. Sollte der persönliche Nutzen nicht berührt werden, so bedarf es zusätzlicher externer Anreize, um jemanden in eine Herrschaftsbeziehung eintreten zu lassen, wodurch eine disjunkte Herrschaftsbeziehung entsteht. Dies ist z.B. bei Arbeitgeber/Arbeitnehmer-Verhältnissen der Fall, wobei der externe Anreiz im allgemeinen durch das akzeptierte Tauschmittel 'Geld' - eine private teilbare Ressource - gegeben wird. Hier taucht auch das Problem auf, die ausgeübte Herrschaft in ihren 'Produkten' kontrollieren zu müssen (z.B. Arbeitsleistung), was z.T. durch Akkordlohn oder eigenverantwortliche Teamarbeit zu lösen versucht wird.

In einfachen Herrschaftsbeziehungen wird lediglich eine Kontrollübertragung vorgenommen, sollte jedoch auch das Übertragungsrecht miteinbezogen sein, so spricht Coleman von komplexen Herrschaftsbeziehungen, bei denen ein 'Statthalter', an den das Kontrollrecht delegiert wurde, dieses ausüben kann.

Herrschaft unterliegt gewissen Beschränkungen und kann auch ohne Zustimmung des 'Herrschers' erfolgen, wie im Fall eines 'Idols'.

---

391   Coleman, James S., Band 1, a.a.O., S. 83

Der Zeitfaktor bei Transaktionen von mehreren rational handelnden Akteuren, die Kontrolle über Ressourcen an einen Akteur abgeben oder einen Tausch ihrer Ressourcen auf dem vorhandenen Markt vornehmen, erfordert ein soziales Phänomen, das unter dem Begriff 'Vertrauen' bekannt ist. Da 'Vertrauen' eine zentrale Stellung in vielen sozialen Beziehungen einnimmt, werde ich diesen Begriff hier ausführlicher darstellen, um hieran exemplarisch Colemans theoretische Arbeitsweise zu verdeutlichen.

Manchmal akzeptiert ein Akteur eine einseitige Kontrollübertragung über bestimmte Ressourcen auf einen anderen Akteur. Dies basiert auf der Hoffnung oder Erwartung, dass die Handlungen des Anderen seine Interessen besser befriedigen, als es die eigenen Handlungen tun würden. Gewissheit darüber kann er aber erst einige Zeit nach der Übertragung erlangen, nachdem eine konjunkte Herrschaftsbeziehung eingegangen wurde. Es besteht also ein Risiko für die Akteure, da sie vor dem Erzielen des Gewinns Ressourcen investieren müssen. Deswegen werden Verträge abgeschlossen. In nichtökonomischen Bereichen können häufig Ressourcen, Gewinne oder Verluste nicht in adäquater Form schriftlich festgehalten und in eine Vertragsform gebracht werden. Das Risiko, das bei der Entscheidung für oder gegen eine Handlung miteinkalkuliert wird, heißt 'Vertrauen'; es tritt in Situationen auf, in denen das Risiko, das man eingeht, von der Leistung eines anderen Akteurs abhängt.

In einer Vertrauensbeziehung gibt es, nach Coleman, mindestens zwei Parteien, den Treugeber und den Treuhänder, wobei beide zielgerichtet und rational handeln, um ihre Interessen zu realisieren. Ein lang- und kurzfristiger Nutzen des Treuhänders, Vertrauen zu enttäuschen oder nicht, wird zu den anderen 'Transaktionen' bei der Wahl seiner Handlung hinzugerechnet, mit der er Vertrauen rechtfertigen oder enttäuschen kann. Der Treuhänder kann außerdem die Wahl seiner Handlungen so ausführen, dass der Treugeber dazu verleitet wird, ihm Vertrauen zu schenken.

Eine Vertrauensvergabegleichung mit den Variablen Gewinnchance (Vertrauenswürdigkeit), möglicher Verlust und möglicher Gewinn entscheidet in einem rationalen Kalkül für oder gegen eine Vertrauensvergabe. Somit spielen mehrere Faktoren eine erhebliche Rolle:

- Je mehr Informationen vorliegen, desto besser ist die Einschätzung der Chancen. Jedoch können wir wegen zeitlicher Begrenzung oder zu hoher Kosten nur begrenzt Informationen sammeln.
- Unsere Erfahrungen mit jemandem (jemanden prüfen in Bereichen, die einen nicht so hohen Verlust bei Vertrauensbruch vermuten lassen) und ganz allgemein Lebenserfahrungen dienen uns als Hilfe in unserer Einschätzung, d.h., die Vertrauenswürdigkeit einer Person wird aufgrund alter Erfahrungen eingeschätzt.

- Ist der erwartete Gewinn in der subjektiven Einschätzung sehr hoch, dann wird eher Vertrauen vergeben (jemandem auf freundschaftlicher Ebene vertrauen wird leichter, wenn man z.B. sehr einsam ist als wenn man viele Freunde hat; der subjektive Gewinn wird höher).

- Wenn der subjektive Verlust sehr hoch eingeschätzt wird, dann wird weniger leicht Vertrauen vergeben.

- Die Vertrauenswürdigkeit einer Person kann über- oder unterschätzt werden. Dies ist auch abhängig von den möglichen Gewinnen (Hochstapler haben besonders viel Erfolg, wenn sie den in Aussicht gestellten Gewinn sehr hoch ansetzen).

- Die Notwendigkeit, Vertrauen zu vergeben, ist hoch, wenn man sich in verzweifelten Situationen befindet (der mögliche Verlust nähert sich an 0, 'man hat nichts mehr zu verlieren').

- Konkurrenz um Vertrauensvergabe zwischen Treuhändern ist nur dann möglich, wenn es einen Markt gibt, auf dem Gewinn/Verlust gehandelt oder getauscht werden kann. Man vergibt dann demjenigen sein Vertrauen, den man als vertrauenswürdiger einschätzt. Gibt es einen solchen Markt nicht, dann gibt es keine Konkurrenz.

Bezüglich der Handlungen des Treuhänders lässt sich folgendes festhalten:

1) Der Treuhänder bekommt Vertrauen, seine eigenen Wünsche, Ziele oder Interessen haben nichts damit zu tun.

2) Wenn sich der Treuhänder jedoch einen Gewinn daraus verspricht, das Vertrauen zu 'missbrauchen', dann können ihn nur internalisierte Normen oder erwartete externe Sanktionen davon abhalten. Externe erwartete Sanktion kann auch die Angst vor zukünftig eintretenden Folgen dieses Vertrauensmissbrauchs sein. So kann er den möglichen Verlust mit einkalkulieren, der ihm erwächst, wenn der Treugeber nie wieder Vertrauen an ihn vergibt.

Daraus kann gefolgert werden, dass es in sozialen Gemeinschaften, die eine relativ hohe Kontaktdichte aufweisen und bestimmte Normen bestehen, eher Vertrauen gegeben und gerechtfertigt wird. Der Treuhänder wird um so vertrauenswürdiger sein, je länger die Beziehung zum Treugeber andauert und je größer die Gewinne sind, die der Treuhänder sich von einer Beziehung erhofft und je umfassender die Kommunikation zwischen Treuhänder und den anderen Akteuren ist, von denen der Treuhänder erwarten kann, dass sie in Zukunft Vertrauen schenken werden (Beispiele dafür findet man in der Mafia, bei Diamantenhändlern oder bei bestimmten Bankiers).

Es ergeben sich ebenso bestimmte dynamische Entwicklungen in sozialen Prozessen. So tendieren asymmetrische Vertrauensbeziehungen dazu, aufgelöst oder in eine gegenseitige

Vertrauensbeziehung umgeformt zu werden, da hier durch positive Rückkopplungsschleifen die Vertrauenswürdigkeit beider Seiten erhöht wird. Dann werden Treuhänder vertrauenswürdiger. Dies ist besonders wichtig, wenn die Gewinne für den Treugeber sehr hoch sind. Die Handlungsstrategien, die gewählt werden, sind z.B. all jene Handlungen, die verpflichtend wirken (jemanden einen Gefallen tun oder ihn überbezahlen).

'Macht' und 'Wert' stellen zwei weitere zentrale Begriffe dar, die soziale Beziehungen beschreiben helfen. Durch vermehrtes Interesse an bestimmten Ressourcen, das viele Akteure innerhalb eines Systems[392] bekunden, erlangen manche Akteure mehr Möglichkeiten des Handelns und des Tauschs als Andere. Dieses Phänomen nennt Coleman 'Macht'. "Macht ist ein Maßstab für den systeminternen Wert der Ressourcen, die jeder Akteur ursprünglich besitzt"[393] und die "Macht, die verschiedene Akteure in einem System besitzen, leitet sich von dem ab, was sie kontrollieren und inwieweit andere an diesen Dingen interessiert sind."[394] Macht besteht demzufolge lediglich innerhalb eines Systems, nie außerhalb, und ist somit auf einen bestimmten Raum begrenzt. Haben viele, insbesondere mächtige Akteure an bestimmten Ressourcen (Ereignissen) besonderes Interesse, so steigt der Wert (Tauschwert) einer Ressource auf dem Wettbewerbsmarkt für Ressourcen. "Die Macht eines Akteurs beruht auf seiner Kontrolle wertvoller Ereignisse. Der Wert eines Ereignisses besteht in dem Interesse, das mächtige Akteure an diesem Ereignis haben."[395]

In der obigen Beschreibung einfacher Handlungssysteme wurden von Coleman lediglich vier Begriffe – Interesse, Kontrolle über Ressourcen, Macht und Wert - in einem System rational handelnder Akteure miteinander verknüpft, die bereits der Analyse vieler sozialer Phänomene dienen können. Aus diesen Grundstrukturen leiten sich Makrophänomene ab, wie:
Herrschaftsstrukturen:
- geregelte Austauschprozesse durch Geld als Zahlungsmittel, das bereits im Zuge der evolutionären Entwicklung von Ökonomie und Gesellschaften teilweise abgelöst wurde durch

---

392   Wobei der Begriff 'System' bei Coleman unklar benutzt und nicht weiter spezifiziert wird. Die Systemtheorien von Talcott Parsons und Niklas Luhmann liefern dazu klarere Aussagen. Siehe: Parsons Talcott, Zur Theorie sozialer Systeme, herausgegeben von Stefan Jensen, Opladen 1976
      Luhmann Niklas, Soziale Systeme. Grundriß einer allgemeinen Theorie, Frankfurt am Main 1984
393   Coleman, James S., Band 1, a.a.O., S. 170
394   Coleman, James S., Band 1, a.a.O., S. 172
395   Coleman, James S., Band 1, a.a.O., S. 170

bargeldlosen Zahlungsverkehr mit Goldreserven als Sicherheit der Banken und zentralen Verrechnungsstellen,

- Machtaufbau in politischen Kontexten durch Wahlen mit unterschiedlichen Verfassungen,
- Rechtssysteme mit verschiedenen Rechtsprechungen und Rechtsprechungsprozessen,
- sozialer Status (Anerkennung durch Andere als Einflussinstrument in sozialen Kontexten zur Regelung informeller Herrschaftsbeziehungen) Kontrollrechtsausübung oder Vertrauensvergabe.

Herrschaftssysteme:

- Law of agency, das zur Regelung von disjunkten Herrschaftsbeziehungen zwischen einem Prinzipal, einem Agenten und einer Drittpartei entstand,[396]
- minimale Herrschaftssysteme, wie die eines direkten Vorgesetzten und seinem Untergebenen,
- affine Agentschaftssysteme, bei denen ein direkter Austausch von Ressourcen als Gegenwert für die Befriedigung fremder Interessen fehlt, da eine Identifikation mit einem Prinzipal stattfindet; 'im Interesse eines Anderen handeln' ist ein gängiger Ausdruck dafür, wobei der Andere ein enger Verwandter, ein Staat, ein Arbeitgeber, ein 'Herr' oder ein mächtiger Sieger sein kann.

Herrschaftsstrukturen lassen sich in einfache und komplexe Herrschaftsstrukturen einteilen. Bei ersteren handelt es sich um einen direkten Vorgesetzten-Untergebenen-Kontakt, bei der komplexen Herrschaftsstruktur handelt es sich um mehrere Ebenen, die mit 'Statthaltern' besetzt sind, sodass Positionen und Ämter entstehen.

Weitere soziale Phänomene umfassen:

- soziales Kapital, bestehend aus Beziehungen zu anderen Akteuren,
- Humankapital, bestehend aus der Weiterentwicklung der geerbten Möglichkeiten eines Individuums durch Lernen, Erfahrungen und Wissen,
- physisches Kapital, bestehend aus allen materiellen Gütern, über die man das Recht auf Kontrolle erwerben oder behalten kann.

Im Zuge der evolutionären Entwicklung von Gesellschaften entstanden immer komplexere soziale Gebilde, die über einfache Beziehungssysteme und -strukturen hinausgehen. So

---

396   Das 'Law of agency' ist in der angelsächsischen Rechtstradition verwurzelt. Der Terminus 'Prinzipal' steht für einen Vorgesetzten oder Auftraggeber, der Ressourcen jenseits seiner eigenen Kapazität mobilisieren muss, der Terminus 'Agent' steht für den Akteur, der sich in die Position eines Untergebenen begibt und dort im Interesse des Prinzipals handelt. Siehe: Coleman, James S., Band 1, a.a.O., S. 201 f.
Im kontinentaleuropäischen Rechtssystem, das vom römischen Recht stärker beeinflusst ist, existiert die hohe Bedeutung des Prinzipals nicht.

entwickelten sich moderne Körperschaften (Organisationen, Institutionen, Unternehmen), die sich formale 'Verfassungen' geben und damit interne Kommunikationsstrukturen oder Handlungsweisen regeln. Die in diesen Körperschaften befindlichen Personen handeln nicht als natürliche Personen, wie sie es in 'natürlichen Umwelten' tun, sondern in Positionen (als Agenten in einer 'konstruierten Umwelt'). Diese Gebilde werden von Coleman ebenfalls als Akteure aufgefasst, wenn sie als Ganzes im sozialen Kontext handeln, d.h., das einfache Kosten-Nutzen-Kalkül bezogen auf ihre Interessen und ihre Kontrolle über Ressourcen kann auch ihnen unterstellt werden, um mit diesem theoretischen Konzept soziale Vorgänge zu erklären und vorherzusagen. Das gilt auch für Positionsträger, die innerhalb der Körperschaft handeln, wobei dort ein einzelner Positionsträger die Wahl treffen kann, als 'natürliche Person' zu handeln oder innerhalb seiner Position. Das eine mal vertritt er seine eigene Interessenverwirklichung, das andere mal die der Körperschaft des Prinzipals.

Normen dienen einem Bedürfnis, das entsteht, wenn Handlungen von einzelnen Akteuren als angemessen und korrekt oder als unangemessen und inkorrekt angesehen werden sollen. Dies betrifft insbesondere all die Fälle, in denen Handlungen externe Effekte aufweisen. So unterscheidet Coleman zwischen Nutznießern und Zielakteuren einer Norm, wobei erstere sich von der Befolgung einer Norm positive Effekte versprechen und letztere in ihren Handlungen durch eine Norm beschränkt werden. Wenn es sich um dieselben Personen handelt, spricht Coleman von einer konjunkten Norm, im anderen Fall von einer disjunkten. Zur Entstehung einer Norm müssen Akteure miteinander kommunizieren können, um einen sozialen Konsens über ein Bedürfnis nach einer spezifischen Norm zu erzielen. Dazu gehört zur Durchsetzung einer Norm die Möglichkeit auf seiten der Nutznießer, Sanktionen anwenden zu können, d.h., sie müssen das Recht auf Sanktionierung bekommen. Dies erhalten sie durch eine staatliche Verfassung oder sozialen Konsens, wobei Macht und Einfluss in diesem Bereich eine erhebliche Rolle spielen. "Ich möchte sagen, dass in bezug auf eine spezifische Handlung eine Norm existiert, wenn das sozial definierte Recht auf Kontrolle der Handlung nicht vom Akteur, sondern von anderen behauptet wird."[397] Wenn die Norm internalisiert wurde, so besitzt ein Individuum ein internes Sanktionssystem, in dem es bei Befolgung der Norm belohnt oder bei Zuwiderhandlung bestraft wird. Somit werden keine externen Sanktionen benötigt, womit auch eine externe Handlungsüberwachung wegfallen kann.

Coleman unterscheidet proskriptive (bestimmte Handlungen sollen unterdrückt werden) und präskriptive (bestimmte Handlungen sollen ausgeführt werden) Normen.

---

397   Coleman, James S., Band 1, a.a.O., S. 313

Realisiert werden sozial gebildete und festgeschriebene Normen durch deren Vermittlung im Sozialisationsprozess. Dieser kann besonders erfolgreich verlaufen, wenn geschlossene Netzwerke mehrerer Personen vorhanden sind, in denen Akteure dieselben Normen besitzen und die Normbefolgung überwachen. Sollten jedoch viele Kontakte zu anderen sozialen Gruppen bestehen oder der soziale Status zu gering oder zu hoch sein, so wird der normvermittelnde Sozialisationsprozess weniger erfolgreich verlaufen, da die Sanktionen nicht greifen können. Als legitim anerkannte Normen gelten solche, bei denen Anderen das Recht auf Teilkontrolle der eigenen Handlungen zugestanden wird.

Das Selbst umfasst nach Coleman jenen Teil natürlicher Personen oder Körperschaften, der Verfassungen aufbaut und verändert. Die Theorie geht davon aus, dass jedes Individuum und jede Körperschaft Intelligenz besitzt, um rationale Entscheidungen zu treffen, auch wenn diese nicht immer optimal sind. Dazu benötigt es einen Rezeptor, der Signale aus der Umwelt aufnimmt und einen Aktivator, der Handlungen gegenüber der Umwelt durchführt. Beide Teile müssen miteinander in Verbindung stehen, damit rationale Entscheidungen getroffen werden können. Der Rezeptor wird auch als 'Objektselbst' bezeichnet, der Aktivator auch als 'Handlungsselbst'. Der Akteur steht vor dem Problem des Zusammenfügens aller Komponenten zur zielgerichteten Entscheidungsfindung und -durchführung, und in einer immer komplexer werdenden Umwelt entstehen schon Probleme in der Auswahl und kostenerzeugenden Beschaffung der für ihn relevanten Informationen, auf die er seine Aufmerksamkeit lenken will. Des weiteren ergibt sich das Problem der internalisierten Normen, anderer Herrschafts- oder Teilkontrollenübertragungen an andere Personen oder der inneren Repräsentation des äußeren Handlungssystems, die eine interne Komplexität entstehen lassen. "Das Objektselbst hat ein Interesse an bestimmten Ergebnissen von Ereignissen. Das Handlungsselbst handelt hinsichtlich der Interessen des Objektselbst, indem es versucht, diese Interessen wahrzunehmen."[398] Interesse kann somit in zwei Aspekte aufgeteilt werden: "Für das Objektselbst zeigen Interessen das Maß der Befriedigung in Abhängigkeit von den Ergebnissen bestimmter oder der Kontrolle von bestimmten Ressourcen an. Für das Handlungsselbst zeigen Interessen den relativen Umfang von Ressourcen an, die herangezogen werden, um Kontrolle über das Ereignis zu erlangen; sie dienen als Triebkräfte des Handelns."[399] Handlungsselbst und Objektselbst stellen somit kein einheitliches Gebilde dar, sondern sind in sich vielfältig strukturiert, sodass rationales Handeln nicht immer zu optimalen Ergebnissen führen muss. Um solche vermeintliche Irrationalität zu verstehen, müssen einem Beobachter, der dieses verstehen will, alle internen, relevanten

---

398   Coleman, James S., Band 2, a.a.O., S. 240

399   Coleman, James S., Band 2, a.a.O., S. 242

Interessen, Kontrollübertragungen mit ihren Konflikten oder zeitweiligen Präferenzen bekannt sein. Erst dann erscheint vielleicht scheinbar irrationales Handeln, das nicht zu 'vorteilhaften' Ergebnissen führt, rational verständlich. Eine weitere Möglichkeit für Irrationalität besteht darin, eine unvollkommene innere Konstruktion von Objektselbst und Handlungsselbst aufgebaut zu haben, die zu unvorteilhaften Verhaltensweisen führen kann. Da jedoch auch strategisches Handeln mit langfristigen Zielen in einer verhaltensinterdependenten Umwelt erfolgt, ist es leicht möglich, dass dieses Handeln für einen Beobachter als irrational erscheint.

Das Selbst beinhaltet eine Verfassung, die im Falle natürlicher Personen im Zuge der Sozialisationen erworben bzw. aufgebaut wurde, die sich jedoch im Laufe des Lebens durch unterschiedlichste Erfahrungen verändern kann. Zu Beginn der Sozialisation besteht die Interessenstruktur einer natürlichen Person aus primären Bedürfnissen des Individuums, später gehen die Bedürfnisse in die Superstruktur von Interessen ein.

Der Aufbau bzw. die Erweiterung einer internen Interessenstruktur erfolgt u.a. durch 'Identifikation'. Durch Empathie oder Sympathie können Beziehungen sich so gestalten, dass die Interessen eines Anderen sich zu eigen gemacht werden. Somit übernimmt derjenige, der sich mit einem Anderen identifiziert, dessen Interessenstruktur und erweitert somit sein eigenes Objektselbst. Es kann dann zu Identifikationsbildungen (wie z.B. durch Liebe, Freundschaft oder Unterstützung eines charismatischen Führers) kommen, in denen die Befriedigung der Interessen des Anderen für einen selbst zur Quelle der Befriedigung wird.

Coleman beschreibt den Wandel der internen Interessenstruktur ausgehend vom Prinzip der Nutzenmaximierung: "Wenn der Akteur mit der Aufgabe beschäftigt ist, die Befriedigung seiner Interessen zu maximieren, kann diese Aufgabe, anders gesagt, auf zweierlei Weise erfüllt werden: Er kann Handlungen ergreifen, um die Außenwelt umzustrukturieren, indem er Kontrolle über bestimmte Ereignisse erlangt, die nur für ihn von Wichtigkeit sind, oder er kann das innere Selbst umstrukturieren, indem er ein Interesse an bestimmten Ereignissen entwickelt und das Interesse an anderen Ereignissen verliert."[400] Beide Möglichkeiten stehen dem Akteur prinzipiell offen und er muss von Fall zu Fall selbst entscheiden, welcher Weg der erfolgversprechendere und kostengünstigere ist. Dadurch besitzt jeder Akteur, ob Körperschaft oder natürliche Person, eine von anderen Akteuren differente Verfasstheit, die er selbst gegebenenfalls umstrukturieren oder erweitern kann.

---

[400] Coleman, James S., Band 2, a.a.O., S. 251 f

James S. Coleman hat eine 'Strukturkarte sozialer Handlungen' entworfen, die wie folgt aussieht:[401]

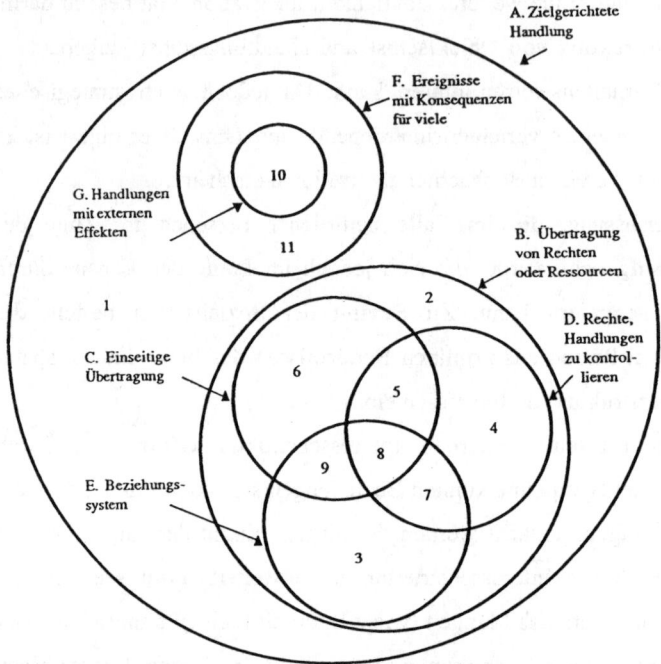

1. Private Handlungen
2. Austauschbeziehungen
3. Markt
4. Disjunkte Herrschaftsbeziehungen
5. Konjunkte Herrschaftsbeziehungen
6. Vertrauensbeziehungen
7. Disjunkte Herrschaftssysteme
8. Konjunkte Herrschaftssysteme
9. Vertrauenssysteme, kollektives Verhalten
10. Normgenerierende Strukturen
11. Strukturen kollektiver Entscheidungen

Zusammenfassend für individualistische Ansätze in den Sozialwissenschaften gilt:[402]

1. Der Einzelne handelt.

    Die auf Gesellschaftsebene beobachteten Ereignisse werden auf das Handeln von Personen zurückgeführt. Die Betrachtung der Handlungen von Personen schließt den Zusammenhang mit dem jeweiligen Kontext (Institutionen, andere Personen) ebenso ein wie deren individuelle Dispositionen.

2. Das menschliche Verhalten wird durch Anreize bestimmt.

---

401   Coleman, James S., Band 1, a.a.O., S. 43

402   Reinecke, Jost, Das individualistische Forschungsprogramm in den Sozialwissenschaften (Rational Choice), in: Kneer, Georg, Klaus Kraemer und Armin Nassehi (Hg.), Soziologie. Zugänge zur Gesellschaft. Geschichte, Theorien und Methoden, Hamburg 1994

Personen handeln nicht zufällig, sondern sie (re)agieren in systematischer und damit vorhersehbarer Weise. Ihr Handeln ist bestimmt durch Erwartungen und durch die Fähigkeit, je nach Informationslage, zielgerichtet und zukunftsbezogen zu (re)agieren.

Die Handlungsmöglichkeiten werden nach Vor- und Nachteilen abgewägt.

3. Anreize werden durch Präferenzen und Einschränkungen hervorgerufen.

Veränderungen im menschlichen Verhalten werden auf beobachtbare Veränderungen der durch die Einschränkungen bestimmten Möglichkeiten zurückgeführt und nicht auf Präferenzveränderungen, die nicht messbar sind.

4. Einschränkungen bestimmen den zum Handeln verfügbaren Möglichkeitsraum.

Zu diesen Einschränkungen zählen monetäre Ressourcen, rechtliche Bedingungen (Gesetze, Verordnungen etc.), informelle sowie traditionelle Normen.

5. Individuen führen Handlungen aus, die ihre Ziele - unter Berücksichtigung der Handlungsbeschränkungen - realisieren.

3. Spieltheorien

James S. Coleman hat aus der Analyse von Sozialsimulationsspielen seine ursprünglich an Durkheim angelehnte theoretische Haltung aufgegeben zugunsten einer Sozialtheorie, die an zielgerichtetem Handeln, Entwicklung von Spielregeln und den Konsequenzen aus diesen Regeln für das Spiel orientiert ist.[403]

Ein Spiel umfasst nach Coleman folgende Komponenten:

1. Rollen, die Spieler übernehmen, wobei die Rolle die Interessen und/oder Ziele der Spieler bestimmt.

2. Regeln, die die Spieler in ihren Rollen und im Spielablauf beachten müssen.

3. Konsequenzen, die die Handlung eines Spielers für sich selbst und für Andere haben.

Es gibt Komponenten, die Spieler, Spielregeln und die Spielstruktur umfassen, und die für Coleman zur Analyse des Übergangs von der Mikro- zur Makroebene und umgekehrt nutzbar gemacht werden. Spiele umfassen nach Coleman Interaktionen in Herrschafts- und Vertrauensbeziehungen, wobei er als eine erfolgreiche Strategie eine 'freundliche' Tit-for-Tat Strategie vorschlägt, weil kooperatives Verhalten bei den Gegenspielern in Gang gesetzt wird, ohne dass man selbst zu oft ausgenutzt werden kann.[404]

'Theorien der rationalen Wahl' wurden mittlerweile in 'Theorien der sozialen Wahl' umbenannt, da diverse Analysen den begrenzten Analysewert von 'rational' dargelegt hatten. Die 'Theorie der sozialen Wahl' untersucht die Beziehungen zwischen individuellen Präferenzen und kollektiven Ergebnissen.

So führte Simon in seinen Organisationsanalysen den Begriff der 'gebundenen Rationalität' (bounded rationality) ein, um zu zeigen, dass die Individuen nur in einem begrenzten Maße von rationalen Entscheidungsprämissen ausgehen. Innerhalb der politischen Ökonomie entwickelte sich eine breite Diskussion darüber, ob man am Paretoprinzip (d.h. an der Forderung, dass ein sozialer Zustand, der von allen Akteuren einem anderen vorgezogen wird) festhalten und die verfassungsmäßige Verankerung von Rechten anstreben soll. Es entwickelte sich eine breite

---

403   Coleman, James S., Grundlagen der Sozialtheorie, 1. Band, München. Wien 1995, S. 14

404   Besonders Axelrod, Robert, Die Evolution der Kooperation, München 1988 hat sich um die Analyse dieser Spielform verdient gemacht. Siehe dazu das 'Symposium on R. Axelrod´s *The Evolution of Cooperation*' in: Analyse & Kritik, Heft 1, 2000

Diskussion[405] über Sens Paradoxon,[406] d.h., dass es eine grundlegende Spannung zwischen Individualrechten und Wohlfahrtswerten gibt und die Steigerung der Rechte der einen auf Kosten der anderen gehe.

Um solche Themen behandeln zu können, bietet sich die mathematische Katastrophentheorie an.[407] Sie liefert Modelle, die auch in eine mathematische Sprache überführt werden können, um diskontinuierliche Phänomene, wie sie besonders für die Biologie,[408] aber auch für die Sozialwissenschaften charakteristisch sind, zu erklären. Die Katastrophentheorie hat sich aus der Topologie entwickelt, die sich u.a. mit den Eigenschaften von Oberflächen in verschiedenen Dimensionen beschäftigt. Katastrophe wird definiert als der Zusammenbruch eines Gleichgewichts.[409]

Um Prozesse in mathematischen Kalkülen berechenbar zu gestalten, befasste man sich mit solchen, die modellhaft durch eine begrenzte Anzahl von Variablen beeinflusst werden. So hat René Tom für Prozesse, die nicht von mehr als vier Faktoren kontrolliert werden, gezeigt, dass es genau sieben Elementarkatastrophen gibt, die er Falte, Scheitelpunkt, Schwalbenschwanz, Schmetterling, hyperbolischer Nabel, elliptischer Nabel und parabolischer Nabel nennt. Es kann zwar eine unendliche Zahl von Katastrophen konstruiert werden, aber in der realen Welt, die vier Dimensionen besitzt, treten sieben Elementarkatastrophen auf, weil bei ihnen im Kontrollbereich nicht mehr als vier Dimensionen wirken.

---

405   Siehe das Heft 'Das Paradox des Liberalismus/The liberal Paradox' in: Analyse & Kritik, 18, 1996

406   Ursprünglich Sen, Ayarta K., The Impossibility of a Paretian Liberal, in: Political Economy, 78, 1970, S. 152-157

407   Vergl. Thom, René, Stabilité structurelle et morphogénèse, Paris 1972

408   Vergl. Thom, René, Topological models in biology, in: Topology, Bd. 8, 1969
        Zeeman, E.C., Catastrophe Theory, in: Scientific American, April 1976

409   Der Terminus 'Katastrophe' ist in dieser Theorie etwas anders gefasst als in der Alltagssprache.

Um diese Theorie zu veranschaulichen, führe ich im folgenden das Beispiel der Scheitelkatastrophe[410] an:

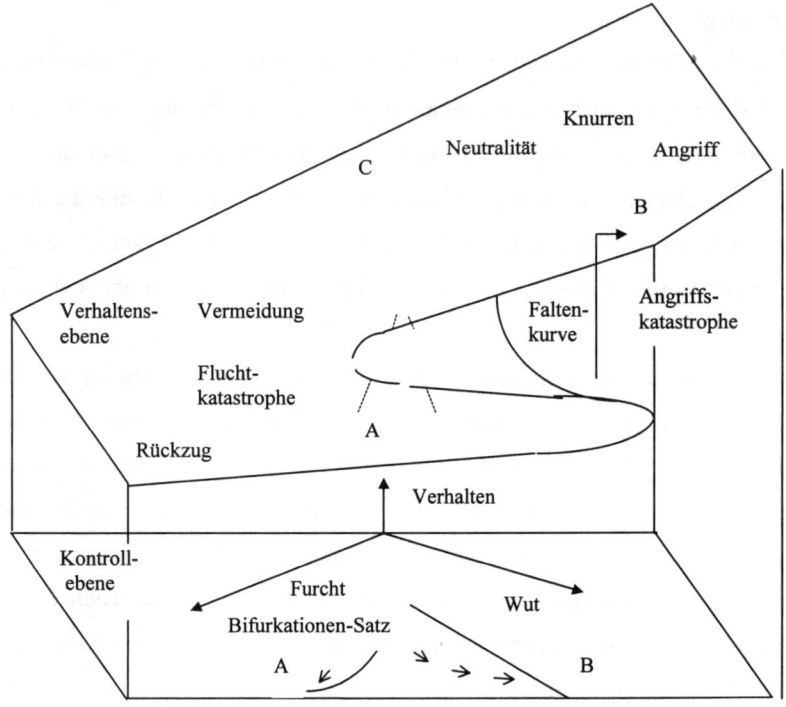

Dieses Schema illustriert die Aggression von Hunden. Dem Modell liegt die Annahme zugrunde, dass aggressives Verhalten von Hunden durch zwei konfligierende Faktoren, nämlich Furcht und Wut bestimmt wird, die als Faktoren in der Kontrollebene wirken. Das Verhalten des Hundes, das zwischen Angriff und Rückzug pendelt, ist auf der vertikalen Achse abzulesen. Wenn der Hund Furcht und Wut besitzt, dann greift er entweder an oder er flüchtet. Die Faltenkurve soll das Umspringen der Reaktionen darstellen. Wenn einem wütenden Hund Furcht eingeflößt wird, so kehrt sich sein Verhalten von Angriff in Rückzug um und umgekehrt. Dieses Modell soll zeigen, wie der kleine Wechsel der Stimuli eine große Verhaltensänderung bewirken kann. Wenn man dieses Modell erweitert, indem man neue Parameter einführt, so erhält man die 'Schmetterlingskatastrophe'. In dem folgenden außenpolitischen Modell gibt es neben den Alternativen 'Rückzug' und 'Angriff ' die stabile Alternative 'Verhandlungen'.[411]

---

410   Vergl. Zeeman, E.C., a.a.O., S. 44

411   Vergl. Zeeman, E.C., a.a.O., S. 54

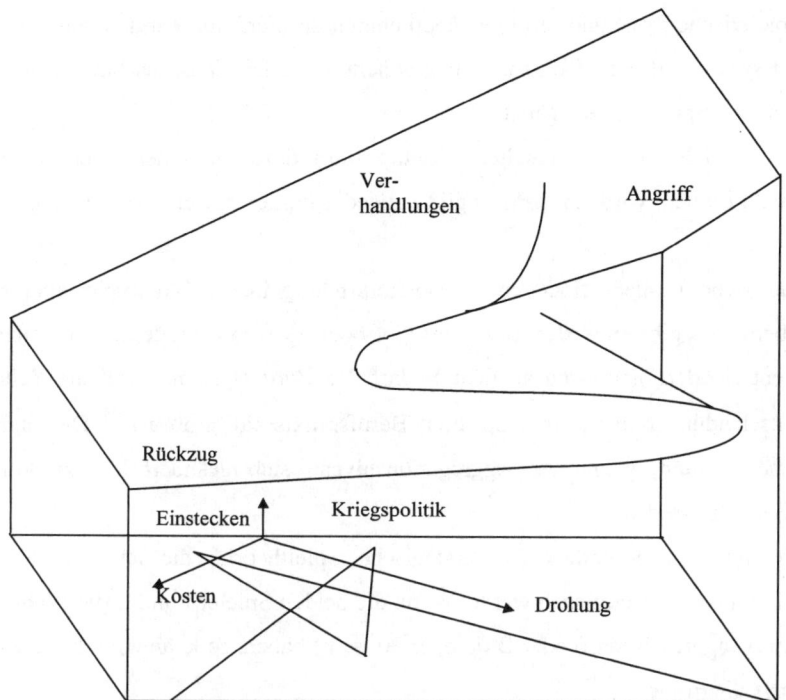

Solche Modellkonstruktionen haben interessante Parallelen in der Wissenschaftstheorie. Diese von Mary Hesse[412] u.a. Netzwerk-Modell genannte Theorie nahm die Kritik am Falsifikationismus von Kuhn, Feyerabend und in schwächerer Form Lakatos auf und zeigt, dass die interne Organisation eines Klassifikationssystems wichtiger ist als externe Faktoren, wie z.B. Widerlegungen.

In der Netzwerktheorie sind Beobachtungssprache und Theoriesprache ineinander verwoben. Beide können verändert werden. Die Beobachtungssprache mit ihrer Betonung der Tatsachen, wird nicht, wie bei Carnap, favorisiert.[413] Diese beiden Sprachen sind doppelt kontingent, sie können sich beide gegeneinander profilieren und steigern. Der daraus folgende Relativismus folgt aus der Unterdetermination jeder Theorie durch empirische Daten. Welche Aussagen als wahr angenommen werden, ergibt sich aus ihrer Kohärenz mit einem umfassenden theoretischen

---

412   Vergl. Hesse, Mary, The Structure of Scientific Inference, Berkeley. Los Angeles 1974, bes. S. 45 ff. A Network Model of Universals

Dies., Revolutions and Reconstructions in the Philosophy of Science, Brighton Sussex 1980, bes. S. XVI und S. 83

413   Eine frühere Fassung der Dekomposition einer Tatsache findet man bei: Fleck, Ludwik, Entstehung und Entwicklung einer wissenschaftlichen Tatsache, Frankfurt am Main 1980 (Original 1935)

Netzwerk. Spielerische Systematisierungen übernehmen die Funktion eines einzigen, objektiven Klassifikationssystems, dessen Konstruktion gescheitert ist. Die Wissenschaftstheorie wird so durch Elemente der Spieltheorie ergänzt.

Das rationale Handeln der individuellen Akteure führt dazu, dass der eigentlich objektive Sattelpunkt nicht erreicht wird, sondern es gibt entweder immer zuviel oder zuwenig von einem Gut.

Diese oszillatorische Tendenz findet man besonders häufig in der Ökonomie, aber z.B. auch beim Lehrerberuf. Es gibt entweder immer zu viel oder zu wenig Studenten, die sich für den Lehrerberuf entscheiden, gemessen an dem Bedarf des Berufssystems, weil die Zeitdifferenz zwischen Entscheidungsfindung und späterer Berufspraxis zu groß ist.[414] Das individuelle rationale Handeln kann, wenn das Aggregationsniveau sich geändert hat, zu kollektivem irrationalen Handeln werden.

Damit beschäftigt sich besonders die strategische Spieltheorie, die ich am Beispiel des 'Gefangenendilemmas' verdeutlichen werde. Wenn die beiden Spieler I und II die Wahl zwischen den Strategien A (aggressiv sein) oder B (kooperativ sein) haben, so kann man ihre Strategien in folgende Matrix übertragen.[415]

Strategien des ersten Gefangenen

Gefangener 1 / Gefangener 2	Gestehen	Leugnen
Gestehen	6 Jahre / 6 Jahre	10 Jahre / Straffrei
Leugnen	Straffrei / 10 Jahre	3 Wochen / 3 Wochen

Strategien des zweiten Gefangenen

---

414   Vergl. Boudon, Die Logik ..., a.a.O., S. 150 f.

415   Kahle, Egbert, Betriebliche Entscheidungen, 5. Auflage, München. Wien 1998, S. 137
       Zur Diskussion siehe auch: Watzlawick, Paul, Janet H. Beavin und Don D. Jackson, Paradoxe Kommunikation, 4. Aufl., Bern 1974 mit einer besonderen Analyse des Gefangenendilemmas als paradoxe Kommunikation (S. 209ff.) und als ein Zwei-Personen-Nicht-Nullsummen-Spiel, was bedeutet, dass Gewinn und Verlust zweier Spieler sich nicht zu Null addieren, im Gegensatz z.B. zu Schach oder Dame.

Zwei Gefangene werden eines Raubüberfalls beschuldigt. Wenn einer gesteht, als Kronzeuge auftritt und der Andere leugnet, bleibt der Eine als Kronzeuge straffrei, der Andere erhält 10 Jahre Gefängnis. Wenn beide gestehen, erhalten sie je 6 Jahre, wenn beide leugnen, werden sie wegen Waffenbesitzes zu je 3 Wochen Strafe verurteilt. Wenn sich beide Akteure in diesem Fall rational entscheiden, wählen sie das Geständnis, das für beide Akteure das zweitschlechteste Ergebnis ihrer Bemühungen darstellt.

Das Gefangenendilemma zeigt eine Paradoxie des Handelns auf, da man bei gegenseitiger rationaler Strategie bei unzureichender Information nicht den für beide Akteure optimalen Zustand erreicht, sondern einen suboptimalen.

Die einzelnen Akteure orientieren sich an einem Kalkül, um ihren individuellen Nutzen zu mehren. Doch es entwickeln sich Paradoxien, die darin bestehen, dass die rationalste Strategie aller Mitspieler zu irrationalen und unerwünschten Folgen für alle oder die Mehrheit der Akteure führen kann. Über Aggregation von Handlungen entstehen Emergenzeffekte (oder auch Kompositions- oder Aggregationseffekte genannt), die in Widerspruch zu den Intentionen der Akteure stehen können. Dies wurde in der Soziologie bisher mit den verschiedensten Begriffen bezeichnet, so z.B. als die unbeabsichtigten Nebenfolgen von beabsichtigten Handlungen, paradoxe Effekte sozialer Institutionen, Widersprüche sozialen Handelns.[416]

Mit der Analyse solcher paradoxen Effekte kann man z.B. zeigen, warum niemand an einer kollektiven Aktion teilnimmt, an der im Interesse aller jeder teilnehmen sollte, weil die individuellen Einsätze möglicherweise zu hoch erscheinen.

Ein anderer paradoxer Effekt ergibt sich, wenn man die Beförderungschancen erhöht, um die Zufriedenheit der Mitarbeiter zu steigern, da dann die Frustrationen in einer Berufsgruppe steigen. Dieser Effekt der relativen Frustration entsteht dadurch, dass bei nur geringen Aufstiegschancen für die meisten Mitspieler kein Anlass zur Frustration gegeben ist, wenn diese Chancen jedoch erhöht werden, so ergibt sich für viele ein größerer Anreiz, in das Spiel um die Aufstiegsmöglichkeiten einzusteigen, d.h. zu investieren, mit dem Ergebnis, dass viele dann ihren Einsatz verlieren. Die Leichtigkeit der Beförderung erzeugt eine größere Frustration für die Mehrheit, die nicht befördert wird.

Auch Norbert Elias verwendet die Kategorie des 'Spiels', um die Verflechtung der individuellen Handlungen der Akteure zu analysieren, da ein solcher Spielprozess einen Verlauf nimmt, den kein einzelner Spieler geplant, bestimmt oder vorausgesehen hat.[417]

---

416   Vergl. Boudon, Raymond, Widersprüche sozialen Handelns, Darmstadt. Neuwied 1979

417   Elias, Norbert, Was ist Soziologie?, bes. das 3. Kapitel Spiel-Modelle, 2. Aufl., München 1971

Crozier und Friedberg[418] sehen das Spiel als eine grundlegende Kategorie zur Analyse des Verhaltens von Akteuren. In strukturierten Spielen werden mögliche Gewinnstrategien ausgespielt. Die Akteure wählen diejenige Strategie aus, die Ihnen den höchsten Erfolg verheißt. So lange sie in diesem Spiel mitspielen, unterstützen sie damit das dahinterstehende System.

Crozier und Friedberg sehen den Akteur immer mit Verhandlungsspielraum und Macht ausgestattet, wobei Macht als Möglichkeit, auf andere Individuen oder Gruppen einzuwirken, aufgefasst wird.[419] Da jeder Akteur einen eigenen Spielraum besitzt, kann er seine Machtmöglichkeiten einsetzen. Dies impliziert nicht, dass alle Mitspieler die gleiche Macht besitzen oder dass es sich um symmetrische Beziehungen handeln muss. Dieses stellt eher einen Grenzfall der Interaktionen dar. Der Akteur muss die Regeln des Spiels beachten, wenn er an einem Erfolg in diesem Spiel orientiert ist. Spiele[420] sind kontingent. Sie begrenzen den Möglichkeitsraum, aber dadurch, dass jeder Teilnehmer auf eine erfolgreiche Strategie ausgerichtet ist, wenn die Teilnahme an dem Spiel für ihn lohnend sein soll, trägt ein solches Spiel auch zur Realisierung von Zielen bei, die jenseits der Absichten der Akteure liegen. Dies führt zu dem Problem der unbeabsichtigten Nebenfolgen von beabsichtigten Handlungen.[421] Die Akteure sind gezwungen, eine Gewinn-Strategie zu verfolgen, d.h. eine Strategie, die im Rahmen des Spiels rational ist. Dadurch muss sich der Akteur dem Spiel beugen und dies führt

---

418   Crozier, Michel und Erhard Friedberg, Die Zwänge kollektiven Handelns. Über Macht und Organisation, Frankfurt am Main 1993

419   Crozier u. Friedberg, a.a.O., S. 39

420   Crozier u. Friedberg, a.a.O., S. 68. "Das Spiel ist das Instrument, das die Menschen entwickelt haben, um ihre Zusammenarbeit zu regeln. Es ist das wesentliche Instrument organisierten Handelns. Es vereint Freiheit und Zwang. Der Spieler bleibt frei, muß aber, wenn er gewinnen will, eine rationale Strategie verfolgen, die der Beschaffenheit des Spiels entspricht, und muß dessen Regeln beachten. Das heißt, daß er zur Durchsetzung seiner Interessen die ihm auferlegten Zwänge zumindest zeitweilig akzeptieren muß. Handelt es sich, wie immer bei einer Organisation, um ein Kooperationsspiel, so wird das Produkt des Spiels das von der Organisation gesuchte gemeinsame Ergebnis sein. Dieses Ergebnis wird aber nicht durch die direkte Steuerung der Teilnehmer erreicht, sondern durch die Orientierung, die ihnen Beschaffenheit und Regeln des Spiels auferlegen, das jeder von ihnen spielt und in denen sie ihr eigenes Interesse suchen. So definiert, ist das Spiel ein menschliches Konstrukt. Es ist an die kulturellen Muster einer Gesellschaft und an die spezifischen Fähigkeiten der Spieler gebunden, bleibt aber kontingent wie jedes Konstrukt. Die Struktur ist im Grunde nur eine Gesamtheit von Spielen. Die Strategien jedes der Teilnehmer sind nur Spielweisen, und es ist die Beschaffenheit des Spiels, die ihnen ihre Rationalität verleiht."

421   Eine frühe systematische Fassung dieses Phänomens findet man bei Merton, Robert K., The Unanticipated Consequences of Purposive Social Action, in: American Sociological Review, Vol. 1, 1936
Crozier und Friedberg nennen dieses Phänomen 'zuwiderlaufende Konsequenzen'.

zur Emergenz und eventuellen Erreichung der gemeinsamen Ziele der verschiedenen Akteure.[422] Die Beteiligung an einem solchen Spiel muss für den Einzelnen lohnend sein. Das Spiel stellt ein Konzept organisierten Handelns dar, wenn sich das Handeln in einem Kontext gegenseitiger Abhängigkeiten abspielt.[423]

Die Akteure (Spieler) sind zwar auf der einen Seite bis zu einem gewissen Maße in der Wahl ihrer Strategien frei, aber sie müssen auf der anderen Seite die Zwänge, die sich aus dem Verhalten der Mitspieler ergeben und auch die Spielregeln zumindest nach außen hin berücksichtigen.

Legt man das Spiel anstelle der klassischen Rollentheorie als ein Konzept zur Analyse von Modellen der Integration menschlichen Verhaltens zugrunde, wird dadurch eine Möglichkeit zur Analyse verschiedener Handlungslogiken und unterschiedlicher Strategien geschaffen. Die Strategien der Akteure sind für Crozier und Friedberg jeweils rational ausgerichtet. Bei scheinbar irrationalen Strategien muss man einerseits die verschiedenen technischen, juristischen, ökonomischen und sozialen Zwänge und andererseits die 'Spielregeln' analysieren, die die Machtverhältnisse der Organisation beeinflussen. In einem rekursiven Prozess muss man die Zwänge, die Strategien, die Spiele mit den damit verbundenen Machtstrukturen analysieren, um z.B. das Verhalten in einer Organisation zu verstehen.[424] Denn ohne das systemische Denken kommt die strategische Analyse nicht über eine Beschreibung hinaus und ohne die Analyse der Strategien der Akteure bleibt die Theorie des Systems spekulativ. Dabei werden Systeme als nicht-naturalistische, nicht-verdinglichte Konstruktionen und damit als ein Rahmen für mögliche Handlungen konzipiert, in denen die Akteure wie in einem Spiel Strategien entwickeln, die u.a. Konflikte, Verhandlungen oder Koalitionen umfassen können.

Spiele sind menschliche Konstrukte. Sie sind zwar an die kognitiven und relationalen Fähigkeiten, die wiederum in der Sozialisation und in gesellschaftlichen Kulturen (wie z.B. der Berufswelt) erworben wurden, gebunden, aber sie bleiben dennoch kontingent.[425] Im Spiel werden gegensätzliche Strategien der einzelnen Gegenspieler koordiniert.[426]

Die Existenz von geregelten Spielen, also Handlungssystemen, die kontingente Eigenschaften besitzen, strukturieren ein Handlungsfeld. Da es kein neutrales, nicht strukturiertes

---

422   Crozier u. Friedberg, a.a.O., S. 133

423   Friedberg, Erhard, Ordnung und Macht. Dynamiken organisierten Handelns, Frankfurt am Main. New York 1995, S. 234

424   Crozier u. Friedberg, a.a.O., S. 305 f.

425   Friedberg, a.a.O., S. 235 f.

426   Crozier u. Friedberg, a.a.O., S. 142

Handlungsfeld gibt und es kein soziales Handeln ohne Macht gibt, zeigt eine Strukturierung des Handlungsfeldes sowohl den Ursprung wie auch die dauernde Präsenz der Macht.[427]

Besonders für die Analyse von Organisationen eignet sich das Spielmodell. In dem Konzept von Crozier und Friedberg, Organisationen als ein Machtspiel zu begreifen, wird der Versuch unternommen, Rationalität unter Bedingungen der Unsicherheit und unterschiedlicher, teilweise antagonistischer Aktionsorientierung zu bestimmen. Dadurch werden Ansprüche an eine übergreifende Rationalität gesenkt, da die Ambiguitäten des Machtspiels berücksichtigt werden müssen.

Weick verweist ebenfalls auf Kampf- und Machtspiele, die Rolle der Regeln und die Bedeutung des Schiedsrichters, der die Regeln interpretieren soll, aber auch neue generiert. Durch die Konstruktion der Realität durch Akteure ändert sich auch die Rolle des Schiedsrichters. Der eine Schiedsrichter sagt: "Ich pfeife ein Foul, weil es sich ereignet hat", der andere: "Ich pfeife es, wenn ich es sehe", der letzte: "Es liegt überhaupt nur ein Foul vor, wenn ich es pfeife".[428] Die Mit- und Gegenspieler trachten danach, ihren eigenen Spielraum zu schützen und auszubauen und die Spielräume der Gegenspieler einzuengen, um sie in ihrem Verhalten so berechenbar wie möglich zu machen.[429] Die grundlegende Dynamik der Macht tendiert zur Monopolisierung und damit zur Abschottung und Undurchdringlichkeit. Offenheit, Transparenz und Flexibilität der Strukturen sind kaum mit der Dynamik von Machtbeziehungen vereinbar.

Im Folgenden thematisiere ich das Problem, inwieweit das Konzept des Spiels für die soziologische Theoriebildung fruchtbar gemacht werden kann. Auf der einen Seite kann man das Spiel zur Analyse von Handlungen verwenden und auf der anderen Seite Systeme mit den Mitteln des Spiels analysieren. Dazu ist es notwendig, dass ich zuerst den Zusammenhang von Handeln und System und einige Probleme einer evolutionären Erkenntnistheorie skizziere, denn Spiel als theoretische Kategorie wird im folgenden zwischen den Kategorien Handlung und System angesiedelt.

Zur Analyse der Wirkungen der Handlungen auf das System und umgekehrt des Systems auf die Handlungen wird die Kategorie des Spiels zwischengeschaltet. Dadurch wird eine Instanz geschaffen, die die Brechungen dieser Wirkungen, ähnlich denen des Lichts beim Übergang in

---

427   Crozier u. Friedberg, a.a.O., S. 142

428   Das Schiedsrichterbeispiel bei Weick, Karl F., Der Prozess des Organisierens, Frankfurt am Main 1985 und Becker, Albrecht, Willi Küpper und Günther Ortmann, Revisionen der Rationalität, in: Küpper, Willi und Günther Ortmann, Mikropolitik, Rationalität, Macht und Spiele in Organisationen, 2. Aufl., Opladen 1992, S. 96

429   Friedberg, Erhard, Zur Politologie von Organisationen, in: Küpper und Ortmann, a.a.O., S. 43

ein anderes Element, zu analysieren sucht. Das Spiel selbst besitzt im theoretischen Kontext einen Doppelcharakter, einerseits als geronnenes Regelwerk, das hauptsächlich zur Systembildung drängt, andererseits als überschüssige Energie, die stärker zu selbstreferenziellen Handlungen beiträgt. So steigert das Spiel im ersten Sinne die systemische und die Handlungsrationalität. Im zweiten Sinne, als überschüssige Energie, fungiert das Spiel als Grazie.

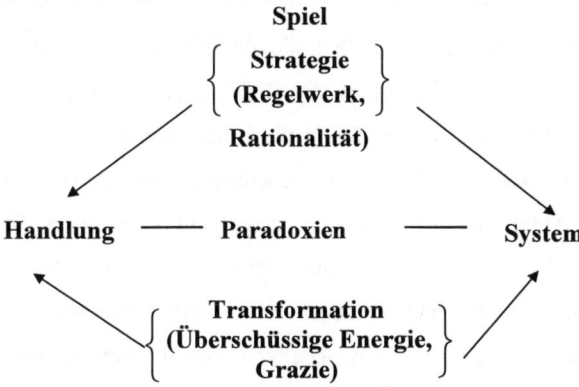

So liefert Spiel die Grundlagen für Freiheit und Unbestimmtheit des Handelnden und kann zum Verstehen sozialer Prozesse beitragen. Der Handelnde stellt sich im Spiel selbst dar, in dem er Freiräume ausnutzt, da auch immer Indetermination vorhanden ist. Somit eröffnet die Analyse der Wirklichkeit mit Hilfe der Kategorie des Spiels über die Handlungs- und Systemtheorie hinaus neue Möglichkeiten.[430]

Das Spiel eignet sich wegen seiner Stellung zwischen Handlung und System auch zur Analyse der Paradoxien,[431] die u.a. dadurch entstehen, dass Handlungen und die mit ihnen verbundenen Intentionen ('guten Absichten') vorschnell verbunden werden. Die Paradoxien wirken auch umgekehrt vom System über das Spiel auf die Handlung.

---

430   Siehe Mongardini, Carlo, Die Stellung des Spiels zwischen Kultur und sozialem Handeln, in: Haferkamp, Hans (Hg.), Sozialstruktur und Kultur, Frankfurt am Main 1990

431   Runkel, Gunter, Paradoxien im Erziehungs- und Wissenschaftssystem, Hochschule Lüneburg, Berichte-Informationen-Meinungen, Heft 6, Lüneburg 1985
      Luhmann, Niklas, Tautologie und Paradoxie in den Selbstbeschreibungen der modernen Gesellschaft, in: Zeitschrift für Soziologie, Heft 3, 1987
      Ders., "Was ist der Fall?" und "Was steckt dahinter?" Die zwei Soziologien und die Gesellschaftstheorie, in: Zeitschrift für Soziologie, Heft 4, 1993

Die strategische Spieltheorie bietet einen Ausweg aus diesem Dilemma.[432] Sie geht einerseits von autonomen Akteuren aus, die sich an einem Kalkül orientieren, das nicht notwendigerweise egoistisch ausgerichtet sein muss. So können Effekte entstehen, die im Gegensatz zu den Absichten der Akteure auftreten. Diese Paradoxien lassen mit Hilfe spieltheoretischer Modellen, wie die des Gefangenendilemmas, beschreiben. Man kann damit zeigen, dass die rationalste Strategie des Einzelnen zu irrationalen oder unerwünschten Folgen für alle führen kann und deshalb häufig andere Ergebnisse eintreten, als die Akteure intendiert haben. Ein strategisches Spiel besteht aus den Komponenten der Rollen, die die Spiele übernehmen, wobei eine Rolle die Ziele oder Interessen des Spielers bestimmt, der Regeln, die die Spieler vollziehen dürfen und den Spielablauf bestimmen und die Regeln, die die Konsequenzen der Handlung eines Spielers für die anderen nach sich zieht. Strukturelle Gegebenheiten, die Umwelt der Akteure, führen zu einer Begrenzung der Autonomie des Einzelnen. Man kann unter dieser Blickrichtung auch die Entstehung der Regeln und Normen im sozialen System als Kompositions- oder Aggregationseffekte beschreiben, die Reduktion von Komplexität leisten.

Das 'Spiel' eignet sich zur Analyse der Wirklichkeit, weil in ihm Kontingenzen systematisch eingeführt werden und sozial konstituierte Realität abgebildet wird.

Ein Problem für die theoretische Soziologie bestand bisher darin, soziale Probleme als Folge von individuellen Handlungen (dies ist z.B. die Lösung des Problems von Homans und Coleman) oder als Folge von objektiven, gesellschaftlichen Prozessen und Systemen zu sehen (dies ist z.B. die Lösung von Durkheim, Marx und bisweilen Parsons). Wenn man 'Spiel' als ein weiteres Element zwischen 'Handlung' und 'System' einbaut, so können dadurch Paradoxien, die bislang nicht gelöst werden konnten, aufgehoben werden.

Man sollte Nutzen nicht nur im Sinne eines individuellen, meist ökonomisch ausgerichteten Nutzens betrachten. Vielmehr sollte Nutzen im Sinne eines Belohnungskonzepts verstanden werden, dass anhand der vier verschiedenen Systeme Organismussystem, Persönlichkeitssystem, Sozialsystem und Kultursystem differenziert wird. Die Belohnung auf der Ebene des Organismussystems, die man auch Befriedigung diverser Triebe nennen kann, ist nicht identisch mit den Belohnungen des Persönlichkeitssystems, etwa, dass der Einzelne sein Selbst bewahren will, oder mit den Belohnungen im Sozialsystem, wo am ehesten die ökonomische Belohnung eine Rolle spielt, oder mit Belohnungen im Kultursystem, wo manche monotheistischen Erlösungsreligionen ihren religiösen Experten, wie z.B. katholischen Priestern, für asketische

---

432   Vergl. Boudon, Raymond, Die Logik des gesellschaftlichen Handelns, Neuwied. Darmstadt 1980

Lebensführung das ewige Leben verheißen, was dann in Widerspruch zu anderen Belohnungen, z.B. des Organismussystems, treten kann.

Auch für die Entstehung und Begründung von Normen halte ich spieltheoretische Überlegungen in der hier erweiterten Form für sinnvoll. So werden Normen, d.h. Übereinkünfte über Regeln, eingeführt, um die sozialen Kosten zu verringern. Diese Reduktion von Komplexität kann man sich gut am Beispiel der Verkehrsregeln verdeutlichen, die beliebig, aber dennoch notwendig sind.

Allgemein formuliert, wie kann man in einem Spiel ohne Regeln die Regeln einführen und begründen. Spieltheoretische Überlegungen bei der Normenbegründung laufen dabei auf den Gedanken hinaus, dass 'rationale' Spieler in einer gedachten Spielsituation die Regeln ausarbeiten, die für eine bestimmte Aufgabe und eine bestimmte Zeit Gültigkeit haben sollen. Mit der Zuhilfenahme von spiel- und entscheidungstheoretischen Überlegungen kommt man in die Lage, Ergebnisse, Vor- und Nachteile von Entscheidungen, Gewinne und Verluste anhand der verschiedenen Systemstufen zu kalkulieren. Die Konsequenzen eines so gespielten Kalküls sind rational begründbare Regeln und Normen.

Ein Beispiel für eine solche Vorgehensweise liefern die Überlegungen, wie eine Theorie der Gerechtigkeit aussehen könnte. Durch die Einführung spieltheoretischer Strategien, wie z.B., dass Differenzierungen nur zugelassen werden, wenn sie Vorteile für alle hervorrufen und Grundrechte und -pflichten gleich sein sollen, wird versucht, Normen rational zu begründen.[433]

Durch eine solche Konstruktion der reinen Vernunft soll nicht der faktische Ablauf der Normengenese nachgezeichnet, sondern eine objektive Form der Normenbegründung aufgezeigt werden. Ein Einwand gegen eine solche Vorgehensweise wäre, dass dadurch Normen imaginär begründet werden, um die vorhandenen zu bestätigen. Doch auch dieser Einwand ließe sich spieltheoretisch wenden. Gerade unter der Voraussetzung des Relativismus stellt sich die Frage, wie wir handeln, wenn wir nicht mehr weiterwissen. Man wendet Regeln an, die man kennt, und wenn dies nicht ausreicht, müssen Regeln neu entwickelt und ausgehandelt werden. Zum Beispiel hatte der Religionsstifter im Christentum die Regel ausgegeben, seinen Nächsten wie sich selbst zu lieben und dem Feind, wenn er einen auf die eine Wange geschlagen hat, auch die andere hinzuhalten. Später sah sich die Kirche genötigt, diese Regel einzuschränken, um ihre Position behaupten zu können, weil sie zu einer mächtigen sozialen Institution mit den damit

---

433   Siehe: Rawls, John, Eine Theorie der Gerechtigkeit, Frankfurt am Main 1979
      Coleman ergänzt das Rawlsche Kriterium und betont, dass man klarer als Rawls zwischen den Interessen der
      Akteure als Untertanen einer Körperschaft und den Interessen der Körperschaft selbst differenzieren muss.
      Coleman, James S., Grundlagen der Sozialtheorie, Bd. 2, München. Wien 1995, S. 11 ff.

verbundenen Bestandsproblemen wurde. Die Organisierung Einzelner zu Großorganisationen, wie z.B. Kirche oder Partei, erzeugen vom Blickpunkt des Beobachters aus betrachtet paradoxe Effekte. Solche Organisationen vertreten andere und teilweise gegensätzliche Interessen als ihre Gründer und Anhänger.[434]

Ein Spieler (der Akteur) müsste eigentlich alles, insbesondere auch alle Nebenfolgen, wissen, um rational planen und gewinnen zu können. Da er dies aber in einem Kontext von realen Akteuren und Emergenzeffekten nicht kann, bleibt bei jeder Handlung ein irrationaler Rest. Er muss auch dann, wenn er es nicht will, handeln und selbst Nicht-Handeln ist Handeln. Kein Handelnder, und auch nicht der Interpret einer Handlung, kann alle Umstände und Absichten der Mitbeteiligten kennen.[435] Der Interpret kann nur deshalb 'bessere' Argumente liefern, weil er im nachhinein urteilt, dann, wenn die durchgeführte Strategie Erfolg, Misserfolg oder eine Mischung aus beiden nach sich zog, wobei Erfolg und Misserfolg eine subjektive, retrospektive Bewertung ist und in einer Analyse lediglich von Effekten gesprochen werden sollte.

'Spiel' als theoretisches Konstrukt kann noch in einem weiteren Bereich, der für die neuere soziologische Theorie immer wichtiger wird, fruchtbar gemacht werden. Moderne Rationalität entwickelt sich aus der Steigerung von Spezifikation und Autonomie.

Dies hat Konsequenzen für die soziologische Theorie, die nicht hinter den derzeitigen Stand der sozialen Evolution zurückfallen kann, sondern ihn theoretisch reflektieren muss.[436] Soziologische Theorie muss daher so aufgebaut sein, dass sie Spezifikationen und Autonomie einfängt. Spezifikation und Autonomie stehen nicht in einem Verhältnis eines Zwei-Personen-Null-Summen-Spiels zueinander, dass der Sieg des Einen die Niederlage des Anderen bedeutete, sondern sie sind beide steigerbar. Häufig verführt eine binäre Denkstruktur zu einem Zwei-Personen-Null-Summen-Spiel. So wird z.B. das Dual Theorie-Praxis oft dergestalt diskutiert, dass das Eine auf Kosten des Anderen erweitert werden müsste. Doch beides ist steigerbar, und damit einem Zwei-Personen-Nicht-Null-Summen-Spiel verwandt. Man kann mehr Theorie und

---

434   Für die Partei hat dies unter dem Aspekt der Oligarchisierung, d.h. eines paradoxen Effekts, Robert Michels, Zur Soziologie des Parteienwesens in der modernen Demokratie, Neudruck der 2. Aufl. von 1925, Stuttgart 1955, untersucht.

435   Das Gegenteil nimmt Habermas in seiner Weber-Interpretation an, siehe Habermas, Jürgen, Theorie des kommunikativen Handelns, Bd. 1, Frankfurt am Main 1981, S. 153. Bei Max Weber ist dies allerdings vorsichtiger formuliert und in den Zusammenhang der 'typenbildenden wissenschaftlichen Betrachtung' und des *'konstruierten'* zweckrationalen Verlauf(s)' gestellt. (Von mir kursiv) Siehe Max Weber, Wirtschaft und Gesellschaft, 2. Aufl., Tübingen 1925, S. 2.f

436   Vergl. Luhmann, Niklas, Systemtheorie, Evolutionstheorie und Kommunikationstheorie, in: ders., Soziologische Aufklärung, Bd. 2, Opladen 1975, S. 20

mehr Praxis betreiben.[437] Spezifikation ist, spieltheoretisch gesprochen, eine Summe der Regeln, wogegen Autonomie Beliebigkeit, Kontingenz, d.h. mehr Spielraum, einschließt.

Historisch interessant ist die semantische Veränderung von Autonomie oder, allgemein formuliert, Selbstreferenz. In früheren Zeiten wurde ein selbstreferenzielles Individuum eigenwillig, eigensinnig, eigenartig genannt, durchweg Begriffe, die heute noch in ihren negativen Konnotationen gebräuchlich sind. Vom modernen Individuum wird geradezu Selbstreferenz verlangt mit den damit zusammenhängenden Forderungen wie: Selbstbestimmung, Emanzipation und Entwicklung der eigenen Persönlichkeit als Formen der Selbstperfektionierung.

Durch das verstärkte Umstellen der Gesellschaft auf Selbstreferenz entstehen wachsende Nebeneffekte. Solche sozialen Probleme wie steigende Drogensucht, Kriminalität, Selbstmorde und wachsende Apathie sind Kosten der Freiheit. Dies könnte man ebenfalls als paradoxe Effekte analysieren.

Die gestiegene Selbstreferenz stößt an Grenzen ihrer Realisierbarkeit. Etwas hart formuliert: Wenn sich jeder selbst verwirklichte, wäre dies die Hölle.[438]

Die wachsende Autonomie ist insgesamt positiv, wenn sie mit den Regeln und der Umwelt der Akteure sinnvoll verzahnt wird. Der größere Spielraum, den moderne Systeme anbieten, ist ein funktionales Bedürfnis. Denn die Leistungen eines modernen Systems können nur gesteigert werden, wenn Selbstreferenz (Autonomie, Spielraum) gefördert wird. Folglich werden die unterschiedlichen Bereiche auf Selbstreferenz umgebaut, d.h., es entsteht ein Zwang zur Selbstreferenz. Individualität wird dann zum Muster zum Kopieren fremder Vorbilder. Die Steigerung einer solchen systematischen Rationalität ist nicht das, was viele intendieren. Denn wenn ein engagierter Lehrer freiwillige Mehrarbeit auf sich nimmt, um seine Interessen und die vermeintlichen der gesamten Menschheit durchzusetzen, so steigert er damit gleichzeitig die Effektivität und Rationalität des Erziehungssystems. Vernunft, oder rationale Strategie, muss an die verschiedenen Systeme (Organismus-, Persönlichkeits-, Sozial- und Kultursystem) angepasst sein. Die Vernunft des Organismussystems kann, wie das Beispiel des religiösen Asketen zeigt, mit der Vernunft seines Kultursystems in Widerspruch treten.

---

437   Man kann *mehr* Bücher lesen - und diese dafür gründlicher.

438   Ähnlich pessimistische Passagen bei Max Horkheimer und Theodor W. Adorno, Dialektik der Aufklärung, ohne Ort, ohne Jahr, S. 9 "Seit je hat Aufklärung im umfassendsten Sinn fortschreitenden Denkens das Ziel verfolgt, von den Menschen die Furcht zu nehmen und sie als Herren einzusetzen. Aber die vollends aufgeklärte Erde erstrahlt im Zeichen des triumphalen Unheils." Siehe auch S. 26 und S. 31

Die Vernunft teilt sich in eine humanistische Vernunft und eine technologische Rationalität, beide haben zwar die gleichen Urgründe, aber bisweilen konträre Auswirkungen. Die Entwicklung der Gesellschaften ist wesentlich geprägt von Zufällen, Kontingenzen, spielerischen Handlungen. Im Nachhinein rekonstruieren wir aus der Geschichte Gesetzmäßigkeiten. Doch die Geschichte wäre anders verlaufen, wenn aus einer kontingenten Umwelt andere Möglichkeiten ausgewählt worden wären. Aber diese Auswahl ist nicht völlig willkürlich. Die Menschen und generell alle aufs Überleben ausgerichteten Systeme wählen sich aus der Umwelt diejenigen Möglichkeiten aus, die sie von der Umwelt unabhängiger machen, die ihnen eine höhere Überlebenskapazität geben. Diese Auswahl lebender Systeme lässt sich wiederum spieltheoretisch analysieren. So ist für Monod[439] der Zufall die Grundlage der Evolution und damit aller lebenden Systeme. Neben dem Mechanismus der molekularen Erhaltung führt die Unvollkommenheit dieses Mechanismus', die Mutationen und Zufälle, zu einer Entwicklung der Systeme. Eigen und Winkler greifen diesen Gedanken auf und vertiefen ihn.[440] Dabei betonen sie den gleichgewichtigen Aspekt von Zufall und Notwendigkeit und fundieren diese Dichotomie mit der Kategorie des Spiels.[441] An vielen Bei-Spielen (wie Selektion, Überleben, Gleichgewicht) zeigen sie, dass diese spieltheoretisch begründet werden können. Dabei werden statistische Prozesse durch Kugelspiele simuliert. Ein Zufallsgenerator, z.B. ein oder mehrere Würfel, und Spielregeln steuern ein Spiel und simulieren Emergenzeffekte von Populationen, wie z.B. ihr Gleichgewicht, Wachstum oder ihren Untergang. Wie Eigen und Winkler anhand der Kugelspiele zeigen, können indeterministische Ereignisse deterministische Strukturen erzeugen.

Stabilität und Instabilität sind die beiden Endpunkte einer Skala von Möglichkeiten. Wenn die Strukturen nur kleinere Variationen erlauben, so nähert man sich einem stabilen System. Doch ein solches deterministisches System ist offen für die Zukunft, weil es von außen beeinflusst wird. So sind auch in die deterministischen Strukturen indeterministische Ereignisse eingebaut. Veränderungen eines Systems treten schon deswegen auf, weil im System Zeit benötigt wird, um auf Umweltveränderungen reagieren zu können. So ist selbst beim Thermostat, diesem Paradebeispiel für die Anpassung eines Systems an wechselnde Umwelt, immer eine Ungleichzeitigkeit gegeben, er eilt der Umwelt entweder voraus oder er hinkt ihr hinterher.

---

439   Monod, Jacques, Zufall und Notwendigkeit, 3. Aufl., München 1971

440   Eigen, Manfred und Ruth Winkler, Das Spiel. Naturgesetze steuern den Zufall, München. Zürich 1978

441   Ebd., S. 11 "Wir sehen das Spiel als das Naturphänomen, das in seiner Dichotomie von Zufall und Notwendigkeit allem Geschehen zugrunde liegt." Auch S. 17

Wenn man dies graphisch darstellt, so erhält man das Modell einer Scheitelkatastrophe, d.h. der eigentlich wahrscheinliche Zustand, den man durch die Gaußsche Normalverteilung erhielte, wird nicht realisiert, sondern folgendes Modell.[442]

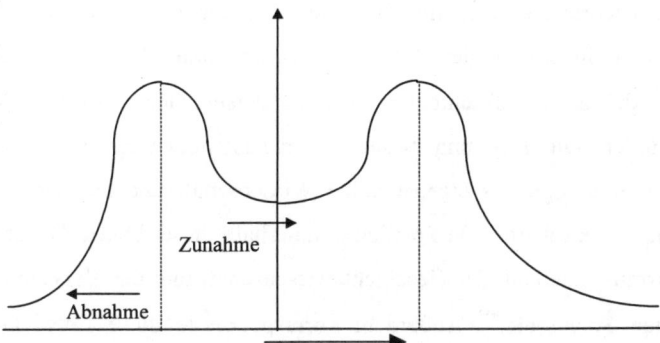

Spiel besitzt einen Doppelcharakter, einerseits vollzieht sich in ihm ein geronnenes Regelwerk, das zur Systembildung beiträgt, andererseits umfasst es die überschüssige Energie, die zu selbstreferenziellen Handlungen beitragen.

Das Spiel besitzt eine Ambivalenz. Zum einen umfasst es strategisches Handeln, das mit Regeln und Rationalität verbunden ist. Zum anderen beinhaltet das Spiel die Transformation, das Artifizielle, den Überschuss und die Verschwendung.

Das rationale Handeln der individuellen Akteure führt dazu, dass der eigentlich objektive Sattelpunkt nicht erreicht wird, sondern es gibt entweder immer zuviel oder zuwenig von einem Gut.

---

442   Vergl. Thompson, Michael, Die Theorie des Abfalls. Über die Schaffung und Vernichtung von Werten, Stuttgart 1981

4. Geschichts- und Evolutionstheorien

Die gegenwärtige Theoriediskussion innerhalb der Soziologie ist durch eine Rehistorisierung und die Diskussion innerhalb der Geschichtswissenschaft durch eine Soziologisierung gekennzeichnet,[443] die an die fruchtbaren Auseinandersetzungen um die Wende zum 20. Jahrhundert anknüpfen. Die Trennung dieser beiden Disziplinen rührte einerseits her aus der Herausbildung der Soziologie als eigenständige Wissenschaft und auf dem Überwiegen von fächerspezifischen wissenschaftlichen Positionen innerhalb dieser beiden Disziplinen, wie eines narrativen Historismus innerhalb der Geschichtswissenschaft und der Versuch der Entwicklung einer formalisierten Soziologie.[444] Außerdem korrespondierte diese Entwicklung mit einem Rückgang an historischem Bewusstsein. Dieser Rückgang wurde dadurch begünstigt, dass die moderne bürgerliche Gesellschaft in einem stärkeren Maße Potentialbegriffe (wie Geld, Eigentum, Verträge) entwickelte, die von der Idee her geschichtsfreier konzipiert werden als frühere Abhängigkeiten und Beziehungen.

Die Annäherung der beiden Disziplinen wurde vorbereitet durch ihre innere Veränderung; Rückgang des Historismus innerhalb der Historie und der formalisierten Modelle (Modell-Platonismus) innerhalb der Soziologie und durch die Herausforderungen des Marxismus, der diese Grenze schon immer für obsolet erklärt hatte. Dabei hat der Einfluss des Marxismus, der selbst eine spezifische Geschichtstheorie entwickelt hat, die Tatsache etwas in den Hintergrund gedrängt, dass verschiedene Geschichtstheorien ausgearbeitet wurden, die auch verschieden historisch relevant wurden.

---

443   Vergl. Ludz, Peter Christian (Hg.), Soziologie und Sozialgeschichte, Opladen 1972

Wehler, Hans-Ulrich (Hg.), Geschichte und Soziologie, Köln 1972

Febvre, Lucien, Der Rhein und seine Geschichte, Frankfurt am Main. New York 1994

Braudel, Fernand, Das Mittelmeer und die mediterrane Welt in der Epoche Philipps II., 3 Bände, Frankfurt am Main 1998 (frz. Original 1949)

Ders., Schriften zur Geschichte, 2 Bände, Stuttgart 1992/93

444   Vergl. Homans, Georg Caspar, Elementarformen sozialen Verhaltens, Köln und Opladen 1968

Ders., Theorie der sozialen Gruppe, 3. Aufl., Köln und Opladen 1968

Ders., Grundfragen soziologischer Theorie, Opladen 1972

Ders., Was ist Sozialwissenschaft?, 2. Aufl., Opladen 1972

Ich möchte bei der Darstellung und Diskussion verschiedener Geschichtstheorien im Folgenden keinen Anspruch auf Vollständigkeit erheben, sondern dabei versuchen, Probleme herauszuarbeiten, die auch heute noch relevant sind.

Verschiedene Geschichtstheorien

Die verschiedenen Geschichtstheorien lassen sich nach dem Entwicklungsgang, den sie der Geschichte supponieren, klassifizieren. Dabei muss eine solche formale Einteilung durch die historischen Kräfte, die die Evolution lenken, ergänzt werden.

1. Eine sehr frühe Geschichtstheorie ist die römische, die selbst griechischen Ursprungs ist, die, ausgehend von einem ursprünglichen Goldenen Zeitalter, einen stetigen Abwärtsgang der Geschichte postuliert, der durch einen Verfall der alten Sitten bedingt ist.[445]

2. Umgekehrt zur römischen Geschichtstheorie nimmt der frühe Evolutionismus in der Prägung von Lewis Henry Morgan einen stetigen Anstieg des Geschichtsverlaufs an,[446] der sich in einem moralischen und zivilisatorischen Fortschritt manifestiert. Diese Theorie hat Radcliffe-Brown karikiert als "the steady material and moral improvement of mankind from crude stone implements and sexual promiscuity to the steam engines and monogamous marriage of Rochester, N.A.",[447] dem letzten Wohnort von Morgan.

3. Eine weitere sehr verbreitete Gruppe von Geschichtstheorien ist diejenige, die einen ursprünglich paradiesischen Zustand kennt, der aufgegeben wurde und im Verlauf der Entwicklung wiederhergestellt werden soll.

Ein wichtiger Vertreter ist die christliche (gnostische) Geschichtstheorie, die ein ursprüngliches Paradies annimmt, das dann, bedingt durch einen Sündenfall, in ein irdisches Jammertal transformiert worden ist, aus dem die Rechtgläubigen und Anhänger der 'wahren' Lehre im Paradies wieder erlöst werden.

Die marxistische Geschichtstheorie ist der christlichen (besonders ausgeprägt in ihrer gnostisch-eschatologischen Form) strukturell sehr verwandt. Hier stellt der Urkommunismus das

---

445 Vergl. Livius, Titus, Einleitung zu: Ab urbe condita libri, dt. in: Römische Frühgeschichte I, München o.J., bes. S. 8

Sallust, Gaius, Die Verschwörung des Catilina, in: ders., Krieg und Revolution, München o.J., S. 12-16

446 Vergl. das Hauptwerk von Morgan, Lewis Henry, Ancient Society on Researches in the Lines of Human Progress from Savagery through Barbarism to Civilization, New York 1878

447 Radcliffe-Brown, A.R., On Social Structure, in: The Journal of the Royal Anthropological Institute of Great Britain and Ireland, Bd. 70, Teil I 1940, S. 11

ursprüngliche Paradies dar, das Aufkommen des Privateigentums an Produktionsmitteln den Sündenfall, Feudalismus/Kapitalismus das irdische Jammertal, aus dem die Menschheit im Kommunismus erlöst werden wird.

So ist auch die Dialektik Hegels beeinflusst vom Grundmotiv der Gnosis, dem Problem des Negativen und seiner Überwindung. Dieses gnostische Heilsdenken ist über den schwäbischen Pietismus, der Hegels Geschichtsauffassung wesentlich geprägt hat, in den Marxismus eingegangen, wodurch die strukturelle Ähnlichkeit nicht zufällig, sondern ideengeschichtlich erklärbar ist.

Eine weitere Geschichtstheorie, die in diese Gruppe gehört, ist die der Erneuerung und Wiederherstellung eines als glanzvoll deklarierten früheren Reiches oder Zustandes. Der Begriff Erneuerung mit seinen verschiedenen Bedeutungen wie Reformation, Reparatio, Revocatio, Regeneratio, Renaissance und Wiedergeburt ist ein historisch häufig anzutreffendes Programm von politischen Bewegungen. So war die Renovatio für das Mittelalter das zentrale politische Programm, das von dem Kaiser, dem Papst, dem byzantinischen Basileus und den Römern aufgestellt wurde.[448]

Die geistesgeschichtliche und machtpolitische Umwälzung der Reformation beruhte auf dieser Erneuerungsbewegung, wie auch diese politischen Intentionen hinter der Renaissance standen.

Auch im deutschen Faschismus tauchten Elemente dieses Erneuerungsgedankens auf. So wurde in der Propaganda Adolf Hitler in die Nachfolge des mittelalterlichen Kaisers gestellt, der in der Kyffhäusersage als ersehnter Befreier zu seinem Volk zurückkehrt. Auch die mystischen Vorstellungen des mittelalterlichen Abtes Joachim von Fiore vom Dritten Reich und vom tausendjährigen Reich instrumentalisierten die Faschisten zu ihren Gunsten.[449]

Die Revolution fällt ursprünglich auch in diese Kategorie der Erneuerung. Dies lässt sich einerseits etymologisch zeigen (lat. revolvere - zurückrollen, zurückwälzen) und andererseits auch historisch, so z.B. im deutschen Bauernkrieg, in dem die zentrale Forderung der Bauern in ihren zwölf Artikeln die Rückkehr zum alten Recht war,[450] das die wirtschaftliche Verelendung

---

448   Vergl. Schramm, Percy Ernst, Kaiser, Rom und Renovatio. Studien zur Geschichte des römischen Erneuerungsgedankens vom Ende des Karolingischen Reiches bis zum Investiturstreit, Bad Homburg vor der Höhe 1962, S. 4 "denn dem Mittelalter bedeutet die Römische Vergangenheit die ideale Zeit, nach der man sich immer wieder zurücksehnt und deren Erneuerung erhofft, gefordert, erstrebt wird."

449   Vergl. Bloch, Ernst, Zur Originalgeschichte des Dritten Reiches in: Neusüss, Arnhelm (Hg.), Utopie, Neuwied und Berlin 1968, bes. S. 194-199

450   Franz, Günther, Quellen zur Geschichte des Bauernkrieges, München 1963
       Ders., Der deutsche Bauernkrieg, 4. Aufl., Darmstadt 1956, bes. S. 6

der Bauern aufheben sollte.[451] Allerdings hat sich der moderne Begriff der Revolution[452] in seinen verschiedenen Varianten von seinem Ursprung gelöst.

4. Umgekehrt zu dieser Gruppe von Geschichtstheorien ist diejenige, die die Geschichte in Analogie zum Leben setzt, wobei dann einzelne Kulturen dem Lebenszyklus von Geburt, Kindheit, Erwachsensein und Tod unterworfen werden.[453]

5. Eine weitere Geschichtstheorie, die ich die individualistisch-irrationalistische nennen möchte, lag insbesondere dem deutschen Historismus zugrunde. Er erklärte Eliten, die mehr oder minder zufälligen Antrieben und Intentionen unterworfen waren, zum alleinigen Faktor und gelangte zu einer narrativen Geschichtsauffassung, in der Geschichte zu Geschichten geriet.[454] Dabei wird die Geschichte zur individualistischen Lebenslehre,[455] wobei die einzige Gleichförmigkeit darin bestehe, dass die Einen aufsteigen und die Andern nicht absteigen wollen.[456] Diese

---

451   Vergl. Wehler, Hans-Ulrich (Hg.), Der deutsche Bauernkrieg 1524-1526, Geschichte und Gesellschaft, Sonderheft 1, Göttingen 1975, darin bes. Stalmaker, John C., Auf dem Weg zu einer sozialgeschichtlichen Interpretation des deutschen Bauernkrieges 1524-1526, S. 42

452   Vergl. Geiss, Imanuel, Zur Struktur der industriellen Revolution in: Archiv für Sozialgeschichte, 1. Bd. 1961

453   Vergl. Spengler, Oswald, Der Untergang des Abendlandes, München 1922

454   Vergl. Kosselleck, Reinhart und Wolf-Dieter Stempel (Hg.), Geschichte - Ereignis und Erzählung, München 1973

       Danto, Arthur C., Analytische Philosophie der Geschichte, Frankfurt am Main 1974

455   Nietzsche, Friedrich, Vom Nutzen und Nachteil der Historie für das Leben, in: ders., Unzeitgemäße Betrachtungen, in: ders., Werke in zwei Bänden, München 1967

456   Benn, Gottfried, Über die Rolle des Schriftstellers in dieser Zeit, in: ders., Gesammelte Werke in acht Bänden, Bd. 7, Wiesbaden 1968, S. 1664

       (ähnlich auch in: Können Dichter die Welt verändern?, daselbst S. 1673) "Becher und Kirsch gehen davon aus, dass jeder, der heute denkt und schreibt, es im Sinne der Arbeiterbewegung tun müsse, Kommunist sein müsse, dem Aufstieg des Proletariats seine Kräfte leihen. Warum eigentlich? Soziale Bewegungen gab es doch von jeher. Die Armen wollten immer hoch und die Reichen nicht herunter. Schaurige Welt, kapitalistische Welt, seit Ägypten den Weihrauchhandel monopolisierte und babylonische Bankiers die Geldgeschäfte begannen, sie nahmen zwanzig Prozent Debetzinsen. Hochkapitalismus der alten Völker, der in Asien, der am Mittelmeer. Trust der Purpurhändler, Trust der Reedereien, Import-Export, Getreidespekulation, Versicherungskonzerne und Versicherungsbetrug, Fabriken mit Arbeitstaylorismus: der schneidet das Leder, der näht die Röcke, Mietswucher, Wohnungsschiebungen, Kriegslieferanten mit Befreiung der Aktionäre vom Heeresdienst - schaurige Welt, kapitalistische Welt und immer die Gegenbewegungen: mal die Helotenhorden in den kyrenischen Gerbereien, mal die Sklavenkriege in der römischen Zeit, die Armen wollen hoch und die Reichen nicht herunter, schaurige Welt, aber nach drei Jahrtausenden Vorgang darf man sich wohl dem Gedanken nähern, dies sei alles weder gut noch böse, sondern rein phänomenal."

Geschichtskonzeption hat sich auch mit der Elitentheorie von Pareto, Mosca und Michels verbunden.

Ursachen historischer Entwicklung

Die Frage nach den Ursachen historischer Veränderung ist bisher umstritten, weil dies im Zentrum der ideologischen Diskussion steht.

Die Auffassung, die die 'Rasse' als ursächlichen Faktor der historischen Prozesse ansieht, wurde im Faschismus zur Grundlage der Expansions- und Vernichtungspolitik.[457] Dabei besteht die Funktion der Rassentheorie in der Legitimierung der Unterdrückung und Ausrottung einer Rasse durch eine andere.

In der marxistischen Theorie bilden die ökonomischen Kräfte im Anschluss an die Marxsche Feuerbachthese 'Das Sein bestimmt das Bewußtsein' den ursächlichen Faktor der Sozialstruktur und ihrer Änderung.

Demgegenüber hat Max Weber die Bedeutung des Bewusstseins, der Ideen und Ideologien für das Sein herausgearbeitet, ohne den Einfluss des Seins auf das 'Bewusstsein' zu negieren. Eine beliebte Kritik an Webers Position besteht nun darin, diese Bewusstseinsfaktoren (wie z.B. die protestantische Ethik) wiederum auf Seinsformen zurückzuführen, eine Methode, die die Aussagen immunisiert, um sie unwiderlegbar zu machen. Max Weber geht von einer wechselseitigen Interdependenz aus, sodass diese Kritik nicht greifen kann.

Evolutionstheorien

Die Evolutionstheorie beschäftigt sich nicht nur mit der Betrachtung der Vergangenheit, sondern auch mit Modalisierungen von Zeit. Dabei können Vergangenheit, Gegenwart und Zukunft jeweils so verbunden werden, dass man z.B. die vergangene Vergangenheit (die alte Geschichtsschreibung) von der gegenwärtigen Vergangenheit (die jetzige Geschichtsschreibung) und diese von der zukünftigen Vergangenheit (den Utopien und Zukunftsvorstellungen der Vergangenheit) und die gegenwärtige Zukunft von der zukünftigen Zukunft unterscheiden kann.

Vergangene Vergangenheit (alte Geschichtsschreibung)

---

457   Vergl. die Kritik in: Runkel, Gunter, Sexualität und Ideologien, Weinheim und Basel 1979 bes. das Kapitel: Faschismus und Sexualität
und ders., Geschlechtsrollenstereotype im Faschismus, in: Kerscher, Ignatz (Hg.), Konfliktfeld Sexualität, Neuwied und Darmstadt 1977

gegenwärtige Vergangenheit (jetzige Geschichtsschreibung)

zukünftige Vergangenheit (z.B. Utopien der Vergangenheit)

vergangene Gegenwart (Historie)

gegenwärtige Gegenwart (Gegenwart)

vergangene Zukunft (gibt es nicht)

gegenwärtige Zukunft (Zukunftsvorstellungen)

zukünftige Zukunft (Zukunft)

Eine Ausnahme davon bildet die vergangene Zukunft, die nicht möglich ist. Außerdem fallen zukünftige Gegenwart und zukünftige Zukunft zusammen.

Das Beachten der Mehrfachmodalisierung ermöglicht eine genauere Differenzierung als die übliche Dreiteilung in Vergangenheit, Gegenwart und Zukunft.

Ein modifizierter entwicklungstheoretischer Ansatz scheint m.E. am ehesten in der Lage zu sein, universale evolutionäre Prozesse in Verbindung mit singulären Ereignissen zu erklären. Dieser Ansatz setzt sich einerseits gegenüber dem frühen Evolutionismus Morgan- und Engelsscher Prägung und andererseits dem kulturellen Relativismus Boas´ und Rudolphs ab.[458]

Gesellschaften sind nicht aus einem Vertrag verschiedener Individuen hervorgegangen, sondern sie hat es schon immer, d.h auch bei unseren tierischen Vorfahren, gegeben. So begründen nicht die Individuen "die Gesellschaft, indem sie sich zum Zusammenleben entschließen und einem entsprechenden Vertrag schließen, sondern die Gesellschaft begründet die Individuen, indem sie es ihnen ermöglicht, sich als Individuen zu behandeln, Verträge zu schließen, sich wechselseitig zu binden, verantwortlich zu machen, zu sanktionieren."[459] Evolution[460] ist eine Form der Veränderung von Systemen, die nach den Funktionen Variation, Selektion und Stabilisierung unterschieden werden kann, die durch verschiedene Mechanismen wirksam werden, aber auch verbunden werden können. Evolution beinhaltet jede Strukturveränderung, die durch Differenzierung und das Zusammenspiel dieser Mechanismen besteht. Variation und Selektion liefern Lösungen, die durch Stabilisierung in unterschiedlichen Teilsystemen realisiert werden.

458   Rudolph, Wolfgang, Der kulturelle Relativismus, Berlin 1968

Ders., Die amerikanische "Cultural Anthropology" und das Wertproblem, Berlin 1959

459   Luhmann, Niklas, Die gesellschaftliche Differenzierung und das Individuum, in: ders., Soziologische Aufklärung, Bd. 6. Die Soziologie und der Mensch, Opladen 1995, S. 129 f.

460   Luhmann, Niklas, Evolution und Geschichte, in: ders., Soziologische Aufklärung, Bd. 2, Opladen 1975

Ders., Systemtheorie, Evolutionstheorie, Kommunikationstheorie, in ders., Soziologische Aufklärung, Bd. 2, Opladen 1975

Ders., Weltzeit und Systemgeschichte, in: ders., Soziologische Aufklärung, Bd. 2, Opladen 1975

Evolution ist dabei selbstreflexiv aufgebaut, sie erklärt Evolution aus früherer Evolution. Der Mechanismus der Variation in der Gesellschaft wird u.a. durch Sprache erfüllt, die Konflikte und Negationsmöglichkeiten verstärkt. Die Sprache dient auch als Selektionsmechanismus, d.h. welche Themen ausgewählt und besprochen werden. Nach dem Übergang zu Hochkulturen entwickeln sich Interaktionsmedien wie z.B. Geld, Macht, Recht, Wahrheit und Liebe, die die Selektion steuern. Daraus entwickeln sich Systeme, so durch Ausdifferenzierung von Subsystemen für Wirtschaft, Politik, Recht, Wissenschaft und Intimbeziehungen. Die Interaktionsmedien differenzieren sich in ihren Subsystemen immer stärker heraus. Auf einer späteren Evolutionsstufe treten Inklusionsprozesse auf, die Interpenetration und Generalisierung erzeugen. Dies führt zu einer höheren Abstraktionsebene und größeren Komplexität des sozialen Systems.

Dabei sind Schwellen der soziokulturellen Evolution erkennbar, sodass man verschiedene Stufen der gesellschaftlichen Entwicklung unterscheiden kann.

Die erste Stufe in dieser gesellschaftlichen Entwicklung wird die archaische genannt, die den bisher längsten Teil der menschlichen Geschichte ausmacht. Auf dieser Stufe sind die Mechanismen der Variation und Selektion noch nicht deutlich geschieden, da die gesprochene Sprache auf dieser Stufe beide Mechanismen umfasst.

Die archaischen Gesellschaften sind durch segmentäre Differenzierung, d.h. geringe endogen erzeugte Variation, hohe Umweltabhängigkeit und Differenzierung in gleiche Einheiten gekennzeichnet.

Durch den Umbau zu stratifaktorischer Differenzierung, d.h. schichtmäßigem Gesellschaftsaufbau, Herausbildung von Herrschaft und Patriarchat, Zentralisierung der Ressourcen, entstehen Hochkulturen. Dies führt zu einer höheren Ausdifferenzierung verschiedener sozialer Gruppen, insbesondere von Kriegern und Priestern mit ihren unterschiedlichen moralisch-religiösen Vorstellungen. Es bilden sich größere Gruppierungen, die ein größeres Heer aufstellen, befestigte Städte entstehen lassen, Landwirtschaft, Handel und andere Arbeitsbereiche organisieren. Durch die evolutionär bedeutsamen Strukturgewinne entstehen u.a. Schichtung, Arbeitsteilung, Heeresverfassung, Stadtbildung, Bevölkerungswachstum und Komplexität der Symbolsysteme.

Die nächste Stufe der gesellschaftlichen Entwicklung stellt die moderne Gesellschaft dar, die durch funktionale Differenzierung, d.h. durch weitgehende Autonomie der Teilsysteme gekennzeichnet ist. In dieser Gesellschaftsform sind segmentäre und schichtmäßige Differenzierungen mit enthalten.

In dieser Gesellschaftsform nimmt das Tempo der Evolution zu, da die Mechanismen von Variation, Selektion und Stabilisierung unabhängig voneinander institutionalisiert sind. Auch die Zeithorizonte Vergangenheit und Zukunft treten auseinander und es werden der jeweiligen Gegenwart Möglichkeiten vorgespielt, die nur, wenn überhaupt, in der Zukunft verwirklicht werden können. Das Neue erhält einen Wert an sich und wird als grundsätzliche Chance und nicht als Gefährdung angesehen.[461]

Modernen Gesellschaften ist die Selektivität der Zukunft wichtiger als die Vergangenheit. Die Evolutionstheorie ist eine selbstreferenzielle Theorie und damit eine Theorie der Evolution von Evolution. Dabei muss man von einer Evolution sozialer Systeme ausgehen, die auf jeweils aufeinanderfolgenden Stufen Sinn organisieren. Habermas sieht die Entstehung der als höher konzipierten Stufe nach dem Ansatz von Piaget[462] und Kohlberg als Entfaltung von konkreten Operationen und Transformationssystemen. Danach bestimmt er die jeweilige Stufe in der Evolution, ihre Ursachen, ihre Freiheits- und/oder Repressionsgrade, ihre Errungenschaften und ihre möglichen Veränderungen. So zeigt z.B. eine größere Universalität der Normen eine höhere Stufe der Moral an. Habermas interpretiert die Evolution[463] als den Erwerb von neuen Regelstrukturen in Verbindung mit der Entwicklung der Produktivkräfte.[464] Er versteht die Menschheitsentwicklung analog zur Ichentwicklung als einen hierarchisch gestuften Erwerb von Handlungskompetenzen,[465] die wiederum differenzierte Systeme des Denkens, Sprechens und Handelns nach sich ziehen. In der neueren Evolutionstheorie werden solche Stufenmodelle, nach denen die Evolution abzulaufen habe, kritisiert. Es wird auf die Kontingenz der Zukunft verwiesen. Bei Luhmann rührt Evolution her aus der Diskontinuität von System und Umwelt und

---

461 Es gibt allerdings auch bei politisch progressiven Gruppierungen einen Hang zur Strukturkonservierung. Ein nordrhein-westfälischer SPD-Politiker beklagte, dass die letzte technische Neuerung, die von seiner Partei einhellig begrüßt wurde, die Einführung des Farbfernsehens in den 50er Jahren war.

462 Piaget, Jean, Einführung in die genetische Erkenntnistheorie, Frankfurt am Main 1973, bes. Die erste Vorlesung

Ders., Das moralische Urteil beim Kinde, Frankfurt am Main 1973

Ders., Gesammelte Werke. Studienausgabe, Bd. 1-10, Stuttgart 1975

463 Vergl. Habermas, Jürgen, Zur Rekonstruktion des historischen Materialismus, Frankfurt am Main 1976

464 Habermas, Jürgen, Zur Rekonstruktion..., a.a.O.

Eder, Klaus, Komplexität, Evolution und Geschichte, in: Maciejewski, Franz (Hg.), Theorie der Gesellschaft oder Sozialtechnologie. Supplement 1, Frankfurt am Main 1972, bes. S. 29

Eder, Klaus und Jürgen Habermas, Zur Struktur einer Theorie der sozialen Evolution, in: Lepsius, M. Rainer (Hg.), Zwischenbilanz der Soziologie, Verhandlungen des 17. Deutschen Soziologentages, Stuttgart 1976

465 Habermas, Jürgen, Zur Entwicklung der Interaktionskompetenz, Frankfurt am Main 1975, S. 58

stellt eine Zunahme logischer Kombinationsmöglichkeiten von Negationsleistungen dar. Dabei versucht Luhmann zu zeigen, welche spezifischen Strukturen sich in der Evolution gegenüber funktionalen Alternativen durchgesetzt haben, d.h. welche Strukturen eine bessere Problemlösungskapazität haben als andere.[466]

Ähnlich hat Parsons vor Luhmann und Habermas ein evolutionäres, dreigliedriges Stufenschema entwickelt, das auf "Entwicklungen der Code-Elemente der normativen Strukturen"[467] beruht. Dabei ist die Entwicklung der Schrift das wichtigste Kriterium des Übergangs von der ersten ('primitive' bei Parsons) auf die zweite Stufe ('intermediäre' bei Parsons). Mit der Erfindung der Schrift fallen auch die Zunahme der Mitglieder einer Gruppe und die Akkumulation eines gesellschaftlichen Überschusses[468] durch eine Elite, die sich in einem aus dem Verwandtschaftssystem ausdifferenzierten Herrschaftssystem[469] etabliert hat, zusammen. Die Entwicklung der zweiten Stufe zur dritten ist nach Parsons bedingt durch die Entwicklung universeller Prinzipien, wie formale Rationalität[470] und ein Verfahrensprimat im normativen Bereich,[471] wobei auf dieser Stufe die kulturellen Faktoren die Steuerung der Evolution übernehmen.[472] Grundlage der gesellschaftlichen Evolution sind nach Parsons vier Steigerungsaspekte, die er 'adaptive upgrading' (in Bezug auf Ressourcen), 'Differenzierung' (in Bezug auf Systemziele), 'Inklusion' (in Bezug auf Einbeziehung von Personen) und 'Generalisierung' (in Bezug auf das Wertsystem) nennt.[473] Auch die späten Stufen des

---

466   Luhmann, Niklas, Zur systemtheoretischen Konstruktion von Evolution, in: Lepsius, Zwischenbilanz..., a.a.O. Luhmann, Niklas, Funktionale Methode und Systemtheorie, in: ders., Soziologische Aufklärung, Bd. 1, Opladen 1971

467   Parsons, Talcott, Gesellschaften. Evolutionäre und komparative Perspektiven, Frankfurt am Main 1974, S. 46

468   Childe, V. Gordon, Soziale Evolution, Frankfurt am Main 1975, S. 35

469   Habermas, Jürgen, Legitimationsprobleme im Spätkapitalismus, Frankfurt am Main 1973, S. 33
       Döbert, Rainer, Systemtheorie und die Entwicklung religiöser Deutungssysteme, Frankfurt am Main 1973

470   Vergl. Weber, Max, Wirtschaft und Gesellschaft, 2. Aufl., Tübingen 1925
       Ders., Gesammelte Aufsätze zur Religionssoziologie, 1. Bd., 6. Aufl., Tübingen 1972

471   Vergl. Luhmann, Niklas, Legitimation durch Verfahren, Darmstadt und Neuwied 1975

472   Parsons, Talcott, Gesellschaften... a.a.O.
       Ders., Evolutionary Universals in Society, in: ders., Sociological Theory and Modern Society, New York und London 1967

473   Parsons, Talcott, The System of Modern Societies, Englewood Cliffs, New York 1971, S. 26 f. 'adaptive upgrading' wird in der deutschen Ausgabe dieses Buches 'Das System moderner Gesellschaften, München 1972, mit "Standardhebung durch Anpassung übersetzt (so z.B. S. 41), wobei 'adaptive' bei Parsons kein faktischer Ablauf oder gar Anpassung an das Bestehende bedeutet, sondern den Prozess der Feinabstimmung mit kulturellen Mustern, die faktische Abläufe steuern, bezeichnet. Vergl. dazu Jensen, Stefan, Einleitung, in:

Piaget/Kohlbergschen Schemas des moralischen Bewusstseins lassen sich als die Herausbildung von Rationalität, universalistischer Moral, Differenzierung von Teilsystemen und einem Überwiegen von 'Gesellschaft' in den Parsonsschen 'pattern variables' interpretieren.

Soziologische Konstruktion der Wirklichkeit und Evolution

Eine soziologische Theorie versucht, über Konstruktionen die Wirklichkeit einzufangen. Sie geht von der Beobachtung aus, dass sich in der Wirklichkeit Systembildungen mit einem theoretischen Instrumentarium feststellen lassen und sich von daher Systemkonstrukte für die Analyse der Wirklichkeit eignen. Sie zerlegt die Wirklichkeit in verschiedene Systeme mit ihren verschiedenen Funktionen. Diese Systeme stehen in Austauschprozessen miteinander und interpenetrieren. Das Sozialsystem als Teil des Handlungssystems gliedert sich wiederum in verschiedene Subsysteme, wie z.B. das ökonomische System, das Familiensystem und das Erziehungssystem, die man unter den verschiedenen Dimensionen sachlich, zeitlich und sozial thematisieren kann. Die Subsysteme werden problematisch unter dem Aspekt der Knappheit, die in diesen drei Dimensionen auftreten kann. So ist z.B. die Luft kein soziales Problem, wenn es für jeden genug davon gibt, sie wird aber zu einem sozialen Problem, wenn sie verknappt wird, etwa durch Umweltverschmutzung. Im Zuge der gesellschaftlichen Evolution können auch Güter knapp werden, die es vorher noch gar nicht gab, wie etwa das Niveau der Demokratisierung.

Durch Dynamisierung der Theorie, d.h. durch den Einbau der Evolutionstheorie zum einen mit den erwähnten Mechanismen Variation, Selektion und Stabilisierung und zum anderen mit dem Parsonsschen Begriffen von adaptive upgrading, Differenzierung, Inklusion und Wertgeneralisierung wird die Theorie leistungsfähiger aufgebaut.

Die Differenzierung erfolgt hauptsächlich durch die Ausdifferenzierung der Subsysteme. Diese ausdifferenzierten Subsysteme müssen dann wieder durch Inklusion zusammengefasst werden. Ein weiterer Evolutionsmechanismus stellt die Wertgeneralisierung dar, die sich z.B. in der Idee der Toleranz äußert, nachdem sich die abendländischen Religionssysteme ausdifferenziert hatten, z.B. im Augsburger Religionsfrieden und im Frieden von Münster und Osnabrück.

Lebewesen sind mit dem Entwicklungsprozess verwoben. Sie sind selbstreferenzielle Systeme. Innerhalb des Körpers, der durch Körpergrenzen abgeteilt ist, existiert ein dynamisches System, das

---

Parsons, Talcott, Zur Theorie sozialer Systeme, a.a.O., S. 66. Um diesen Mißverständnissen auszuweichen, läßt Niklas Luhmann diesen Begriff unübersetzt, z.B. in: ders., Funktion der Religion, Frankfurt am Main 1977, S. 233

durch Selbstregulierung gesteuert wird. Interne Prozesse regeln den Stoffwechselprozess mit der Außenwelt.

Der Mensch schafft keine eigene Welt, sondern er steht mit der Außenwelt, die schon vorhanden ist, in einem wechselseitigen Prozess. Er adaptiert die ersten Strukturen, die sich an dieser Außenwelt heranbilden, um sie, wenn überhaupt, erst später verändern zu können.[474] Dies geschieht einerseits durch Assimilation, der Anpassung des Einzelnen an vorhandene Strukturen, und durch Akkommodation, die Veränderung dieser Strukturen durch den Einzelnen. Der Mensch ist an seine Umwelt angepasst und hat in gewissen Bereichen seiner Lebenswelt adäquate Korrespondenz mit seiner Außenwelt entwickelt, weil er im Laufe der Evolution überlebt hat. Er hat sich als Teil einer Wirklichkeit, die vor ihm vorhanden war, aber auch durch ihn verändert wird, herausgebildet. Ein Mensch kann die Wirklichkeit ablehnen, muss sich aber darüber klar sein, dass sie der einzige Ort ist, wo er leben kann.

Außerhalb des Menschen gibt es eine Realität, die vorhanden und nicht nur konstruiert ist. Das Überleben einer Gattung, und beim Menschen besonders die Weiterentwicklung des Geistes, hängen damit zusammen, solche Strukturen zu erkennen und zu verarbeiten. Auf der nächsten Evolutionsstufe werden diese aufgebauten Strukturen auf die Wirklichkeit übertragen, um sie damit zu strukturieren. So beruht auch jede Wahrheitsfindung auf einem Bezug zur Realität.[475] Die Aussagen über die Realität können diese jedoch nie abbilden, sondern sie sind u.a. auf Konsens angewiesen, der wiederum mit Mitteln der Logik und auf der Grundlage evolutionsbedingter kognitiver Schemata hergestellt wird.

Die aufgebauten Strukturen des Geistes hängen mit der Objektwelt zusammen, weil es z.B. Objektkonstanz in unserer Umwelt gibt. Im menschlichen Geiste werden deshalb Denkfiguren wie Vollständigkeit und Harmonie konstruiert. Auch Logik und Mathematik als Ausdrucksformen der fortgeschrittenen Stufen des menschlichen Geistes konnten vom Menschen nur entwickelt werden, weil in dem Bereich der Außenwelt, in dem der Mensch lebt, Widerspruchsfreiheit funktional ist. Eine Logik sähe in einer Welt, in der es keine Objektkonstanz gäbe, völlig anders aus.

---

474   Vergl. Dux, Günter, Zur Strategie einer Soziologie der Erkenntnis, in: Stehr, Nico und Volker Meja (Hg.), Wissenssoziologie, Opladen 1981

475   Über die genauere Bestimmung dieser Relation gibt es eine lange Kontroverse, die ich hier nicht nachzeichnen, sondern nur benennen kann, wie Korrespondenztheorie, Kohärenztheorie, Konsensustheorie der Wahrheit oder pragmatische Wahrheitstheorie. Vergl. Skirbekk, Gunnar (Hg.), Wahrheitstheorien, Frankfurt am Main 1977 und Habermas, Jürgen, Wahrheitstheorien, in: Fahrenbach, H. (Hg.), Wirklichkeit und Reflexion, Pfullingen 1973. Eine soziologische Fassung des Wahrheitsbegriffs stellt auf den Mediencharakter von Wahrheit zur Steuerung von Austauschprozessen im Wissenschaftssystem ab und inkorporiert Konsensustheorie und pragmatische Wahrheitstheorie.

Auch die Vorliebe des Menschen für den binären Code hängt neben den geistigen Reduktionsleistungen und der Möglichkeit der Kreuztabellierung mit der biologischen Konstitution des Menschen zusammen. So besitzt er zwei Augen, zwei Ohren, zwei Arme, zwei Beine und, besonders wichtig, zwei Gehirnhälften, die ihn steuern.

Eine Betrachtung der Wirklichkeit (oder dem, was wir davon halten) unter dem Aspekt des Spiels zeigt ihre Variationsfähigkeit. Alles ist möglich, aber nicht alles beliebig, sondern eingeschränkt durch die jeweiligen Emergenzstufen der Systeme. Es gibt keine Wahrheit, keine letztendliche Sicherheit, aber dennoch müssen wir in einer unsicheren Welt mit unseren Hypothesen handeln, wenn wir oder zumindest die Gattung überleben wollen.

Gibt es dann nur die Vernunft verschiedener Kultursysteme oder gibt es die reine Vernunft eines universellen Kultursystems? Dies ist die Neuauflage des alten Streites zwischen Kulturrelativismus und evolutionärem Universalismus. Dahinter steckt die Auseinandersetzung zwischen Universalismus und Relativismus, den Lakatos als zweitausendjährigen Streit zwischen Dogmatismus und Skeptizismus bezeichnet.[476] Die hier entwickelte Position liegt zwischen den beiden Antipoden, sie stellt, paradox formuliert, einen skeptischen Dogmatismus oder relativen Universalismus dar. Auch wenn man den Kulturrelativismus kritisiert, so kann man dennoch keine absolute Vernunft identifizieren.

Gemeinschaft und Gesellschaft

Ich bin der Meinung, dass die alte Unterscheidung von Gemeinschaft und Gesellschaft von Tönnies, die von Max Weber in seine Konzeption von 'Vergemeinschaftung' und 'Vergesellschaftung' aufgenommen wird und von Parsons zu den 'pattern variables' weiterentwickelt wurde, wieder für die soziologische Analyse fruchtbar gemacht werden sollte. In fast allen Bereichen der sozialen Realität kann man eine zugrundeliegende Dichotomie von gemeinschaftlichen Strukturen gegenüber gesellschaftlichen oder systemischen Strukturen finden. Wenn die Kälte der Systemtheorie beklagt wird, so artikuliert sich darin ein Unbehagen, weil die Systemtheoretiker in der Praxis an der Analyse und Perfektionierung der systemischen Strukturen arbeiten. Es stellt daher keine Restauration von Wärmemetaphern[477] dar, wenn gemeinschaftliche Strukturen stärker in die Theorie eingebaut werden müssen, sondern dies ist

---

476 Lakatos, Imre, Beweise und Widerlegungen. Die Logik mathematischer Entdeckungen, Braunschweig. Wiesbaden 1979, S. XI f.

477 So von Luhmann/Schorr in einem anderen Zusammenhang benannt. Siehe Luhmann, Niklas und Karl-Eberhard Schorr, Reflexionsprobleme im Erziehungssystem, Stuttgart 1978

ein Erfordernis, um überhaupt moderne Entwicklungslinien der Gesellschaften nachzeichnen zu können. Die moderne Gesellschaft zeichnet sich durch eine zunehmende Differenzierung von gemeinschaftlichen und gesellschaftlichen Strukturen aus.[478] Die gemeinschaftlichen Strukturen wurden zunehmend durchorganisiert, u.a. mit den Mitteln der asketischen Ethik und der Leistungsorientierung, wodurch die Menschen für gesellschaftliche Strukturen anpassungsfähig gemacht werden. Dieses Auseinandertreten von gemeinschaftlichen und gesellschaftlichen Strukturen hat auch negative Konsequenzen. Ein Beispiel stellt die Bürokratisierung dar. So führt etwa die Überbürokratisierung des Bildungssystems besonders in der Bundesrepublik (mit einigen Tausend Bildungsbürokraten) im Vergleich zu Großbritannien (mit wenigen Bildungsbürokraten nach einer mündlichen Auskunft Ralph Dahrendorfs) nicht zu einer höheren Effektivität des Bildungssystems, sondern zu deren Gegenteil. Nimmt man als Indikator die Verleihung von wissenschaftlichen Nobelpreisen, was nur einen, allerdings nachprüfbaren, Indikator unter vielen darstellt, so zeigt sich, dass Forscher aus Großbritannien zweimal so häufig diese Auszeichnung seit dem zweiten Weltkrieg erhalten haben als diejenigen der Bundesrepublik Deutschland. Die Überbürokratisierung erfüllt hier in diesem Bereich nicht die ihr zugeschriebene Intention, die Effektivität des Systems zu steigern, sondern es entstehen paradoxe Effekte.

Solche Paradoxien zeigen, dass die eindimensionale Steigerung der Systemrationalität und -komplexität an Grenzen stößt, weil die Grundlagen der Gemeinschaftsstrukturen und damit auch die systemischen Strukturen, die auf den Gemeinschaftsstrukturen ruhen, tendenziell aufgelöst werden. So gibt es keine sinnvolle Alternative zu der Sozialisation von Kindern in Familien, und jeder noch so gut ausgebildete Erzieher ist emotional engagierten Eltern oder nur deren Teil unterlegen.

Auch Erfolge der Therapie abweichenden Verhaltens lassen sich nur steigern, wenn die Gemeinschaftsstrukturen der zu Therapierenden auf Kosten der Gesellschaftsstrukturen gestärkt werden.[479] Leider geschieht in der Gegenwart meist das Gegenteil, wodurch sich nicht die 'Kranken', sondern die im wachsenden Therapiesystem Beschäftigten gesundstoßen.

---

478   Bei Jürgen Habermas, in: ders., Theorie des kommunikativen Handelns, Bd. 2, Frankfurt am Main 1981, taucht eine ähnliche Dichotomie von Lebenswelt und System auf, aber besonders der Begriff der 'Lebenswelt' trifft nicht das, was ich mit gemeinschaftlichen Strukturen meine, weil er darüber hinausreicht.

479   Vergl. Habermas, Jürgen, Theorie..., a.a.O., S. 531
Geser, Hans, Gesellschaftliche Folgeprobleme und Grenzen des Wachstums formaler Organisationen, Zeitschrift für Soziologie, Heft 2, 1982

Die systemischen Strukturen sind durch unpersönliche Hierarchien und Autorität im Sinne von Weisungsbefugnis gekennzeichnet. In den Gemeinschaftsstrukturen gibt es ebenfalls Hierarchien, wie z.B. in der Familie, aber diese werden emotional aufgefangen. Durch die wachsende Selbstreferenz geraten hierarchische und autoritäre Strukturen unter ein Legitimationsdefizit.

Viele Institutionen weichen solchen Folgeproblemen aus, indem sie auf Gemeinschaftsstrukturen umstellen. Dies geschieht bisweilen mit Hilfe von Symbolen, wenn z.B. der Chef seine Untergebenen oder der Dozent die Studenten duzt.

Von daher gibt es nicht nur eine systemische Durchdringung der Gemeinschaftsstrukturen, sondern auch den Kontereffekt der gemeinschaftlichen Interpenetration der Systemstrukturen, wie dies z.B. die sozialen Gruppen, die sich für die Humanisierung der Arbeit einsetzen, zeigen.[480]

Die Gemeinschaftsstrukturen beruhen auf informellen, die Gesellschaftsstrukturen stärker auf formellen Kommunikationen, wobei in einem logischen Sinne auch das Informelle eine Form besitzt. Eine Paradoxie der gesellschaftlichen Rationalisierung besteht darin, dass in vielen Bereichen, wie z.B. in der Bürokratie oder dem Militär, die Effektivität der formellen Strukturen sinkt, wenn nicht die informellen Kontakte gesteigert werden. So konnten die Beschäftigten der Bundespost ihren Betrieb zum Erliegen bringen, indem sie sich nur an die Vorschriften gehalten haben. Aus all dem ergibt sich eine wachsende Bedeutung der informellen Kontakte und gemeinschaftlichen Strukturen. Solche Strukturen zeichnen sich durch ein höheres Maß an Emotionalität, Expressivität und Partikularismus aus.

Doch diese beiden Brennpunkte (Gemeinschaftsstrukturen und Gesellschaftsstrukturen) sind keine logischen Widersprüche, sondern sie können beide gesteigert werden. Man kann gleichzeitig Emotionalität, Expressivität und Partikularismus vergrößern. Diese gemeinsame Steigerung wird sogar zu einem Postulat der modernen Gesellschaft.

Entwicklung zur Selbstreferenz

In der neueren soziologischen Theorie ist Selbstreferenz nicht notwendigerweise an ein Subjekt gekoppelt. So bestehen Gesellschaften nicht aus Individuen, sondern aus Handlungen und besitzen auch Selbstreferenzen.

---

480   Siehe Berger, Johannes, Die Versprachlichung des Sakralen und die Entsprachlichung der Ökonomie, Zeitschrift für Soziologie, Heft 4, 1982

Es gibt verschiedene Formen von Selbstreferenz.[481] Zum einen die *basale Selbstreferenz*, die aus der Differenz von Element und Relation gebildet wird. So das Selbst, das sich auf sich bezieht und damit ein Ereignis in Gang setzt; bei der Gesellschaft besteht dieses Element aus Kommunikation.

Als weitere Form des Selbstbezuges existiert die *prozessuale* oder *temporale Selbstreferenz*, die aus der zeitlichen Differenz von vorher und nachher gebildet wird. Diese ermöglicht Kommunikation über Kommunikation, Erziehung der Erzieher, Lernen des Lernens, Liebe der Liebe als Formen gesteigerter Möglichkeiten der Selbstreferenz. Diese prozessuale Selbstreferenz kann auch Negationen mitreflektieren, sodass man darüber reden kann, warum man darüber nicht reden soll, Macht einsetzen kann, damit man sie nicht einzusetzen braucht, keine Maßnahme ergreift, um anschließend zu erklären, jetzt sei nichts mehr möglich.

Die dritte Form der Selbstreferenz geschieht als *Reflexion*, die aus der Differenz von System und Umwelt gebildet wird. Eine ausschließliche Selbstreferenz ist nicht möglich, weil auch immer auf anderes verwiesen wird. Von daher benutzen selbstreferenzielle Systeme die Differenz von Selbst- zu Fremdbezug, um ihren Bestand in einer Umwelt zu sichern. Das Selbst behandelt sich so, als wäre derselbe derselbe, obwohl derselbe sich ändert. Man kann nicht zweimal in den selben Fluss steigen und doch hat er den selben Namen, die selbe Lage im Raum. Das Selbst muss sich gegen konfligierende Erwartungen als ein Selbst bewahren, sonst bricht es zusammen. Damit ein System sinnvolle Operationen, d.h. Kommunikationen, leisten kann, bedarf es Bezugspunkte. Für die stratifikatorische Gesellschaft, wie z.B. die mittelalterliche, war dies Schichtung und Hierarchie. Die in oberen Schichten angesiedelten Personen waren im Bewusstsein der Gesellschaft 'bessere' Menschen, und wenn im Märchen Aschenbrödel oder der arme Hirtenjunge in die Oberschicht einheirateten, so stellt sich heraus, dass sie eigentlich schon immer dazu gehörten und schon vorher Prinzessin oder Prinz waren.

Beim Übergang der stratifikatorischen zu funktional differenzierten Gesellschaften entsteht ein neues Bezugsproblem. Obwohl es auch in funktional differenzierten Gesellschaften Schichtung und Hierarchie gibt, wird dies nicht mehr als Begründung für Entscheidungen, Zuordnungen und Zurechnungen akzeptiert, da die Oberschicht nicht mehr als 'besser' fungiert, der Adel im Bewusstsein des Bürgertums eher als degeneriert und schmarotzerhaft gilt.

Anstelle von Schichtung tritt in der Moderne das Selbst als Element für Letztbegründungen. Eine Tätigkeit soll nun für den Einzelnen von Interesse sein, seine persönliche Lust und Befriedigung

---

481   Luhmann, Niklas, Soziale Systeme, Frankfurt am Main 1984

und Runkel, Gunter, Die Suche nach sich selbst, in: Schuller, Alexander und Nikolaus Heim (Hg.), Vermessene Sexualität, Berlin. Heidelberg 1987

fördern, seine Selbstverwirklichung in Gang setzen. Selbstreferenz erhält so die nun positiv besetzten Bedeutungen, wie Selbstbestimmung, Selbstfindung, Selbsterfahrung, Selbstverwirklichung, Selbstbefreiung, Emanzipation und Entwicklung der eigenen Persönlichkeit. Das Individuum wird in einem langen Erziehungsprozess dazu gebracht, auf sich selbst zu achten, die Motivation nicht von außen, sondern aus sich selbst heraus zu begründen. Diese Internalisierung wurde vom Protestantismus, insbesondere in seiner calvinistischen Spielart, gefördert. Die Zentrierung auf eigene Erkenntnis und die Prüfung von Glaubenssätzen durch den Einzelnen begleiten diesen Prozess.

Die Ausdifferenzierung[482] der Teilsysteme fördert ihre interne Autonomie, die mit Selbstreferenz verbunden ist. Dies geschieht einerseits durch Inklusion; alle dürfen sich nun am Markt beteiligen, alle dürfen nun unter Brücken schlafen, alle dürfen eine Familie gründen, alle müssen, zumindest in Deutschland, in die Schule.

Ein weiterer Aspekt ist die Generalisierung oder Universalisierung. So führt die Universalisierung des Wertesystems dazu, dass alle als gleichberechtigt definiert und keine askriptiven Differenzen zugelassen werden. Dies wird dann auf Benachteiligte, wie etwa die Schwarzen in Südafrika oder die Frauen in Europa, übertragen. Diese Generalisierung von Kulturmustern aus Teilbereichen in andere fördert die Evolution, weil fortgeschrittenere, modernere Formen, die in einem Teilbereich entwickelt wurden (etwa Gleichberechtigung und Rollenerwerb durch eigene Leistung im politischen System) auf andere Teilbereiche transponiert werden.

Der Prozess der Implementierung solcher neuen Formen in andere Bereiche stellt einen Teil von Interpenetration dar. So ist z.B. jedes Umweltsystem durch Interpenetration in einem Handlungssystem eingeschlossen. Die Interpenetration stellt einen Faktor der Integration dar. Die Evolution ist nur möglich in den sich gegenseitig bedingenden Prozessen von Differenzierung und Integration. Da solche Prozesse in einer kontingenten Umwelt auf Sinn verweisen, bedarf es Kommunikations- und Interaktionsmedien.[483] Solche Medien, wie z.B. Geld, Macht, Liebe, stellen Codes dar, die die Komplementarität des Erwartens und Handelns herstellen. Codes sind gesellschaftlich konstruierte Selektionsangebote. In der Moderne wird Selbstreferenz in solche Codes eingebaut. Als Folgeproblem produziert die wachsende

---

482 Vergl. Tyrell, Hartmann, Anfragen an die Theorie der gesellschaftlichen Differenzierung, in: Zeitschrift für Soziologie, Heft 2, 1978

Runkel, Gunter, Soziale Differenzierung und Sport, Universität Lüneburg, Arbeitsbericht Nr. 87, Lüneburg 1990

483 Vergl. Parsons, Talcott, Zur Theorie der sozialen Interaktionsmedien, hg. von Stefan Jensen, Opladen 1980

Ausbreitung von Selbstreferenz wiederum wachsende Ansprüche an Autonomie und Selbstverwirklichung, wodurch sich diese Prozesse gegenseitig steigern.

5. Handlungs- und Systemtheorien

In der vorliegenden Arbeit werden die Handlungen und die Systembildungen jeweils auf getrennten Emergenzniveaus betrachtet. Von daher sind die Auswirkungen von Handlungen verschieden, weil sie auf unterschiedliche Emergenzstufen mit ihren jeweiligen Ebenen der Generalisierung und Komplexität einwirken.[484]

Es wird immer wieder versucht, soziales Handeln auf einfache Handlungsmuster, Rollen und Interaktionen zu reduzieren.[485] Diese Reduktionen können noch weiter betrieben werden, sodass dann nicht mehr Individuen, sondern Gene handeln.[486] Solche Auflösungsprozesse sind zwar logisch möglich, doch ergibt sich die Frage, ob sie auch sinnvoll sind. Denn dagegen steht die Beobachtung, dass verschiedene Emergenzniveaus existieren, die es nicht gestatten, Aussagen von einer Ebene auf andere Ebenen (Emergenz- oder Aggregationsniveaus) zu transponieren.[487] Systeme höherer Art besitzen andere Relationierungen als Systeme niederer Art. Reicht für viele einfache Lebewesen der Hell-Dunkel-Kontrast zur Orientierung aus, so genügt dies dem Menschen nicht. Handlungen sind somit auf der empirischen Ebene in einem Handlungssystem nicht weiter auflösbare unit acts, aber auf der analytischen Ebene sind sie dekomponierbar.[488]

Der erste Schritt innerhalb einer systemtheoretischen Betrachtung besteht in der Auflösung der Handlung in den Handelnden (Ego), das soziale Objekt (Alter), die Orientierung des Handelnden (der generalisierte Andere) und die Modalitäten des Objektes. Im nächsten Schritt wird dann die Unterscheidung von external/internal und von instrumentellen (zukunftsbezogenen) Modalitäten und konsumatorischen (gegenwartsbezogenen) Modalitäten eingeführt, und diese beiden Dekompositionsverfahren werden über Kreuztabellierung verbunden. Die Differenzierung des

---

484   Vergl. Luhmann, Niklas, Handlungstheorie und Systemtheorie, Kölner Zeitschrift für Soziologie und Sozialpsychologie, Heft 2, 1978
Willke, Helmut, Systemtheorie und Handlungstheorie, Kölner Zeitschrift für Soziologie und Sozialpsychologie, Heft 4, 1978

485   Siehe das Forschungsprogramm der verhaltenstheoretischen Soziologie, z.B. bei Opp, Hummell, Esser, Coleman u.a. und der Neuen Politischen Ökonomie.

486   Siehe Meyer, Peter, Soziobiologie und Soziologie, Darmstadt. Neuwied 1982

487   In den 'Principia Mathematica' zeigen Russell und Whitehead, wie das Verkennen dieser Differenz Logik und Mathematik zu den größten Problemen, d.h. logischen Widersprüchen führt.

488   Siehe Luhmann, Niklas, Talcott Parsons - Zur Zukunft eines Theorieprogramms, Zeitschrift für Soziologie, Heft 1, 1980, S. 6

Handlungssystems, besonders die Differenzierung in Organismussystem, Persönlichkeitssystem, Sozialsystem und Kultursystem, wird dann als Ergebnis von Evolution mit den damit verbundenen Prozessen der Variation, Selektion und Stabilisierung begriffen. Damit wird nicht nur der Rahmen von Handlungen, sondern die Bedingung der Möglichkeit von Handlungen und der Rahmen der möglichen Handlungen abgesteckt.

Es existieren in der Soziologie zwei bedeutende Theorierichtungen, die man einerseits mit dem Begriff des homo sociologicus und andererseits mit dem Begriff des homo oeconomicus bezeichnen kann. Der homo sociologicus[489] ist in der Tradition von Emile Durkheim und Talcott Parsons angesiedelt und durch normorientiertes Handeln gekennzeichnet. Die Kritik von Parsons am damaligen ökonomischen Utilitarismus[490] betont, dass der dortige Nutzenbegriff nicht hinreichend bestimmt wird und dass Handeln immer normativ reguliert ist, da sich Handeln zwischen den Polen 'normativ' und 'konditional' abspielt.[491] Später präzisierte Parsons seine Handlungskonzeption.[492]

- Auf der Ebene des Verhaltensorganismus (behaviorales System) entspringen körperliche Bedürfnisse wie Hunger, Durst und sexuelle Lust, die befriedigt werden möchten. Dazu stehen dem Verhaltensorganismus verschiedene Möglichkeiten zur Verfügung.

- Auf der Ebene des Persönlichkeitssystems werden diffuse körperliche Antriebe und erworbenes Verhalten zu Handlungsmotiven spezifiziert.

- Auf der Ebene des Sozialsystems regulieren Normen das Verhalten.

- Auf der Ebene des Kultursystems werden diese sozialen Normen in ein übergreifendes Muster integriert, so z.B. in eine bestimmte kulturelle oder religiöse Ordnung.

Soziales Handeln ist demnach wesentlich Rollenhandeln und umfasst das 'role taking' wie auch das 'role making', d.h. die Übernahme vorhandener Rollen wie auch deren Ausgestaltung.

In der Moderne wird der Anspruch an 'role making' stärker,[493] da die gesellschaftlich vorgegebenen Rollenbestimmungen verblassen und die jeweilige Person größeren Darstellungsspielraum erhält, wenn auch das 'role-taking' mit seinen Habitualisierungen nicht verschwindet. Doch die Präferenz zur Distinktion und damit zur Entwicklung eines eigenen

489   Dahrendorf, Ralf, Homo sociologicus, 15. Aufl., Opladen 1977
490   Parsons, Talcott, The Structure of Social Action, A study of social theory with special reference to a group of recent European writers, New York 1949
491   Parsons, Talcott, The Structure of Social Action, a.a.O., S. 732
492   Parsons, Talcott, Das System moderner Gesellschaften, München 1972, S. 12-16
493   Schimank, Uwe, Handeln und Strukturen, Weinheim und München 2000, S. 65

Lebensstils kann auch als Zwang angesehen werden und dazu führen, fremdes Verhalten nachzuahmen und gerät dann ebenfalls zu einer Form des 'role-taking'.

Die zweite wichtige Erklärungshypothese in der Soziologie (und die bedeutendste in der Ökonomie) stellt die Figur des 'homo oeconomicus' dar. Er ist eigeninteressiert und beachtet knappe Ressourcen, subjektiv erwartbare Kosten- und Nutzen-Bilanzierungen von Handlungsalternativen und die Wahl derjenigen Alternative, die bei abnehmendem Grenznutzen den erwarteten Nutzen maximiert.[494] Diese optimale Strategie wird häufig auch in eine befriedigende umgeformt, da nicht alle Alternativen rational verglichen werden können.

Den Unterschied dieser beiden Ansätze beleuchtet Duesenberg. Er betont, dass die Ökonomie im Sinne des homo oeconomicus sich damit beschäftigt, wie die Leute Entscheidungen treffen und die Soziologie im Sinne des homo sociologicus damit, dass die Leute gar keine Entscheidungen treffen können, da die Wahl schon gesellschaftlich vorgegeben sei.[495]

In der Soziologie gab es immer ein Aufeinandertreffen dieser beiden sozialwissenschaftlichen Modelle, die Dawe die 'Soziologie der sozialen Handlung' (also den homo oeconomicus) und die 'Soziologie des sozialen Systems' (also den homo sociologicus) nennt.[496]

Die 'Soziologie der sozialen Handlung' geht auf die Aufklärung mit der Idee, dass die gesellschaftlichen Verhältnisse das Ergebnis menschlicher Handlungen sind und deshalb durch Handlungen verändert werden können, zurück. In den letzten Jahren erlangte diese Theorierichtung durch die Soziologisierung des homo oeconomicus insbesondere durch James S. Coleman und andere Vertreter der Theorie der rationalen Wahl größere Bedeutung.[497]

Diese Theorie sieht die Gesellschaft von unten, d.h. sie baut sie auf Mikrostrukturen auf, die 'Theorie des sozialen Systems' sieht die Gesellschaft von oben, d.h. diese Theorie geht von einer größeren, sozialen Einheit aus. Die 'Theorie des sozialen Systems' betrachtet zwar ebenfalls die Gesellschaft als Resultat menschlichen Handelns, aber ihr vorrangiges Erkenntnisinteresse ist nicht, wie die Gesellschaft entsteht, sondern wie sie erhalten werden kann. 'Wie ist gesellschaftliche Ordnung möglich?', dies ist die zentrale Frage, die sich Hobbes in seinem 'Leviathan'[498] stellte und die Parsons und Luhmann aufgegriffen haben.

---

494   Schimank, Uwe, Handeln und Strukturen, a.a.O., S. 79

495   Duesenberg, James S., Demographic and Economic Change in Developed Countries, Princeton 1960, S. 231-240

496   Dawe, Alan, The Two Sociologies, in: British Journal of Sociology, Nr. 21, 1970

497   Schimank, Uwe, Theorien gesellschaftlicher Differenzierung, Opladen 1996, S. 210

498   Hobbes, Thomas, Leviathan, London 1973 (engl. Original 1651)

Die 'Theorie des sozialen Systems' reicht über die Systemtheorie hinaus. Man findet sie auch bei Emile Durkheim, der betont, dass die soziale Ordnung dem Einzelnen Sicherheit zu bieten habe und seiner grundsätzlichen Lust zur Devianz entgegentreten müsse.[499] Auch Peter L. Berger und Thomas Luckmann unterlegen ihrem Verständnis der Institutionalisierung eine solche Theorie. In Ansätzen bei Talcott Parsons und in ihrer Radikalisierung bei Niklas Luhmann tritt der Mensch als Akteur immer mehr zurück, sodass dann Luhmann den für viele provokanten Satz formuliert, seine Soziologie sei 'antihumanistisch', was in diesem Fall bedeutet, dass nicht der Mensch im Zentrum der soziologischen Erörterung steht, sondern die 'Kommunikation des Systems'.[500]

Man kann m.E. ein angemessenes Verständnis von modernen Gesellschaften am ehesten dann gewinnen, wenn man beide Ansätze miteinander verbindet.[501]

So sind z.B. Kommunikationsmedien der Systeme wie z.B. Geld, Macht, Liebe, Commitment etc. in der 'Sprache' von Handlungen wichtige Faktoren, um das Verhalten Anderer in eine bestimmte Richtung zu lenken.

So betonen z.B. amerikanische Neofunktionalisten wie z.B. Jeffrey C. Alexander, Paul Colomy, Dietrich Rüschemeyer, Neil J. Smelser und Samuel N. Eisenstadt, die die Theorie von Parsons weiterführen, die Bedeutung gesellschaftlicher Macht und individueller wie kollektiver Akteure.

So untersucht Rüschemeyer die Selbstreferenzialität des medizinischen, rechtlichen und pädagogischen Subsystems der Gesellschaft und verknüpft sie mit der Monopolisierung dieser Bereiche durch intentionale Akteure, um ihre Macht und Autonomie in dem jeweiligen Feld zu stärken.[502]

Samuel Eisenstadt[503] verbindet ebenso systemtheoretische Erklärungsmuster, die er an die Theorie von Parsons anlehnt, mit macht- und akteurorientierten Modellen, wie den 'erneuernden

---

499   Deswegen fordert er auch strenge Bestrafung und nicht Belehrung oder Empathie für abweichendes Verhalten, damit die soziale Ordnung stabilisiert wird.

500   Am Ende seiner Theorieproduktion kommt Luhmann auf dieses Problem häufiger zurück und beschäftigt sich auch mit dem 'Menschen'. Siehe:
Luhmann, Niklas, Soziologische Aufklärung, Bd. 6, Die Soziologie und der Mensch, a.a.O.

501   Schimank, Uwe, Theorien gesellschaftlicher Differenzierung, Opladen 1996, S. 208
Dawe, Alan, The Two Sociologies, in: British Journal of Sociology, Nr. 21, 1970

502   Rüschemeyer, Dietrich, Structural Differentation, Efficiency and Power, in: American Journal of Sociology, 83, 1977

503   Eisenstadt, Samuel N., The Political Systems of Empires. The Rise and Fall of the Historical Bureaucratic Societies, New York 1963

Eliten', die kontingent sind und aus ihrer Orientierung an Macht gesellschaftliche Probleme aufgreifen.

Auch Neil J. Smelser, der gemeinsam mit Parsons ein Buch über Ökonomie schrieb,[504] betont in seiner späteren Auseinandersetzung mit Parsons die Bedeutung der akteurtheoretischen Perspektive.[505]

Norbert Elias verknüpft in seinem Konzept der 'Figuration'[506] akteurtheoretische mit systemischen Perspektiven. Das intentionale Handeln der Akteure führt durch das "blinde Spiel der Verflechtungsmechanismen"[507] zu einer transintentionalen Ordnung. So entsteht durch die Etablierung des Gewalt- und Steuermonopols aus einer Verbindung von Zufälligkeit und Zwangsläufigkeit der moderne Staat.

Die Entwicklung von Differenzierungsschritten ist kontingent, aber sie wirken, z.B. hin zur bürokratischen Herrschaft im Sinne von Max Weber, wenn sie einmal in Gang gesetzt wurden.

So hat z.B. Walter Buckley[508] in seiner Auseinandersetzung mit Parsons gezeigt, wie es Akteure in ihren Konflikten und Kämpfen gelingt, aus allen möglichen Handlungen diejenigen auszuwählen und auf Dauer zu stellen, die für Systembildung relevant sind.

Auch Alexander und Colomy betonen, dass sich Spannungen in einem System nicht von selber zeigen, sondern diese müssen von Akteuren aufgegriffen und definiert werden, bevor sie handlungsrelevant werden können.[509]

Wenn man das Handeln der Akteure in den jeweiligen Subsystemen mit dem damit verbundenen Macht- und Spielcharakter der Handlungen ihrer Akteure betrachtet, so sieht man, dass dies zwar in die Selbstreferenz eines Subsystems eingeht, aber dies ein System in eine spezifische Richtung steuert. Das strategische Handeln der Akteure kanalisiert Systeme in eine bestimmte Richtung, die jenseits der Intentionen der Akteure, also transintentional angesiedelt ist. Der

---

504   Parsons, Talcott und Neil J. Smelser, Economy and Society, London 1956

505   Smelser, Neil J., Evaluating the Model of Structural Differentiation in Relation to the Educational Change in the Nineteenth Century, in: Alexander, Jeffrey (Hg.), Neofunctionalism, Beverly Hills, Ca. 1985
       Ders., The Contest Between Family and Schooling in Nineteenth-Century Britain, in: Alexander, Jeffrey and Paul Colomy (Hg.), Differentation Theory and Social Change. Comparative on Historical Perspectives, New York 1990

506   Elias, Norbert, Was ist Soziologie?, München 1970

507   Ders., Über den Prozeß der Zivilisation, Frankfurt am Main 1976, S. 316

508   Buckley, Walter, Sociology and Modern Systems Theory, Englewood Cliffs, N.Y. 1967

509   Alexander, Jeffrey C. und Paul Colomy, Soziale Differenzierung und kollektives Verhalten, in: Alexander, Jeffrey C., Soziale Differenzierung und kultureller Wandel. Essays zur neofunktionalistischen Gesellschaftstheorie, Frankfurt am Main. New York 1993, S. 132

Systembegriff steht nicht in Widerspruch zum Begriff des Akteurs, sondern diese beiden Konzepte ergänzen sich und setzen sich gegenseitig voraus.[510]

Meines Erachtens ist eine Verbindung von akteur- und systemtheoretischen Theorien für die Soziologie besonders fruchtbar, da die alle Subsysteme bestimmenden Wertesysteme einerseits systemischer und andererseits intentionaler Art sind.

Die neuere Auseinandersetzung mit der Systemtheorie, insbesondere der Luhmannschen, kreist um das Autopoiesis-Konzept. Gegen diese Konzeption setze ich die These, dass Teilsysteme für andere Teil- (oder Sub-) Systeme spezifische Leistungen zu erbringen haben, die systemkonstituierend und erhaltend wirken. Bei Luhmann wird die Gesellschaft nur aus der Perspektive ihrer jeweiligen Subsysteme betrachtet und besitzt keine übergreifende Repräsentanz. Die Teilsystemevolutionen beeinflussen sich gegenseitig, was mit dem blassen Begriff der strukturellen Koppelung bei Luhmann nicht hinreichend beschrieben wird.[511]

Es muss der Zusammenhang der selbstreferenziellen Geschlossenheit der Teilsysteme auf der einen Seite mit den fremdreferenziellen Erwartungen auf der anderen Seite systematisch berücksichtigt werden, wodurch das Primat der Autopoiesis entfällt. Selbstbezug und Fremdbezug treten gleichberechtigt nebeneinander, wodurch die grundsätzliche Umweltoffenheit eines Teilsystems stärker in der Theorie berücksichtigt wird, als dies z.B. bei Niklas Luhmann geschieht.

Die Semantik der Teilsysteme, die jeweils im Teil das Ganze repräsentieren, also eine einheitsstiftende Funktion erfüllen, ist für eine Beschreibung der Gesellschaft bedeutsam, aber ebenso notwendig ist es, die Evolution der Teilsysteme mit ihren Codes und Interaktionsmedien und die gegenseitigen Leistungen für die anderen Teilsysteme darzulegen.

---

510   Friedberg, Erhard, Ordnung und Macht. Dynamiken organisierten Handelns, Frankfurt am Main. New York 1995, S. 229

511   Schimank, Uwe, Code-Leistungen-Funktion: Zur Konstitution gesellschaftlicher Teilsysteme, in: Soziale Systeme, Heft 1, 1998, S. 178

6. Konstruktivistischer Realismus

Der 'Konstruktivismus'[512] stellt eine Theorie dar, die in der Gegenwart immer größere Teile der Sozialwissenschaften beeinflusst. Die konstruktivistische Sicht leitet eine Wende in den Sozialwissenschaften ein. Obwohl diese Sichtweise eine lange Tradition in der Geistesgeschichte aufweist, erlangt sie erst in der Gegenwart größere Bedeutung. Das klassische, traditionell vorherrschende Verständnis der Wissenschaft bestand darin, dass ein Subjekt/Objekt-Verhältnis vorliege, und das Subjekt, zumeist als Mensch gedacht, darauf ausgerichtet sei, Phänomene 'objektiv' wahrzunehmen und die Wirklichkeit zu erkennen, wie sie 'ist', d.h. die Wirklichkeit zu entdecken. Diese Vorstellung fühlte man noch einmal bestätigt durch die Entdeckung unbekannter Territorien, insbesondere Amerikas und die Entdeckung der Gravitationsgesetze durch Isaac B. Newton. In der traditionellen Auffassung der Erkenntnistheorie ist das Verhältnis zwischen Wissen und Wirklichkeit als Übereinstimmung, Abbildung, Spiegelung oder Korrespondenz[513] gefasst.

Dagegen setzt der Konstruktivismus, der in seiner neueren Ausprägung wesentliche Anregungen aus der Biologie entnahm, die These, dass 'Wirklichkeit' nicht zu entdecken, sondern nur zu konstruieren sei.

Da die Wirklichkeit für die menschlichen Sinnesorgane nicht direkt, sondern nur gefiltert verarbeitet wird, können die Menschen die Wirklichkeit, wie sie ist, nicht erkennen. Dieses Erkennen stellt eine konstruktive Leistung des menschlichen Gehirns dar, sodass der Mensch nur unmittelbaren Zugang zu der eigenen Welt des Denkens und Fühlens hat. Selbst das Denken und Fühlen von 'Alter' bleibt 'Ego' strukturell verschlossen. 'Alter' kann zwar darüber mit 'Ego' kommunizieren, aber jedes eigene Bewusstsein denkt nur für sich selbst.

Wenn verschiedene Akteure sich verständigen möchten, versuchen sie, einen konsensuellen Bereich aufzubauen oder einen vorhandenen auszubauen. Sie beschreiben die Welt oder Teile dann als Beobachter und erschaffen sich damit Wirklichkeit.

Der Konstruktivismus, der sich in der Gegenwart als ein neues wissenschaftliches Paradigma herausbildet, beruht auf Ideen in der Geistesgeschichte, die zwar immer mitgedacht wurden, die

512 Konstruktivistische Gedanken findet man auch in der folgenden Bemerkung:
     Was ist der Unterschied zwischen einem Neurotiker, Psychopathen und Psychiater?
     Der Neurotiker baut Luftschlösser, der Psychopath wohnt darin und der Psychiater kassiert die Miete.
513 Siehe Habermas Jürgen, Wahrheitstheorien, in: Fahrenbach a.a.O.

sich aber nicht zu den herrschenden Ideen aufschwingen konnten. So findet man schon konstruktivistische Ideen im buddhistischen Begriff 'satori', in dem die Objekt-Subjekt-Spaltung aufgehoben ist.

Dies wird deutlich in der folgenden Abbildung eines Kusses, der nie zum Vollzug gelangt und die Einheit von Objekt und Subjekt anzeigt.[514]

Der Konstruktivismus mit seinen selbstreferenziellen Theorieansätzen führt zu Fortschritten einer Theorie der Selbstorganisation und Selbstregulierung von kognitiven und sozialen Systemen.

In der abendländischen Geistesgeschichte wurden Objekt und Subjekt mit dem Ziel getrennt, die Welt zu erkennen, wie sie ist. Gegen diese vorherrschende Lehre gab es immer Gegenstimmen, die den Nutzen der Erkenntnis an den Nutzen für die Gattung gebunden haben. So erklärt Vico, einer der Vorläufer des Konstruktivismus, dass dasjenige wahr sei, was der Mensch erkennt, indem er etwas aufbaut und durch sein Handeln formt.[515] Die Wahrheit ist das Gemachte ('verum

---

514   Abb. Ein Kuß, der nie zum Vollzug gelangt

515   Vico, Giambattista, Die neue Wissenschaft über die gemeinschaftliche Natur der Völker, München 1924 (Original 1744)

ipsum factum'), wie dies Vico schon 1710 ausdrückte. Das Erkennen ist für Ludwik Fleck 1935 ein tätiges, lebendiges Beziehungseingehen, ein Umformen und Umgeformtwerden, kurz ein Schaffen,[516] ähnlich wie Vico dies einige Jahrhunderte vorher formuliert hat. Auch der Satz von Goethe, 'was fruchtbar ist, allein ist wahr', zeigt den Nutzen der Wahrheit für das Leben.

Diesen Gedanken betont auch Schopenhauer, in dem er dem menschlichen Verstand zuschreibt, dass er sich seiner Konstruktionen nicht bewusst sei und er glaube, die wirkliche Welt entdeckt zu haben.[517] Der Philosoph Epiktet formulierte schon vor 1900 Jahren, dass nicht die Dinge, sondern nur die Meinungen, die wir von den Dingen haben, beunruhigen.

Für Friedrich Nietzsche, der sich ebenfalls gegen den von Descartes begründeten Objekt-Subjekt-Dualismus wendet, stellt der Gedanke, dass Erkenntnisse dem Leben zu dienen haben, ein Zentralmotiv seiner Lehre dar.[518] Nicht die völlige Übereinstimmung mit der Wirklichkeit, sondern der Nutzen des Wissens für das Leben, so etwa schon beim frühen Nietzsche in seinem Werk 'Vom Nutzen und Nachteil der Historie für das Leben', ist das Ziel der Erkenntnistheorie.[519] Lebewesen sind nur dem Überleben der Gattung und der Erhaltung der Art verpflichtet.[520] Dieser Gedanke wird häufig variiert, so u.a. von Vaihinger in seiner Philosophie' des 'Als Ob'.[521] Auch seine Auseinandersetzung mit den verschiedenen Dimensionen der Welt zeigt, dass sie nur auf Fiktionen beruhen und so aufgebaut sind, als ob ihnen Wirklichkeiten entsprächen.[522]

---

516   Fleck, Ludwik, Entstehung und Entwicklung einer wissenschaftlichen Tatsache, Frankfurt am Main 1980 (Original 1935). Die Vorstellung eines Paradigmenwechsels findet man bei Ludwik Fleck, die späteren Ausführungen von Thomas Kuhn über Paradigmenwechsel in der Wissenschaft werden als originäre Erkenntnisse ausgegeben, wo es sich nur um Zweit-Codierungen handelt. Kuhn, Thomas, Die Struktur wissenschaftlicher Revolutionen, Frankfurt am Main 1973

517   Glasersfeld, Ernst von, Die Unterscheidung des Beobachters: Versuch einer Auslegung, in: Riegas, Volker und Christian Vetter (Hg.), Zur Biologie der Kognition, Frankfurt am Main 1990, S. 307

518   Nietzsche, Friedrich, Also sprach Zarathustra, in: ders., Werke in zwei Bänden, München 1967, S. 565

519   Ders., Vom Nutzen und Nachteil der Historie für das Leben, a.a.O.

520   Roth, Gerhard, Autopoiese und Kognition: Die Theorie H. R. Maturanas und die Notwendigkeit ihrer Weiterentwicklung, in: Schmidt, Siegfried J. (Hg.), Der Diskurs des Radikalen Konstruktivismus, 4. Aufl., Frankfurt am Main 1991, S. 276

521   Vaihinger, Hans, Philosophie des Als Ob, Berlin 1911

522   Vaihinger, a.a.O., S. 508

Ludwig Wittgenstein betont immer wieder, dass erst durch den Gebrauch eine Sache ihren Wert erhält. Wittgensteins Hinführung seiner Theorie auf die Konzeption der 'Sprachspiele' zeigt die Fundierung im Konstruktivismus an.[523]

Eine weitere Traditionslinie des Konstruktivismus liegt in der geisteswissenschaftlichen Abkehr vom Begriffsrealismus. So findet man bei verschiedenen Autoren die These, dass die Theorie bestimme, was wir beobachten können, so u.a. Karl R. Popper,[524] Alfred North Whitehead,[525] Charles Ackermann und Talcott Parsons[526] und Erwin Schrödinger.[527]

In der naturwissenschaftlichen Denktradition wurde die Erkenntnis, dass Beobachtungen nicht absolut, sondern relativ zum Standpunkt seien, z.B. von Albert Einstein,[528] formuliert. Dies führt zur Aussage Werner Heisenbergs, dass Beobachtungen das Beobachtete beeinflussen, was man z.B. auch an der empirischen Sozialforschung zeigen kann.

Ein weiterer Faktor, der konstruktivistische Gedanken nahelegte, rührte aus der Entwicklung der modernen Gesellschaft her. So wurde im 18. Jahrhundert das Ordnungsproblem mit der Herausbildung eines autonomen, bürgerlichen Individualismus bedeutsam. Dies führte dazu, Eigenbegründungen für den Staat, die Wirtschaft oder die Moral zu favorisieren, die nicht mehr aus Transzendentalbegründungen abgeleitet wurden. Auch die Einflüsse des Darwinismus im 19. Jahrhundert setzten Diskurse über Selbstorganisation[529] in Form der 'Selbsterkenntnis' der Materie durch den Geist in Gang.

Wie oben ausgeführt, findet man im Übergang von stratifikatorischen zu funktionalen Gesellschaften eine wachsende Bedeutung von 'Selbstreferenz'.[530] Das Selbst tritt in komplexen selbstreferenziellen Systemen im Zuge der Evolution erst spät auf. Das Ergebnis dieser

---

523   Wittgenstein, Ludwig, Philosophische Untersuchungen in: ders., Schriften 1, Frankfurt am Main 1963

524   Popper, Karl R., Logik der Forschung, 3. Aufl., Tübingen 1969

525   Whitehead, Alfred N., Modes of Thought, Cambridge Mass 1938

526   Ackermann, Charles und Talcott Parsons, Der Begriff 'Sozialsystem' als theoretisches Instrument, in: Parsons, Talcott, Zur Theorie sozialer Systeme, Opladen 1976, S. 70 "Die 'Tatsachen' der Wissenschaft sind Mythen".

527   Schrödinger, Erwin, Mind and Matter, Cambridge Mass. 1958

528   Einstein, Albert, in einem Gespräch mit Heisenberg, zit. in: Watzlawick, Paul, Schopenhauer und die Thesen des modernen Konstruktivismus, in: Riegas/Vetter (Hg.), Zur Biologie der Kognition, a.a.O., S. 298 "Die Theorie bestimmt, was wir beobachten können".

529   Küppers, Günter, Chaos und Ordnung. Formen der Selbstorganisation in Natur und Gesellschaft, Stuttgart 1997

530   Runkel, Gunter, Die Suche nach sich selbst, in: Schuller, Alexander und Nicolaus Heim (Hg.) Vermessene Sexualität, Berlin. Heidelberg 1987
Ders., Die Entwicklung zur Selbstreferenz, in: Plake, Klaus, Sozialer Wandel und Geschichte, Hamburg 1994

Evolution hin zu Subjektivität und Selbstbewusstsein geht mit einer zeitgeschichtlich späten Entwicklung kognitiver Schemata einher. Diese Selbstherstellung, Selbsterhaltung und Autopoiesis bezieht sich auf den selbsterhaltenden Lebensprozess, der seit ca. 3 Milliarden Jahre auf der Erde abläuft. Von daher erarbeitet eine konstruktivistische Sozialtheorie Konstrukte (Modelle, Systeme, Netzwerke etc.), die nicht auf ihre Entsprechung mit der 'Realität', sondern auf ihre Problemkapazität hin überprüft werden.

So vertrat Karl Marx zur Lösung gesellschaftlicher Probleme die Konzeption des gesellschaftlichen Charakters der Selbstorganisation des Menschen[531] und Max Weber konstruierte Idealtypen, so insbesondere die Typen der Herrschaft, die bei ihm zur Strukturierung der Wirklichkeit dienen sollten.

Im symbolischen Interaktionismus wird die Herausbildung des Selbst zu einem zentralen Problem.[532] Peter Berger und Thomas Luckmann haben dies in ihrem Werk über 'Die gesellschaftliche Konstruktion der Wirklichkeit'[533] ausgeführt. Solche Konstruktionen tauchen nach einem bestimmten zeitlichen Verlauf als 'ewige Wahrheiten' oder Selbstverständlichkeiten der Alltagswelt auf. Bei Berger/Luckmann findet man ebenfalls eine Auflösung der Konzeption der Subjekt/Objekt-Dichotomie. Nicht Subjekt oder Objekt, sondern eine umfassende Konstruktion der Realität konstituieren Erkenntnisse. Andere Wissenschaftler, wie die Kulturanthropologen Malinowski und Whorf und systemisch orientierte Psychologen wie Bateson und Watzlawick konstruieren Wirklichkeit.

Die grundlegenden Begriffe für den Konstruktivismus sind System, Steuerung, zirkuläre Geschlossenheit, Feedback und Selbstbezug. Insbesondere der letzte Begriff und seine Umschreibungen wie Selbstreferenz, Selbstorganisation, Selbstregulierung, Selbstgenügsamkeit und Autopoiesis sind grundlegend für die Entwicklung einer konstruktivistischen Erkenntnistheorie. Hier liegt der entscheidende Unterschied zu traditionellen wissenschaftlichen Schemata, in denen eine wissenschaftliche Erklärung darin besteht, dass sie die 'objektive Realität' abbilden möchte. Für den Konstruktivismus besteht diese Realität aus Interaktionen zwischen einem Beobachter und dem zu Beobachteten. Der Konstruktivismus ersetzt die Frage

---

531 in: Die deutsche Ideologie, a.a.O.

532 Mead, George Herbert, Mind, Self and Society, Chicago 1934, Die deutsche Übersetzung des Werkes von Mead (Geist, Identität und Gesellschaft, Frankfurt am Main 1968) ist in den auf das 'Selbst' bezogenen Passagen unbrauchbar. Siehe auch: Runkel, Gunter, George Herbert Mead, der Symbolische Interaktionismus, das Selbst und die Sozialisation, Arbeitsbericht Nr. 90 des Fachbereichs Wirtschaft- und Sozialwissenschaft der Universität Lüneburg, Lüneburg 1991

533 Berger/Luckmann, Die gesellschaftliche Konstruktion der Wirklichkeit, a.a.O.

nach dem 'Wie' durch die Beobachtung des Erkenntnisvorgangs und der Erkenntnisdiffusion, Probleme, die in der Wissenssoziologie aufgegriffen werden.

Der Erkenntnisvorgang wird als ein Prozess des Gehirns gesehen, wie es schon im 19. Jahrhundert in dem Gesetz von Johann Müller über das Prinzip der undifferenzierten Codierung formuliert wurde. Dies bedeutet, dass das Gehirn nur seine eigene Sprache versteht, es erkennt nur 'klick', 'klick', 'klick', wie dies Heinz von Foerster formulierte und nicht etwa 'groß', 'blau' oder 'rund'. So wurde gezeigt,[534] dass z.B. der Frosch ein Jagdziel wahrnimmt, wenn drei Signale vorliegen, nämlich Hell-Dunkel-Kontrast, kleine konvexe Formen und Bewegung. Wenn diese drei Stimuli gemeinsam auftreten, wird der Frosch versuchen, das Objekt zu verschlingen, auch wenn es sich für uns, einen Beobachter, als ein für den Frosch untaugliches Objekt handelt. Der Frosch sieht etwas anderes als wir, doch für sein Überleben reicht das, was er sieht, normalerweise aus.

Das Gehirn kann die Wirklichkeit nicht abbilden oder repräsentieren (was die Marxisten als Aufgabe der Philosophie annahmen), sondern es kann nur konstruieren, es ist selbstreferenziell, in sich geschlossen und operational autonom. Die vom Gehirn konstruierte Wirklichkeit ist eine soziale Wirklichkeit, weil ontogenetisch frühe Versuchs- und Irrtumsprozesse in diese Konstruktion eingehen.

Es entsteht ein anderer Blickwinkel, wenn man Wahrnehmungsprobleme nicht vom Standpunkt der Individuen und der Sinnesorgane, sondern vom Standpunkt des Gehirns betrachtet. Die Sinnesorgane übersetzen die Komplexität der Welt in eine Sprache des Gehirns (das erwähnte klick-klick). Das Gehirn ist zwar materiell und energetisch mit seiner Umwelt, einem lebenden System, verbunden. Doch das Gehirn ist nicht weltoffen, sondern in sich geschlossen. Wäre das Gehirn weltoffen, so müsste es vor der Flut der Umwelt zusammenbrechen.[535]

Lebende Systeme bilden eine Klasse von Systemen, bei denen jedes Element als ein Netzwerk der Produktion von Bestandteilen definiert ist, die durch ihre Integrationen das Netzwerk bilden, das sie selbst geschaffen haben. Die Grenzen des Netzwerks werden als Bestandteile konstituiert, die an der Realisierung und Konstitution des Systems teilhaben und das Netzwerk als ein System in einer Umwelt konstituieren, in dem es selbst existiert.

Autopoietische Systeme existieren als operative Einheit in einer Umwelt, an die sie strukturell gekoppelt sind. Sie sind zyklisch organisiert, d.h., das Resultat des Zusammenwirkens ihrer

---

534   Foerster, Heinz von, Erkenntnistheorien und Selbstorganisation, in: Schmidt, Siegfried J. (Hg.), Der Diskurs des Radikalen Konstruktivismus, 4. Aufl., Frankfurt am Main 1991, S. 138 f.

Bestandteile ist wiederum das Zusammenwirken ihrer Bestandteile, bzw. die zyklische Reproduktion dieser Bestandteile. Autopoietische Systeme operieren selbstreferenziell. 'Informationen' sind in ihnen selbst angelegt und werden nicht aus der Umwelt über Input-Output-Oberflächen bezogen. Alle Operationen des Systems beziehen sich nur auf sich selbst und auf den Erhalt des Systems. Autopoietische Systeme können im Rahmen ihrer organisationell gesetzten Bedingungen in ihrer jeweiligen konkreten Struktur variieren. Sie können wachsen, altern, lernen, sich differenzieren, sterben bzw. zerfallen. Das funktionale Ziel aller Operationen autopoietischer Systeme und ihrer Umwelt ist die Aufrechterhaltung einer kohärenten Struktur. Komplexere autopoietische Systeme werden von Nervensystemen integriert, die den Kognitionsbereich lebender Systeme um eine Menge interner Interaktionen reiner Relationen (kognitive Konstrukte) erweitern. Die Funktion besteht ausschließlich in der Koordination der sensorischen und effektorischen Aktivitäten des Systems.

Der rekursive Bezug des Nervensystems auf sich selbst bedeutet, dass komplexe Nervensysteme mit sich selbst interagieren, sich selbst beschreiben und beobachten können. Dies ermöglicht beim Menschen und Menschenaffen die Ausbildung der Rolle des Beobachters und des 'Selbstbewusstseins'.

Aufgrund ihres rekursiven Funktionierens und ihrer strukturellen Möglichkeiten operieren autopoietische Systeme induktiv. Die gegenseitige Repräsentation jeweiliger Kognitionsbereiche kann zur Ausbildung konsensueller Bereiche führen (z.B. Sprache).

Die Umwelt des Gehirns ist ein, wenn auch nicht willkürliches, Konstrukt des Gehirns. Es existiert im Gehirn auf der einen Seite eine operative Abgeschlossenheit und auf der anderen Seite eine Beeinflussbarkeit durch die Umwelt. Die Geschlossenheit des Gehirns, d.h. die hohe Selbstreferenzialität, ist die Voraussetzung für seine Offenheit, d.h. die Bearbeitung der komplexen und kontingenten Umwelt. Das Gehirn ist nicht von der Umwelt getrennt, sondern es konstituiert eine interne Umwelt und verinnerlicht damit Umwelt. Diese interne Umwelt ist eine soziale Umwelt, weil die Überlebensfähigkeit der Gattung eine Einpassung in die Umwelt prämiert. Das Gehirn kann jedoch nicht nach außen sehen, von daher sollte man Aussagen über die 'reale Welt' vermeiden. Die Aufgabe des Gehirns besteht nicht darin, die Welt zu erkennen, wie sie ist, sondern nur den Organismus und die Gattung überlebensfähig zu erhalten. Unser Gehirn und unsere Sinnesorgane können uns die Dinge nicht zeigen, wie sie sind.

Das Nervensystem operiert als ein geschlossenes System. Es erzeugt nur Zustände relativer Aktivität zwischen seinen neuronalen Bestandteilen. Es operiert nicht über Input-Output, denn

---

535   Wäre das lebende System weltoffen gegenüber dem Gehirn, so wäre dies für das lebende System ebenfalls sehr unangenehm.

diese werden nur vom Beobachter konstruiert, bzw. selektiert. Die Rolle des Beobachters ist möglich, indem über die Ausbildung konsensueller Bereiche, wie Sprache, Mimik und Gestik, Aktivitätszustände des Nervensystems in eine andere Mitteilungsmöglichkeit übersetzt werden können.

Lebende Systeme sind selbstreferenziell, selbsterzeugend, selbstorganisierend, selbsterhaltend, d.h. autopoietische Systeme. Sie erzeugen ihre eigene Zirkularität, sind Netzwerke zur Produktion der eigenen Bestandteile. Als autopoietische Systeme sind sie geschlossen, d.h. struktur- und zustandsdeterminiert und beziehen sich in ihren Operationen nur auf sich selbst. Sie sind mit anderen Systemen strukturell gekoppelt und bauen ihre konsensuellen Bereiche als gemeinsame Wirklichkeit auf.

Der Mensch als lebendes System ist zwar an andere strukturell gekoppelt, aber er bleibt immer der Einsamkeit seiner Autopoiesis verhaftet.

Die Konstruktionen der Wirklichkeit und die Realität selbst besitzen Übereinstimmungen und Entsprechungen, da dies eine Überlebensanforderung im Laufe der Evolution darstellt. So hatten z.B. diejenigen Affen, die den Abstand zwischen zwei Bäumen nicht ausreichend abschätzen konnten, kaum Überlebenschancen. Von daher ist es plausibel, ein Minimum an Korrespondenz der kognitiven Konstruktionen mit der Wirklichkeit anzunehmen.

Für Luhmann umfasst die Autopoiesis die biologischen, psychischen und sozialen Systeme.[536] Diese Konzeption wird von Vertretern der ursprünglichen Konzeption der Autopoiesis, wie Maturana, Varela und Hejl,[537] scharf kritisiert. Man muss stärker, als dies Luhmann durchführt, zwischen Autopoiesis, Selbstreferenzialität und Selbsterhaltung unterscheiden. Maturana, Varela, Roth, Heiden, Schwegler u.a. reservieren den Begriff der 'Autopoiesis' für die Beschreibung biologischer Systeme, d.h. Systeme erster Ordnung, wie z.B. Zellen, und Systeme zweiter Ordnung, wie z.B. Organismen. Systeme dritter Ordnung, wie Tierkolonien oder menschliche Populationen, sind nicht nur durch 'Autopoiesis', sondern auch durch einen konsensuellen Bereich, der Handlungen von Lebewesen koordiniert, bestimmt. Deshalb verwende ich den Begriff der 'Autopoiesis' in Einklang mit seinen Begründern nicht als

---

536   Luhmann, Niklas, Soziale Systeme, a.a.O.

537   Maturana hat die Übertragung seiner Autopoiesis-Konzeption auf soziale Systeme, wie dies etwa Niklas Luhmann und seine direkten Anhänger machen, häufig kritisiert, siehe u.a.: Riegas, Volker und Christian Vetter, Gespräch mit Humberto R. Maturana, in: dies. (Hg.), Zur Biologie der Kognition, a.a.O., S. 38 ff.
Siehe u.a. Hejl, Peter, Soziale Systeme: Körper ohne Gehirn oder Gehirn ohne Körper? Rezeptionsprobleme der Theorie autopoietischer Systeme in den Sozialwissenschaften, in: Riegas/Vetter (Hg.), Zur Biologie der Kognition, a.a.O., S. 220 f.

Oberbegriff aller Systeme, wie Niklas Luhmann, sondern ich setze als Oberbegriff den Begriff der 'Selbstreferenzialität'. Der Begriff 'Selbstreferenzialität' oder Selbstorganisation[538] umfasst autopoietische Systeme, wie die biologischen und psychischen Systeme und sozialen Systeme, wie etwa Tierpopulationen und menschliche Gesellschaften, die zwar selbstreferenziell, aber nicht in allem autopoietisch sind.

So kann man die biologischen Grundlagen dieser Gesellschaften und auch die Weltgesellschaft als autopoietisch bezeichnen, aber nicht die dazwischenliegenden sozialen Systeme. Auch soziale Systeme haben input/output Leistungen für andere soziale Systeme zu erbringen. So hat die Post nicht nur ihre Mitarbeiter, sondern auch Briefe zu befördern.[539]

Die Anwendung des Konstruktivismus in den Sozialwissenschaften erfolgte in der Soziologie insbesondere durch Niklas Luhmann.[540] So haben seine Beiträge zur Theorie sozialer Systeme und zur Organisationssoziologie die Bedeutung selbstreferenzieller Theorieansätze aufgezeigt.

Auch in der Rechtswissenschaft erleben wir eine Anwendung selbstreferenzieller Theorien.[541] Auch für die Wirtschaftswissenschaften treten selbstreferenzielle Modelle in den Vordergrund. So wurde in modernen Managementtheorien[542] wie auch aus Untersuchungen aus dem Bereich der Genossenschaftstheorie[543] die Fruchtbarkeit selbstreferenzieller Ansätze gezeigt.

---

538 Dress, Andreas, Hubert Hendrichs und Günter Küppers (Hg.), Selbstorganisation. Die Entstehung von Ordnung in Natur und Gesellschaft, München. Zürich 1986

539 Andererseits kann man feststellen, dass es Organisationen gibt, die schon fast autopoietisch ausgerichtet sind. Dazu zählt z.B. die Bundesanstalt für Arbeit im Jahre 2002, die angesichts des gesellschaftlichen Problems der Arbeitslosigkeit und eines gesetzlichen Auftrages, Arbeitssuchende zu vermitteln, dies dergestalt wahrgenommen hat, ihre eigene Organisation aufzublähen und durch Scheinbuchungen Vermittlungen vorzutäuschen.

540 Die gesamte Theorieproduktion von Niklas Luhmann nach seiner Einleitung in seine Theorie, d. h. nach dem Buch 'Soziale Systeme', wurde auf die Autopoiesis-Konzeption umgestellt.

541 So insbesondere durch Teubner, Gunther, Recht als autopoietisches System, Frankfurt am Main 1989

542 Probst, Gilbert J.B., Selbstorganisation. Organisation in sozialen Systemen aus ganzheitlicher Sicht, Berlin. Hamburg 1987

Baecker, Dirk, Die Form des Unternehmens, Frankfurt am Main 1993, S. 46 unterscheidet Allopoiesis als kausale Schließung eines Systems von Autopoiesis als operationale Schließung eines Systems. Autopoiesis wurde nach Baecker bisher für lebende (organische), bewusste (psychische) und kommunizierende (soziale) Systeme *vermutet*. Er ist in dieser Frage zurückhaltender als sein Lehrer Luhmann.

543 Runkel, Gunter, Wie ist eine funktionierende Genossenschaft möglich? Arbeitsbericht Nr. 66 des Fachbereichs Wirtschafts- und Sozialwissenschaften der Universität Lüneburg, Lüneburg 1989

Ders., Allgemeine Soziologie, Organisationssoziologie und Genossenschaftstheorie, Arbeitsbericht Nr. 94 des Fachbereichs Wirtschafts- und Sozialwissenschaften der Universität Lüneburg, Lüneburg 1991

Besonders in der Psychiatrie und dem wissenschaftlichen Umfeld wurden in letzter Zeit konstruktivistische Ansätze favorisiert. Hier sind insbesondere die Beitrage von Gregory Bateson[544] und Paul Watzlawick[545] zu nennen, die früh konstruktivistische Ansätze z.B. in die Familientherapie einführten.

Die Kunst hat schon früh darauf hingewiesen, dass wir nur sehen, was wir kennen.

Die Menschen sehen, ihre Augen, Kameras oder Augäpfel sind blind. Von daher können wir z.B. dreidimensionale Bilder sehen, wo nur zweidimensionale Bilder vorhanden sind.[546]

Im Bereich der Kunst wurde schon häufig mit selbstreferenziellen Mustern gearbeitet. So zeigen insbesondere die Bilder von Escher solche Selbstbezüglichkeiten an.[547]

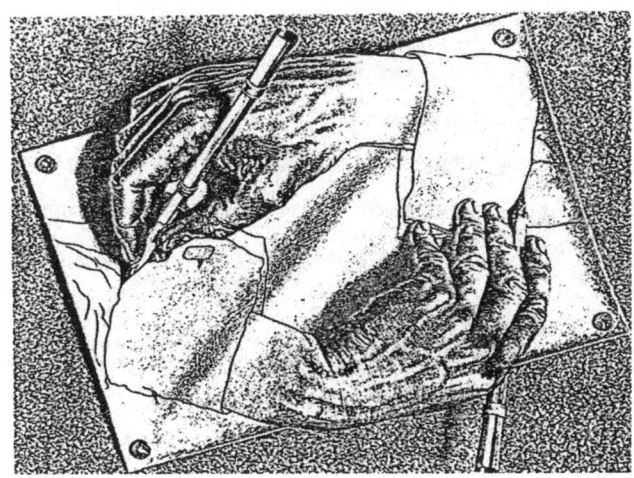

Die institutionalisierte Welt ist ein Ergebnis menschlicher Hervorbringungen.[548] Das Bewusstsein des Einzelnen ist gesellschaftlich eingebettet und wird über Sozialisation und Internalisierung mitgeprägt.

Ders., Die Kultur der Genossenschaft, in: Jäger, Wieland und W. Beywl (Hg.), Wirtschaftskulturen und Genossenschaften im vereinten Europa, Wiesbaden 1994

544   Bateson, Gregory, Ökologie des Geistes, Frankfurt am Main 1981

545   Watzlawick, Paul, Wirklichkeitsanpassung oder angepaßte 'Wirklichkeit'? In: Gumin, Heinz und Armin Mohler (Hg.), Einführung in den Konstruktivismus, München 1985

546   Baccei, Tom, Das magische Auge. Dreidimensionale Illusionsbilder, 3 Bände, München 1994

547   Ernst, Bruno, Der Zauberspiegel des Maurits Cornelis Escher, Berlin 1986, S. 26

548   Berger/Luckmann, a.a.O., S. 64

Andere Konstruktionen wie die Groß/Klein-Differenz wurden in der Kunst, besonders der mittelalterlichen, verwendet, dass z.B. große, d.h. bedeutende Persönlichkeiten, groß dargestellt wurden.[549]

So ist Wahrnehmung kein Akt der Repräsentation der Außenwelt, sondern eine Konstruktion, die von der Arbeitsweise des Gehirns determiniert wird.

---

549   Ullmann, Ernst (Hg.), Geschichte der deutschen Kunst 1470-1550. Architektur und Plastik, Leipzig 1984, Abb. 201 Gregor Erhart, Maria als Rosenkranzkönigin in der Pfarrkirche zu Enns

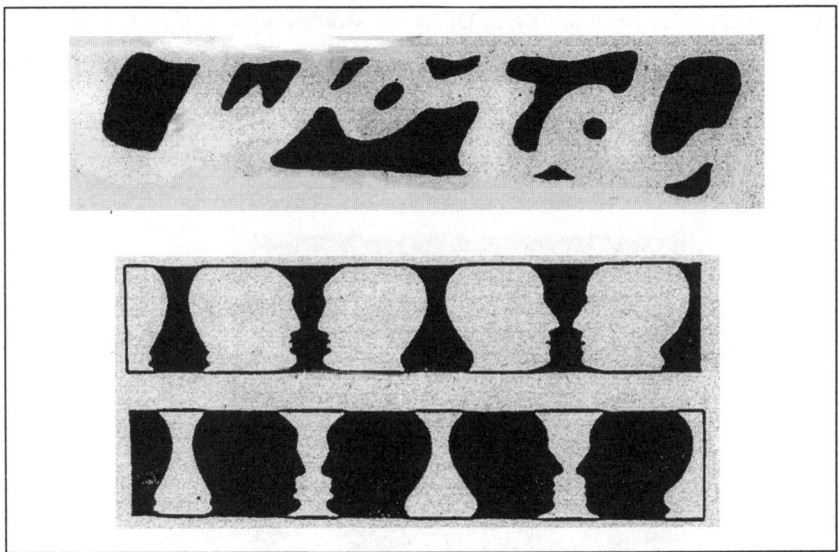

Die Wirkung der Bedeutungszuweisung auf die Ordnungsbildung

Das Gehirn ist nicht darauf ausgerichtet, eine objektive Realität abzubilden, sondern es bildet nur eigene Selbstdifferenzierungsprozesse aus.

Von daher berührt Luhmanns These von der unbeobachtbaren Welt auch die Kunst.[550]

Da sich die Soziologie primär mit der Konstruktion der gesellschaftlichen Wirklichkeit beschäftigt, tritt das Phänomen, dass es eine Realität und rohe Tatsachen außerhalb des Menschen gibt, zurück. Die Welt existiert unabhängig von unseren Repräsentationen von ihr.[551]

Dies nennt man Realismus, d.h. es wird nicht angegeben, wie externe Dinge aussehen, sondern, dass es sie gibt.

Die gesellschaftliche Wirklichkeit ist das Ergebnis von gesellschaftlichen Konstruktionen, wie sie sich z.B. in Geld und Ehe äußern, die allerdings auf rohen Tatsachen, wie z.B. einer Erde und Menschen, aufbauen. Die Quelle menschlicher Erkenntnis resultiert aus der Wechselwirkung zwischen den Akteuren und einer externen Welt. Der Akteur kann nicht die Dinge an sich erkennen, aber er entwickelt Schemata, die zur Bewältigung der externen Strukturen und damit dem Überleben der Gattung dienen. Die kognitiven Leistungen sind auf den für das Überleben

---

550   Luhmann, Niklas, Weltkunst, in: ders., Frederick D. Bunsen und Dirk Baecker, Unbeobachtbare Welt. Über Kunst und Architektur, Bielefeld 1990

551   Searle, John R., Die Konstruktion der gesellschaftlichen Wirklichkeit, Reinbek bei Hamburg 1997, S. 162

ausgelegten Bereich eingerichtet. Zwischen dem 'Ich' und der 'Welt' sind daher Rückkoppelungsprozesse anzunehmen.[552]

Die Kritik des radikalen Konstruktivismus an der Existenz einer Wirklichkeit unabhängig vom Bewusstsein der Akteure ist zwar logisch nicht zu widerlegen, aber nicht plausibel. Diese Kritik wurde auch von Karl Popper und dem kritischen Rationalismus zurückgewiesen.[553]

Der Entwicklungsprozess des Menschen ist nur verständlich, wenn man den Erwerbsprozess des Geistigen im Austausch mit einer schon vorhandenen Realität konzipiert, d.h. menschliche Konstrukte der Wirklichkeit als realistische Konstrukte begreift. Dies bedeutet nicht, dass eine ontologische Abbildtheorie der Wirklichkeit richtig sei, sondern, dass sich Bewusstsein und Kommunikation nur in Auseinandersetzung mit einer äußeren Realität entwickeln können.[554]

Auch Psychologen, wie etwa Jean Piaget, haben konstruktivistische Fragestellungen in ihr Forschungsprogramm aufgenommen. Er analysiert dies an dem Aufbau der Wirklichkeit beim Kinde, die er z.B. anhand des Aufbaus des Zeitverständnisses, der Moral und des Spiels analysiert.[555] Selbstkonzepte treten nach Piaget erst zwischen dem 8. und 10. Lebensjahr auf und werden am eigenen Körper ausgerichtet und im Austausch mit anderen Individuen entwickelt. Jean Piaget hat eine Verbindung vom Konstruktivismus und Realismus vorgenommen. Er hat gezeigt, wie die Ontogenese des Menschen in der Auseinandersetzung mit der Natur zu geistigen, sozio-kulturellen Organisationsformen geführt hat. So hat sich die menschliche Form des Wissens aus seiner Naturgeschichte entwickelt. Die Strukturen der Kognition bilden sich in der Kindheit aus. Der Mensch entwickelt kognitive Strukturen, die Piaget als Assimilation und Akkommodation bezeichnet. Assimilation bedeutet das Ausweiten der internen Schemata auf Gebiete der äußeren Wirklichkeit und Akkommodation die Anpassung der äußeren, sperrigen Wirklichkeit an interne Strukturen. Der Mensch bearbeitet die Wirklichkeit, weil er in ihr leben muss. Piaget hat dies an unterschiedlichen Bereichen demonstriert. Der Mensch tritt in Wechselwirkung zur Außenwelt. Er bedient sich Konstruktionen, um die Außenwelt handhabbar

---

552   Wuketits, Franz M., Der Positivismus im Lichte der evolutionären Erkenntnistheorie, in: Riedl, Rupert und Elfriede Maria Bonet (Hg.), Entwicklung der Evolutionären Erkenntnistheorie, Wien 1987, S. 236

553   Esser, Hartmut, Wie lebendig ist der kritische Rationalismus, in: Soziologische Review, Heft 3, 2001, S. 277

554   Dux, Günter, Historisch-genetische Theorie der Kultur, Weilerswist 2000, S. 301

555   Piaget, Jean, Der Aufbau der Wirklichkeit beim Kinde, Stuttgart 1975
   Ders., Die Bildung des Zeitbegriffs beim Kinde, Frankfurt am Main 1974
   Ders., Das moralische Urteil beim Kinde, Frankfurt am Main 1973
   Ders., Nachahmung, Spiel und Traum, Stuttgart 1969

zu machen. Dabei ist anzunehmen, dass der Mensch Schemata der externen Welt in sein Inneres inkorporiert. Dies nennt man 'konstruktivistischen Realismus'.[556]

Die Menschen sind Konstrukteure in diesem gesellschaftlichen Prozess, den sie insbesondere durch Kommunikation erzeugen. Da die Menschen schon immer in gesellschaftlichen Assoziationen leben, haben sie schon immer miteinander kommuniziert.[557] Kommunikation ist auf gesellschaftliche Gestaltung angewiesen, d.h. Kommunikation ist Handlung. Gesellschaften bestehen nicht aus Menschen, sondern aus Handlungen und Kommunikationen, die allerdings an die Akteure gebunden sind. Von daher ergibt sich, dass ich nicht wie Niklas Luhmann Kommunikation als Letztelement des sozialen Systems auffasse, sondern Handlung.

---

556   Dux, Günter, Historisch-genetische Theorie der Kultur, Weilerswist 2000, S. 195 ff

557   Die Gegenthese von Niklas Luhmann, Kommunikation sei unwahrscheinlich (u.a. in: Luhmann, Niklas, Die Gesellschaft der Gesellschaft, a.a.O., S. 190 ff.) rührt aus der Idee, die Kommunikation nur intern, d.h. ohne Kontakt zur Außenwelt, zu begründen.

7. Schluss

Die übliche Darstellung soziologischer Theorien geht historisch und genealogisch vor. So werden ältere Theorien zuerst präsentiert und danach die daraus folgenden, wobei man schwerpunktmäßig einzelne Schulen und Denktraditionen zusammen vorstellt.

Im Folgenden wähle ich eine andere Vorgehensweise. Ich versuche, die verschiedenen sozialwissenschaftlichen Ansätze theoretisch anhand des Parsonsschen Vier-Funktionen-Schemas zu bündeln.

Das heißt, dass ich jedem der vier Felder des Parsonsschen Ansatzes ein Bündel von Theorien zuordne. Ich versuche, die theoretischen Konflikte dadurch zu entschärfen, dass ich die diversen Ansätze in einen größeren Zusammenhang stelle. Dadurch wird es möglich, die unterschiedlichen Erkenntnisgewinne in eine Theorie, ein Klassifikationsschema zu integrieren, was unterschiedliche Perspektiven erfasst.

Es hat immer Versuche gegeben, die soziologischen Theorien anhand von Mikro/Makro, Integration/Konflikt u.s.w. zu klassifizieren.[558] Dem vorliegenden Versuch liegt eine andere Strategie zugrunde. Ich übernehme den Parsonsschen Ansatz der Klassifikation, den ich aber verändere. Andere Autoren, wie z.B. Richard Münch,[559] kommen zwar dieser Überlegung nahe, aber sie scheuen die Risiken und Chancen und fallen in den traditionellen Parsonsschen Ansatz zurück. Ich eröffne mit dieser Theorieentscheidung die Möglichkeit, die Erklärungsgewinne unterschiedlicher Theorietraditionen auszuschöpfen.

Die unterschiedlichen sozialwissenschaftlichen Theorien werden danach, welchem der vier Parsonsschen Funktionen sie am ehesten zugeordnet werden können, klassifiziert. Dabei gibt es von der Natur der Sache hier immer Klassifikationsprobleme, da soziologische Klassiker, wie z.B. Max Weber, unterschiedlichen Feldern eingepasst werden können.

Ich gehe im Folgenden analog zu Talcott Parsons vor, der 1937 in 'The Structure of Social Action' verschiedene Klassiker in sein Handlungsschema einordnete, auch wenn er sie für seine Zwecke zurechtbiegen musste. Die dahinter stehende These lautet, dass verschiedene sozialwissenschaftliche Theorien, ich nenne hier nur die 'Theorien der rationalen Wahl', 'Machttheorien' und 'Integrationstheorien', nicht aufeinander rückführbar sind.

---

558   Vgl. Ritzer, George, Contemporal Sociological Theory, 3. Aufl., New York u.a. 1988
559   Vgl. Münch, Richard, Globale Dynamik, lokale Lebenswelten, Frankfurt am Main 1998, S. 347 ff

Sozialwissenschaftliche Ansätze, die dem Funktionsbereich Adaption zugeordnet werden können, sind besonders in der Psychologie und der Ökonomie beheimatet. So haben besonders Vertreter der psychologischen Lerntheorie und George Caspar Homans betont, dass Handlungen als Ergebnis von Belohnungen und Bestrafungen gefasst werden können. Auch in der Ökonomie werden diese Ansätze, die ein Nutzenkalkül der Akteure unterstellen, häufig verwendet. So ist die Theorie der rationalen Wahl und eine spezielle Variante der Spieltheorie als Nutzentheorie eigenorientierter, rationaler Akteure an diesem Funktionsbereich orientiert. Es wird die Idee des Vertrags zugrunde gelegt, der eigenorientierte Akteure an andere bindet und die eventuell Kontrollrechte an andere abgeben. In der 'Tit-for-Tat'-Strategie wird untersucht, inwieweit sich Kooperation für egoistische Akteure lohnt. Dieses Modell, das in der Ökonomie und auch neuerdings in der Soziologie verbreitet ist, legt seinen Schwerpunkt auf ökonomisch ausgerichtete, rationale, egoistische Akteure, die ihren Nutzen mehren möchten. Dieses theoretische Modell liegt auch neoliberalen Gesellschaftsauffassungen zugrunde, wie sie etwa in der Gesellschaft der USA weitgehend realisiert sind.

Sozialwissenschaftliche Ansätze, die man dem Funktionsbereich Goal Attainment zuordnen kann, sind machttheoretisch zentriert, wobei bisweilen auch die Termini Konflikttheorie oder Spieltheorie im Sinne einer Machttheorie auftauchen. Es geht in diesen Theorien um die zentrale Implementierung von Macht und Machtspielen besonders in Organisationen, Gesellschaften und internationalen Regimen. Diese Ansätze gehen in Europa zum Teil auf Niccoló Machiavelli zurück, der u.a. auf Vilfredo Pareto, Gaetano Mosca, Antonio Gramsci, Robert Michels, Michel Foucault und Pierre Bourdieu großen Einfluss ausübte. Auch der Theorie von Karl Marx liegt eine Machtperspektive zugrunde, wenn er die Geschichte der Gesellschaften als Geschichte der Klassenkämpfe begreift. Es gibt weitere Traditionslinien, so über Hobbes zu Norbert Elias[560] und zu Samuel P. Huntington.[561] Macht wird bei Elias als Nullsummenspiel betrachtet, in der z.B. die politische Zentralisierung des französischen Königs mit der zunehmenden Machtlosigkeit des Adels einhergeht. Auch von Friedrich Nietzsche gingen machttheoretische Impulse aus, die besonders Max Weber, aber auch neuere französische Soziologen wie Foucault und Bourdieu beeinflussten.

Die Ansätze, die besonders die Integrationsfunktion von Gesellschaften thematisieren, betonen die systemische und normative Integration. So beschäftigten sich schon die Gründungsväter der Soziologie, Comte, Spencer, Durkheim, Tönnies und Max Weber mit den Problemen der Integration moderner Gesellschaften. So versucht Auguste Comte mit seinem Dreistadiengesetz

---

560   Elias, Norbert, Über den Prozeß der Zivilisation, a.a.O.

561   Huntington, Samuel P., Kampf der Kulturen, 6. Aufl., München. Wien 1998

eine lineare Höherentwicklung der Gesellschaften darzustellen, Durkheim untersucht Aspekte der Arbeitsteilung und Probleme der mechanischen und organischen Solidarität und Herbert Spencer begründet eine struktur-funktionale Theorie der Entwicklung des homogenen Nebeneinanders zum heterogenen Miteinander. Ferdinand Tönnies legt seiner Typologie die Begriffe 'Gemeinschaft' und 'Gesellschaft' zugrunde, wobei er der 'Gesellschaft' abnehmende Integrationskraft zuspricht. Für Max Weber ist der 'Rationalismus der Weltbeherrschung',[562] der sich u.a. aus der protestantischen Ethik speist und den Geist der Moderne beeinflusst hat, eine Voraussetzung der Entwicklung moderner Gesellschaften, die zunehmend der religiösen Fundierung nicht mehr bedürfen.

Talcott Parsons fasst die verschiedenen Klassiker der Soziologie in seiner Theorie zusammen und betont besonders die bedeutende Rolle der gemeinsam geteilten Werte und Normen einer Gesellschaft, die eine Gesellschaft zusammenhalten.

Auch Niklas Luhmanns Theorie der funktionalen Differenzierung geht von der Parsonsschen Theorie aus und sieht in der 'Gesellschaft der Gesellschaft'[563] einen Integrationsbereich von Gesellschaften.

In dem Funktionsbereich der Erhaltung sinnvoller Muster (L - Funktion) sind Theorien angesiedelt, die gesellschaftliche Ziele in den Vordergrund der Überlegungen stellen und die Frage aufwerfen, wie eine Gesellschaft, der man gewisse Ziele unterstellt, aussehen sollte. Wenn man z.B. Gerechtigkeit, Solidarität und Vermehrung des Wohlstandes als Ziele proklamiert, kann man Gesellschaften entwerfen und die bestehende Realität, die von der Realisierung solcher Forderungen entfernt ist, kritisieren. So haben besonders John Rawls[564] und Jürgen Habermas[565] Konzepte entworfen, wie alle Menschen unter dem 'Schleier des Nichtwissens' (Rawls) oder "unter symmetrischen Bedingungen reziproker Anerkennung ... ihre Zustimmung müßten geben können."[566] Ein solcher Ansatz muss sich dann immer mit dem Vorwurf des Idealismus auseinandersetzen, da z.B. in der Frankfurter Schule in der Tradition des Deutschen Idealismus solche utopischen Vorstellungen tradiert werden.[567]

---

562   Weber, Max, Die protestantische Ethik und der Geist des Kapitalismus, a.a.O

563   Luhmann, Niklas, Die Gesellschaft der Gesellschaft, a.a.O.

564   Rawls, John, Eine Theorie der Gerechtigkeit, Frankfurt am Main 1979

565   Besonders in: Habermas, Jürgen, Faktizität und Geltung, Frankfurt am Main 1992
         Ders., Die Einbeziehung des Anderen, Frankfurt am Main 1996

566   Ders., Die Einbeziehung des Anderen, a.a.O., S. 315

567   Luhmann, Niklas, Ich sehe, was Du nicht siehst, in: ders., Soziologische Aufklärung, Bd. 5, Opladen 1990, S. 230 sieht daher in Frankfurt den Irrweg des Idealismus eingeschlagen.

Wenn man die verschiedenen Theorien nach dem AGIL-Schema von Parsons ordnet, ergibt sich folgendes Schema, wobei jede Schematisierung eine Vereinfachung der Theorien bedeutet. Dieses Schema verdeutlicht eine *Theorie Allgemeiner Handlungssysteme.*

L   **I**

Theorie der Gerechtigkeit (Rawls) Diskurstheorie (Habermas) ...	Systemtheorie (Parsons, Luhmann) Klassiker der Soziologie wie Comte, Spencer, Durkheim, Tönnies und Max Weber ...
Lerntheorie (Skinner, Homans) Theorie der rationalen Wahl (Coleman) ...	Machttheorie (Machiavelli, Pareto, Elias, Foucault und Bourdieu) Konflikttheorie Spieltheorie ...

A   **G**

Diese *Theorie Allgemeiner Handlungssysteme* nimmt eine Synthese der verschiedenen Theorien vor. Sie umfasst auf der Ebene der Anpassung Lerntheorien und Theorien der rationalen Wahl, in der Akteure unter dem Aspekt von Versuch und Irrtum und Nutzenkalkulationen vorgehen.

In dem Bereich der Zielorientierung werden Macht- und Einflusspotentiale verschiedener Akteure, wie sie etwa Machiavelli, Pareto, Elias, Foucault und Bourdieu untersucht haben, analysiert.

Diese Theorien bedürfen wiederum der Ergänzung durch Theorien, die die integrativen Erfordernisse zwischen den verschiedenen Subsystemen untersuchen, so die Wandlungsprozesse im sozio-kulturellen System, eine Aufgabe, der sich besonders die Klassiker der Soziologie wie Comte, Spencer, Durkheim, Tönnies, Max Weber und Parsons gewidmet haben.

Im Bereich des Erhalts latenter Muster existieren Theorien, die die Nachfolge der früheren Utopien angetreten haben und Gedanken entwickeln, wie eine gerechte (Rawls), diskursorientierte (Habermas) oder solidarische (Taylor) Gesellschaft aussehen sollte.

Da keine der Theorien auf die jeweils andere reduziert werden kann, obwohl dies häufig versucht wurde, stellt die *Theorie Allgemeiner Handlungssysteme,*[568] wie ich sie hier entworfen habe, eine Metatheorie dar. Soziale Strukturen in modernen Gesellschaften lassen sich umfassend nur mit allen diesen Aspekten beschreiben und analysieren.

Die Entwicklung der Moderne kann man ebenfalls in Anlehnung an Parsons' AGIL-Schema darstellen. Als Anpassung wird rationales Lernen institutionalisiert, die als Ziel die selbstverantwortliche Persönlichkeit hat. Als Mittel der Integration stehen soziale Handlungen zur Verfügung, die auf rationalen Kapitalismus, demokratisch rational-legale Herrschaft, eine Zivilgesellschaft mit universalistischer Bildung und Moral, ausgerichtet sind.

In der Moderne haben sich verschiedene Strukturen ausdifferenziert, die man als Wirtschaft, Staat, Gesellschaft und Kultur unterscheiden kann.[569]

Dies ergibt, wenn man diese in das AGIL-Schema einordnet, folgendes Bild der 'tätigkeitslenkenden Strukturen'.

L		I
Kultur		**Gesellschaft**
Wirtschaft		**Staat**
A		G

Die Entwicklung der modernen Gesellschaft vollzieht sich auf verschiedenen Ebenen, die gesellschaftsstrukturelle und semantische Anteile besitzen.

Gesellschaftsstrukturell verändert sich die moderne Gesellschaft u.a. über Veränderungen des modernen Kapitalismus, wie dies z.B. im Begriff 'Globalisierung' deutlich wird.

---

568   Die Architektonik der Theorie ist der struktur-funktionalen Theorie von Parsons entliehen, die aber selbst in dieser Theorie in dem Bereich der Integration verbleibt.

569   Bei Wagner, Peter, Soziologie der Moderne, Frankfurt am Main. New York 1995, S. 178 tauchen nur die ersten drei Begriffe als 'relativ autonome Sphären' und 'tätigkeitslenkende Strukturen' auf.

Auf der Ebene der Semantik treten kulturelle Codes der Moderne auf, wie Individualismus,[570] Aktivismus der Weltbeherrschung, Universalismus und Rationalismus,[571] die ebenfalls die gesellschaftliche Entwicklung weitertreiben. Diese Subcodes müssen jeweils mit anderen systemischen Erfordernissen kompatibel gemacht werden, damit sie zur gesellschaftlichen Weiterentwicklung beitragen können. Sie haben eine Tendenz zur Autonomisierung, wodurch neue Wandlungsprozesse entstehen.

Doch es wird nicht gelingen, die Welt nach westlichen Standards der Wahrheit, Urteilskraft und des Geschmacks umzuformen[572] und es bleibt als sinnvolle Strategie nur eine schrittweise Veränderung zu mehr Demokratie und Wohlstand. Doch die Zukunft ist offen und kann in einem großen Verhängnis enden, da die Menschen nun merken, dass sie auf sich selbst gestellt sind. Die "Geschichte des Menschen [fängt] heute erst an, seine Gefährdung, seine Tragödie. Bisher standen noch die Altäre der Heiligen und die Flügel der Erzengel hinter ihm, aus Kelchen und Taufbecken rann es über seine Schwächen und Wunden. Jetzt beginnt die Serie der großen unlöslichen Verhängnisse seiner selbst..."[573]

---

570   Friedrichs, Jürgen (Hg.), Die Individualisierungs-These, Opladen 1998

571   Aretz, Hans-Jürgen, Individualisierung und Modernisierung, in: Kron, Thomas (Hg.), Individualisierung und soziologische Theorie, Opladen 2000, S. 90

572   Baumann, Zygmunt, Gesetzgeber und Interpreten: Kultur als Ideologie von Intellektuellen, in: Haferkamp, Hans (Hg.), Sozialstruktur und Kultur, Frankfurt am Main 1990, S. 476

573   Benn, Gottfried, Lebensweg eines Intellektualisten, in: ders., Gesammelte Werke in acht Bänden, Bd. 8, Wiesbaden 1968, S. 1933

Literaturverzeichnis

Ackermann, Charles und Talcott Parsons, Der Begriff 'Sozialsystem' als theoretisches
    Instrument, in: Parsons, Talcott, Zur Theorie sozialer Systeme, Opladen 1976

Adler, Georg, Die Bedeutung der Illusionen für Politik und soziales Leben, Jena 1904

Alexander, Jeffrey, Theoretical Logic in Sociology, 4 Bände, Berkeley. Los Angeles, Cal. 1985

-       The Centrality of the Classics, in: Giddens, Anthony und Jonathan H. Turner (Hg.), Social
    Theory Today, California 1987

-       (Hg.), Durkheimian Sociology: Cultural studies, Cambridge. New York 1988

Alexander, Jeffrey C. und Paul Colomy, Soziale Differenzierung und kollektives Verhalten, in
    ders., Soziale Differenzierung und kultureller Wandel. Essays zur neofunktionalistischen
    Gesellschaftstheorie, Frankfurt am Main 1993

Aretz, Hans-Jürgen, Individualisierung und Modernisierung, in: Kron, Thomas (Hg.),
    Individualisierung und soziologische Theorie, Opladen 2000

Allport, Gordon W., The Historical Background of Modern Social Psychology, in: Handbook of
    Social Psychology 1959

Analyse & Kritik, Das Paradox des Liberalismus/The liberal Paradox, 1996

-       Symposium on R. Axelrod´s *The Evolution of Cooperation*, 2000

Axelrod, Robert, Die Evolution der Kooperation, München 1988

Baccei, Tom, Das magische Auge. Dreidimensionale Illusionsbilder, 3 Bände, München 1994

Bacon, Francis, Neues Organon, übersetzt von J.H. Kirchmann, Leipzig 1870

Baecker, Dirk, Die Form des Unternehmens, Frankfurt am Main 1993

Bateson, Gregory, Ökologie des Geistes, Frankfurt am Main 1981

Baumann, Zygmunt, Gesetzgeber und Interpreten: Kultur als Ideologie von Intellektuellen, in:
    Haferkamp, Hans (Hg.), Sozialstruktur und Kultur, Frankfurt am Main 1990

-       Moderne und Ambivalenz, Frankfurt am Main 1996

-       Flaneure, Spieler und Touristen, Hamburg 1997

Bebel, August, Die Frau und der Sozialismus, 61. Aufl., Berlin 1964

Beck, Ulrich, Jenseits von Klasse und Stand?, Soziale Ungleichheit, gesellschaftliche
    Individualisierungsprozesse und die Entstehung neuer sozialer Formationen und
    Identitäten, in: Kreckel, Reinhard (Hg.) Soziale Ungleichheiten, Sonderband 2 der
    'Sozialen Welt' , Göttingen 1983

Becker, Albrecht, Willi Küpper und Günther Ortmann, Revisionen der Rationalität in: Küpper, Willi und Günther Ortmann, Mikropolitik, Rationalität, Macht und Spiele in Organisationen, 2. Aufl., Opladen 1992

Bellah, Robert, Introduction, in: Bellah, Robert N. und Phillip Hammond, Varieties of Civil Religion, San Francisco 1980

Benz, Ernst, Das Recht auf Faulheit oder die friedliche Beendigung des Klassenkampfes. Lafargue-Studien. Stuttgart 1974

Benn, Gottfried, Über die Rolle des Schriftstellers in dieser Zeit, in: Gesammelte Werke in acht Bänden, Bd. 7, Wiesbaden 1968

- Lebensweg eines Intellektualisten, in: Gesammelte Werke in acht Bänden, Bd. 8, Wiesbaden 1968

Berger, Johannes, Die Versprachlichung des Sakralen und die Entsprachlichung der Ökonomie, in: Zeitschrift für Soziologie, Heft 4, 1982

Berger, Peter L. und Thomas Luckmann, Die gesellschaftliche Konstruktion der Wirklichkeit. Eine Theorie der Wissenssoziologie, 5. Aufl., Frankfurt am Main 1991

Black, Max (Hg.), The Social Theories of Talcott Parsons, Englewood Cliffs, New York 1961

Bloch, Ernst, Zur Originalgeschichte des Dritten Reiches, in: Neusüss, Arnhelm (Hg.), Utopie, Neuwied und Berlin 1968

Blumer, Herbert, Der methodologische Standort des symbolischen Interaktionismus, in: Arbeitsgruppe Bielefelder Soziologen (Hg.), Alltagswissen, Interaktion und gesellschaftliche Wirklichkeit, 2. Aufl., Reinbek 1975

Boudon, Raymond, Widersprüche sozialen Handelns, Darmstadt. Neuwied 1979

- Die Logik des gesellschaftlichen Handelns, Darmstadt. Neuwied 1980

Bourdieu, Pierre, Die feinen Unterschiede. Kritik der gesellschaftlichen Urteilskraft, Frankfurt am Main 1987

- Die verborgenen Mechanismen der Macht, Hamburg 1997

- u.a., Der Einzige und sein Eigenheim, Hamburg 1998

Braudel, Fernand, Das Mittelmeer und die mediterrane Welt in der Epoche Philipps II, 3 Bände, Frankfurt am Main 1998 (frz. Original 1949)

- Schriften zur Geschichte, 2 Bände, Stuttgart 1992/93

Brumlik, Micha, Der symbolische Interaktionismus und seine pädagogische Bedeutung, Frankfurt am Main 1973

Buckly, Walter, Sociology and Modern Systems Theory, Engelwood Cliffs, N.Y. 1967

Burcardus, Johannes, Kirchenfürsten und Intriganten. Ungewöhnliche Hofnachrichten aus dem Tagebuch des Johannes Burcardus, Päpstlichen Zeremonienmeister bei Alexander VI Borgia, Zürich 1985

Childe, V. Gordon, Soziale Evolution, Frankfurt am Main 1975

Coleman, James, S., Grundlagen der Sozialtheorie, 3 Bände, München 1994/95

Comte, Auguste, Soziologie, 3 Bände, Jena 1907-1911

Cooper, Joseph B. und James L. McGaugh, Attitude and Related Concepts, in Jahoda, Marie und Neil Warren (Hg.), Attitudes, Harmondsworth, Middlesex, 1970

Crozier, Michel und Erhard Friedberg, Die Zwänge des kollektiven Handelns. Über Macht und Organisation, Frankfurt am Main 1993

Dahrendorf, Ralf, Homo sociologicus, 15. Aufl., Opladen 1977

Danto, Arthur C., Analytische Philosophie der Geschichte, Frankfurt am Main 1974

Dawe, Alan, The Two Sociologies, in: British Journal of Sociology, No. 21, 1970

Deninger, Wolfgang, Friedrich Nietzsches Lebensbild, in: Nietzsche, Friedrich, Werke in zwei Bänden, Essen 1997

Döbert, Rainer, Systemtheorie und die Entwicklung religiöser Deutungssysteme, Frankfurt am Main 1973

Doren, Alfred, Wunschräume und Wunschzeiten, in: Neusüss, Arnhelm (Hg.) Utopie, Neuwied und Berlin 1968

Douglas, J.D. (Hg.), Understanding Everyday Life, London 1974

Dress, Andreas, Hubert Hendrichs und Günter Küppers (Hg.), Selbstorganisation. Die Entstehung von Ordnung in Natur und Gesellschaft, München. Zürich 1986

Duesenberg, James S., Demographic and Economic Change in Developed Countries, Princeton 1960

Durkheim, Emile, Der Selbstmord, Neuwied. Berlin 1973 (frz. Original 1897)

- Die Regeln der soziologischen Methode hg. von René König, 4. Aufl., Neuwied. Berlin 1976 (frz. Original 1912)

- Über die Teilung der sozialen Arbeit, Frankfurt am Main 1977 (frz. Original 1893)

- Die elementaren Formen des religiösen Lebens, Frankfurt am Main 1981 (frz. Original 1912)

- Über Deutschland, Konstanz 1995 (frz. Original 1887)

Dux, Günter, Zur Strategie einer Soziologie der Erkenntnis, in: Stehr, Nico und Volker Meja
    (Hg.), Wissenssoziologie, Opladen 1981

-    Historisch-genetische Theorie der Kultur, Weilerswist 2000

Eder, Klaus, Komplexität, Evolution und Geschichte, in: Maciejewski, Franz (Hg.), Theorie der
    Gesellschaft oder Sozialtechnologie. Supplement 1, Frankfurt am Main 1972

-    und Jürgen Habermas, Zur Struktur einer Theorie der sozialen Evolution, in: Lepsius,
    Rainer M. (Hg.), Zwischenbilanz der Soziologie, Verhandlungen des 17. Deutschen
    Soziologentages, Stuttgart 1976

Eigen, Manfred und Ruth Winkler, Das Spiel, Naturgesetze steuern den Zufall, München. Zürich
    1978

Eisenstadt, Samuel N., The political Systems of Empires. The Rise and Fall of the Historical
    Bureaucratic Societies, New York 1973

Eisermann, Gottfried, Vilfredo Pareto. Ein Klassiker der Soziologie, Tübingen 1987

Elias, Norbert, Die höfische Gesellschaft. Untersuchungen zur Soziologie des Königtums und
    der Aristokratie, Neuwied. Berlin 1969

-    Was ist Soziologie?, 2. Aufl., München 1971

-    Über den Prozeß der Zivilisation, 2 Bände, Frankfurt am Main 1997

Elwert, Georg, Die Verflechtung von Produktionen, in: Müller, Ernst W. u.a. (Hg.), Ethnologie
    als Sozialwissenschaft, Sonderheft 26 der Kölner Zeitschrift für Soziologie und
    Sozialpsychologie, Opladen 1984

-    Märkte, Käuflichkeit und Moralökonomie, in: Lutz, Burkhart (Hg.), Soziologie und
    gesellschaftliche Entwicklung, Verhandlungen des 22. Deutschen Soziologentages in
    Dortmund 1984, Frankfurt am Main 1985

Erikson, Eric H., Identität und Lebenszyklus, Frankfurt am Main 1970

Ernst, Bruno, Der Zauberspiegel des Maurits Cornelis Escher, Berlin 1986

Esser, Hartmut, Alltagshandeln und Verstehen: Zum Verhältnis von erklärender und
    verstehender Soziologie am Beispiel von Alfred Schütz und 'Rational Choice', Tübingen
    1991

-    Soziologie. Allgemeine Grundlagen, 2. Aufl., Frankfurt am Main. New York 1996

-    Wie lebendig ist der kritische Rationalismus, in: Soziologische Review, Heft 3, 2001

Febvre, Lucien, Der Rhein und seine Geschichte, Frankfurt am Main. New York 1994

Fink, Eugen, Nietzsches Philosophie, 5. Aufl., Stuttgart. Berlin. Köln. Mainz 1986

Fleck, Ludwik, Entstehung und Entwicklung einer wissenschaftlichen Tatsache, Frankfurt am
     Main 1980 (Original 1935)

Foerster, Heinz von, Erkenntnistheorie und Selbstorganisation, in: Schmidt, Siegfried J. (Hg.),
     Der Diskurs des Radikalen Konstruktivismus, 4. Aufl., Frankfurt am Main 1991

Foucault, Michel, Sexualität und Wahrheit, 3 Bände, Frankfurt am Main 1976-1993

-     Die Ordnung der Dinge. Eine Archäologie der Humanwissenschaften, Frankfurt am Main
     1974

-     Überwachen und Strafen, Frankfurt am Main 1975

-     Mikrophysik der Macht. Über Strafjustiz, Psychiatrie und Medizin, Berlin 1976

-     Dispositive der Macht, Berlin 1978

Franz, Günther, Der deutsche Bauernkrieg, 4. Aufl., Darmstadt 1956

-     Quellen zur Geschichte des Bauernkrieges, München 1963

Friedberg, Erhard, Ordnung und Macht. Dynamiken organisierten Handelns, Frankfurt am Main.
     New York 1995

-     Zur Politologie von Organisationen, in: Küppers, Willi und Günther Ortmann,
     Mikropolitik, Rationalität, Macht und Spiele in Organisationen, 2. Aufl., Opladen 1992

Friedrichs, Jürgen (Hg.), Die Individualisierungs-These, Opladen 1998

Freud, Sigmund, Über einen autobiographisch beschriebenen Fall von Paranoia, in: Ges. Werke
     Bd. 8, 5. Aufl., Frankfurt am Main 1969

-     Neue Folgen der Vorlesung zur Einführung in die Psychoanalyse, Ges. Werke Bd. 15, 4.
     Aufl., Frankfurt am Main 1969

-     Gesamtregister, Bd. 18, Gesammelte Werke, Frankfurt am Main 1968

Gabel, Joseph, Ideologie und Schizophrenie, Frankfurt am Main 1967

Gehlen, Arnold, Anthropologische Forschung, Reinbek 1961

-     Vilfredo Pareto und seine "neue Wissenschaft", in: ders., Studien zur Anthropologie und
     Soziologie, Neuwied am Rhein. Berlin 1963

-     Anthropologische Forschung, 6. Aufl., Reinbek bei Hamburg 1968

-     Die Seele im technischen Zeitalter. Sozialpsychologische Probleme in der industriellen
     Gesellschaft, 11. Aufl., Hamburg 1969

-     Der Mensch. Seine Natur und seine Stellung in der Welt, 12. Aufl., Wiesbaden 1978

Geiger, Theodor, Kritische Bemerkungen zum Begriff der Ideologie, in: Eisermann, Gottfried
     (Hg.), Gegenwartsprobleme der Soziologie, Potsdam 1949

-     Ideologie und Wahrheit, 2. Aufl., Neuwied und Berlin 1968

-    Die soziale Schichtung des deutschen Volkes, Stuttgart 1987

Geiss, Immanuel, Zur Struktur der industriellen Revolution, in: Archiv für Sozialgeschichte, 1.
    Band 1961

Geser, Hans, Gesellschaftliche Folgeprobleme und Grenzen des Wachstums formaler
    Organisationen, in: Zeitschrift für Soziologie, Heft 2, 1982

Glasersfeld, Ernst von, Die Unterscheidung des Beobachters: Versuch einer Auslegung, in:
    Riegas, Volker und Christian Vetter (Hg.), Zur Biologie der Kognition, Frankfurt am
    Main 1990

Goffman, Erving, Stigma. Über Techniken der Bewältigung beschädigter Identität, Frankfurt am
    Main 1967

-    Wir alle spielen Theater. Die Selbstdarstellung im Alltag, 2. Aufl., München 1969

-    Asyle. Über die soziale Situation psychiatrischer Patienten und anderer Insassen,
    Frankfurt am Main 1972

-    Interaktion: Spaß am Spiel/Rollendistanz, München 1973

-    Interaktionsrituale. Über Verhalten in direkter Kommunikation, Frankfurt am Main 1986

-    Interaktion und Geschlecht, Frankfurt am Main. New York 1994

Günther, Gotthard, Beiträge zur Grundlegung einer operationsfähigen Dialektik, 3 Bände,
    Hamburg 1976-1980

Habermas, Jürgen, Zur Logik der Sozialwissenschaften, Tübingen 1967

-    Wahrheitstheorien, in: Fahrenbach, H. (Hg.), Wirklichkeit und Reflexion, Pfullingen
    1973

-    Zu Nietzsches Erkenntnistheorie, in: ders., Kultur und Kritik, Frankfurt am Main 1973

-    Legitimationsprobleme im Spätkapitalismus, Frankfurt am Main 1973

-    Zur Entwicklung der Interaktionskompetenz, Frankfurt am Main 1975

-    Zur Rekonstruktion des historischen Materialismus, Frankfurt am Main 1976

-    Theorie des kommunikativen Handelns, 2 Bände, Frankfurt am Main 1981

-    Strukturwandel der Öffentlichkeit, Darmstadt 1981

-    Faktizität und Geltung, Frankfurt am Main 1992

-    Die Einbeziehung des Anderen, Frankfurt am Main 1996

Habermas, Jürgen und Niklas Luhmann, Theorie der Gesellschaft oder Sozialtechnologie - was
    leistet die Systemforschung?, Frankfurt am Main 1971

Haferkamp, Hans und Michael Schmid, Sinn, Kommunikation und soziale Differenzierung.
    Beiträge zu Luhmanns Theorie sozialer Systeme, Frankfurt am Main 1987

Halbwachs, Maurice, Das Gedächtnis und seine sozialen Bedingungen, Frankfurt am Main 1985 (Original 1925)

Hartmann, Heinz, Ich-Psychologie, Stuttgart 1992

Heine, Heinrich, Deutschland, Ein Wintermärchen, Osnabrück 1970

Hejl, Peter, Soziale Systeme: Körper ohne Gehirn oder Gehirn ohne Körper? Rezeptionsprobleme der Theorie autopoietischer Systeme in den Sozialwissenschaften, in: Riegas, Volker und Christian Vetter (Hg.), Zur Biologie der Kognition, Frankfurt am Main 1990

Helle, Horst Jürgen, Verstehende Soziologie und Theorie der Symbolischen Interaktion, Stuttgart 1977

Hempel, Carl G., The Logic of Functional Analysis, in: Gross, Larry (Hg.), Symposion on Sociological Theory, Evanston 1959

Hennis, Wilhelm, Max Webers Fragestellung, Tübingen 1987

Henrich, Dieter, 'Identität' - Begriffe, Probleme, Grenzen, in: Marquard, Odo und Karlheinz Stierle (Hg.), Identität, Poetik und Hermeneutik, Bd. VIII, München 1979

Hermes, Hans, Einführung in die mathematische Logik, 2. Aufl., Stuttgart 1969

Herrmann, Harald, Recht der Kammern und Verbände und Freie Berufe, Baden-Baden 1996

Hess, Andreas, C. Wright Mills (1916-1962), in: Kaesler, Dirk, Klassiker der Soziologie, München 1999

Hesse, Mary, The Structure of Scientific Inference, Berkeley. Los Angeles 1974

- Revolutions and Reconstructions in the Philosophy of Science, Brighton Sussex 1980

Hettlage, Robert, Erving Goffman (1922-1982), in: Kaesler, Dirk, Klassiker der Soziologie, München 1999

Hobbes, Thomas, Leviathan, London 1973 (engl. Original 1651)

Hofmann, Werner, Universität, Ideologie und Gesellschaft, Frankfurt am Main 1968

Hollitscher, Walter, Ideologie und Utopie, in: Probleme des Friedens und des Sozialismus, Heft 7/1967

Homans, George Caspar, Theorie der sozialen Gruppe, 3. Aufl., Köln. Opladen 1968

- Elementarformen sozialen Verhaltens, Köln. Opladen 1968

- Grundfragen soziologischer Theorie, Opladen 1972

- Was ist Sozialwissenschaft?, 2. Aufl., Opladen 1972

Honneth, Axel und Hans Joas, Soziales Handeln und menschliche Natur, Anthropologische Grundlagen der Sozialwissenschaften, Frankfurt am Main. New York 1980

Horkheimer, Max und Theodor W. Adorno, Dialektik der Aufklärung, o.O., o.J.

Huntington, Samuel P., Kampf der Kulturen, 6. Aufl., München. Wien 1998

Husserl, Edmund, Die Krisis der europäischen Wissenschaften und die transzendentale
    Phänomenologie. Eine Einleitung in die phänomenologische Philosophie, Den Haag
    1962

Jakubowski, Franz, Der ideologische Überbau in der materialistischen Geschichtsauffassung,
    Diss. Basel, Danzig 1936, Neuaufl., Frankfurt am Main 1968

Jensen, Stefan, Talcott Parsons: Eine Einführung, Stuttgart 1980

-        Systemtheorie, Stuttgart. Berlin. Köln. Mainz 1983

Joas, Hans, Praktische Intersubjektivität, Die Entwicklung des Werkes von G.H. Mead, Frankfurt
    am Main 1980

-        Das Problem der Intersubjektivität. Neuere Beiträge zum Werk George Herbert Meads,
    Frankfurt am Main 1985

Jonas, Friedrich, Geschichte der Soziologie, Bd. 1, Aufklärung, Liberalismus, Idealismus,
    Reinbek bei Hamburg 1968

Kaesler, Dirk, Max Weber (1864-1920), in: ders. (Hg.), Klassiker der Soziologie, München 1999

-        "Was und zu welchem Ende studiert man die Klassiker der Soziologie?", in: ders. (Hg.),
    Klassiker der Soziologie, München 1999

Kahle, Egbert, Betriebliche Entscheidungen, 5. Aufl., München. Wien 1998

Kaltenbrunner, Gerd-Klaus, Faulheit und Revolution, in: Zeitschrift für Religions- und
    Geistesgeschichte, Heft 16, Köln 1966

Kaufmann, Walter, Nietzsche. Philosoph-Psychologe-Antichrist, Darmstadt 1982 (am. Original
    1950/74)

Kellermann, Paul, Herbert Spencer (1820-1903), in: Kaesler, Dirk (Hg.); Klassiker des
    soziologischen Denkens, Bd. 1, München 1976

Kieserling, André, Zwischen Wirtschaft und Kultur. Zum siebzigsten Geburtstag von Pierre
    Bourdieu, in: Soziale Systeme, Heft 2, 2000

Kiss, Gabor, Einführung in die soziologischen Theorien, 2. Aufl., Opladen 1974

Klaus, Georg, Moderne Logik, Berlin 1970

Korte, Hermann, Einführung in die Geschichte der Soziologie, 2. Aufl., Opladen 1993

Kosselleck, Reinhard und Wolf-Dieter Stempel (Hg.), Geschichte - Ereignis und Erzählung,
    München 1973

Krappmann, Lothar, Soziologische Dimensionen der Identität, Stuttgart 1982

Kreckel, Reinhard (Hg.), Soziale Ungleichheiten, Sonderband 2 der 'Sozialen Welt', Göttingen 1983

Küppers, Günter, Chaos und Ordnung. Formen der Selbstorganisation in Natur und Gesellschaft, Stuttgart 1997

Kuhn, Manford, Major Trends in Symbolic Interaction Theory in the Past Twenty-Five Years, in: The Sociological Quarterly 5, 1964

Kuhn, Thomas, Die Struktur wissenschaftlicher Revolutionen, Frankfurt am Main 1973

Lafargue, Paul, Le droit à la Paresse, Refutation de "Droit au Travail" de 1848, Paris 1883

- Das Recht auf Faulheit und persönliche Erinnerungen an Karl Marx (hg. von Iring Fetscher), 2. Aufl., Frankfurt am Main und Wien 1969

Lakatos, Imre, Beweise und Widerlegungen. Die Logik mathematischer Entdeckungen, Braunschweig. Wiesbaden 1979

Lemberg, Eugen, Ideologie und Gesellschaft. Eine Theorie der ideologischen Systeme, Stuttgart. Berlin. Köln. Mainz 1971

Lenin, Wladimir J., Was tun?, in: Ausgewählte Schriften, hg. von Hermann Weber, München 1968

Lenk, Kurt, Problemgeschichtliche Einleitung, in: ders. (Hg.), Ideologie, 4. Aufl., Neuwied und Berlin 1970

Lévi-Strauss, Claude, Die elementaren Strukturen der Verwandtschaft, Frankfurt am Main 1981

Lichtblau, Klaus, Das „Pathos der Distanz." Präliminarien zur Nietzsche-Rezeption bei Georg Simmel, in: Dahme, Heinz-Jürgen und Ottheim Rammstedt (Hg.), Georg Simmel und die Moderne, Frankfurt am Main 1984

Linde, Robert, Einführung in die Mikroökonomie, 3. Aufl., Stuttgart. Berlin. Köln 1996

Livius, Titus, Ab urbe condita libri, dt. in: Römische Frühgeschichte I, München o.J.

Loubser, Jan, J., Rainer C. Baum, Andrew Effrat und Victor Meyer Lidz (Hg.), Explorations in Social Science. Essays in Honour of Talcott Parsons, 2 Bände, New York. London 1976

Ludz, Peter Christian (Hg.), Soziologie und Sozialgeschichte, Opladen 1972

Luhmann, Niklas, Sinn als Gegenstand der Soziologie, in: Habermas, Jürgen und Niklas Luhmann, Theorie der Gesellschaft oder Sozialtechnologie - was leistet die Systemforschung?, Frankfurt am Main 1971

- Funktionale Methode und Systemtheorie, in: ders., Soziologische Aufklärung, Bd. 1, 2. Aufl., Opladen 1971

- Funktion und Kausalität, in: ders., Soziologische Aufklärung, Bd. 1, 2. Aufl., Opladen 1971

- Wahrheit und Systemgeschichte, in: ders., Soziologische Aufklärung, Bd. 2, Opladen 1975

- Einführende Bemerkungen zu einer Theorie symbolisch generalisierter Kommunikationsmedien, in: ders., Soziologische Aufklärung, Bd. 2, Opladen 1975

- Evolution und Geschichte, in: ders., Soziologische Aufklärung, Bd. 2, Opladen 1975

- Systemtheorie, Evolutionstheorie und Kommunikationstheorie, in: ders., Soziologische Aufklärung, Bd. 2, Opladen 1975

- Zur systemtheoretischen Konstruktion von Evolution, in: Lepsius, Rainer M. (Hg.), Zwischenbilanz der Soziologie, Verhandlungen des 17. Deutschen Soziologentages, Stuttgart 1976

- Funktion der Religion, Frankfurt am Main 1977

- Handlungstheorie und Systemtheorie, in: Kölner Zeitschrift für Soziologie und Sozialpsychologie, Heft 2, 1978

- Identitätsgebrauch in selbstsubstitutiven Ordnungen, besonders Gesellschaften, in: Marquard, Odo und Karlheinz Stierle (Hg.), Identität, Poetik und Hermeneutik, Bd. VIII, München 1979

- Talcott Parsons - Zur Zukunft eines Theorieprogramms, in: Zeitschrift für Soziologie, Heft 1, 1980

- Gesellschaftsstruktur und Semantik, Studien zur Wissenssoziologie der modernen Gesellschaft, 4 Bände, Frankfurt am Main 1980 ff.

- Politische Theorie im Wohlfahrtsstaat, München. Wien 1981

- Ausdifferenzierung des Rechts. Beiträge zur Rechtssoziologie, Frankfurt am Main 1981

- Legitimation durch Verfahren, Frankfurt am Main 1982

- Liebe als Passion, 2. Aufl., Frankfurt am Main 1983

- Die Wirtschaft der Gesellschaft als autopoietisches System, in: Zeitschrift für Soziologie, 13, 1984

- Soziale Systeme, Grundriß einer allgemeinen Theorie, Frankfurt am Main 1984

- Tautologie und Paradoxie in den Selbstbeschreibungen der modernen Gesellschaft, in: Zeitschrift für Soziologie, Heft 3, 1987

- Rechtssoziologie, 2 Bände, Opladen 1987

- Die Wirtschaft der Gesellschaft, Frankfurt am Main 1988

- Ich sehe, was Du nicht siehst, in: ders., Soziologische Aufklärung, Bd. 5, Opladen 1990
- Weltkunst, in: ders. und Friedrich D. Bunsen und Dirk Baecker, Unbeobachtbare Welt. Über Kunst und Architektur, Bielefeld 1990
- Die Wissenschaft der Gesellschaft, Frankfurt am Main 1990
- Arbeitsteilung und Moral. Durkheims Theorie, in: Durkheim, Emile, Über soziale Arbeitsteilung, Studie über die Organisation höherer Gesellschaften, Frankfurt am Main 1992
- "Was ist der Fall?" und "Was steckt dahinter?" Die zwei Soziologien und die Gesellschaftstheorie, in: Zeitschrift für Soziologie, Heft 4, 1993
- Die gesellschaftliche Differenzierung und das Individuum, in: ders., Soziologische Aufklärung, Bd. 6, Opladen 1995
- Was ist Kommunikation?, in: ders., Soziologische Aufklärung, Bd. 6, Opladen 1995
- Das Recht der Gesellschaft, Frankfurt am Main 1995
- Die neuzeitlichen Wissenschaften und die Phänomenologie, Wien 1996
- Die Kunst der Gesellschaft, Frankfurt am Main 1995
- Erziehung als Formung des Lebenslaufs, in: Lenzen, Dieter und Niklas Luhmann, Bildung und Weiterbildung im Erziehungssystem, Frankfurt am Main 1997
- Die Gesellschaft der Gesellschaft, 2 Bände, Frankfurt am Main 1997
- Organisation und Entscheidung, Opladen. Wiesbaden 2000
- Die Politik der Gesellschaft, Frankfurt am Main 2000
- Die Religion der Gesellschaft, Frankfurt am Main 2000

Luhmann, Niklas und Karl Eberhard Schorr, Reflexionsprobleme im Erziehungssystem, Stuttgart 1974

Luhmann, Niklas und Karl Eberhard Schorr, Zwischen Technologie und Selbstreferenz, Frankfurt am Main 1982

Luhmann, Niklas und Karl Eberhard Schorr, Zwischen Intransparenz und Verstehen. Fragen an die Pädagogik, Frankfurt am Main 1986

Luhmann, Niklas und Stephan H. Pfürtner (Hg.), Theorietechnik und Moral, Frankfurt am Main 1978

Lukács, Georg, Geschichte und Klassenbewußtsein, Neuwied und Berlin 1968

Machiavelli, Niccolo, Der Fürst (Il principe), 6. Aufl., Stuttgart 1978 (Original 1532)

Manis, Jerome G. und Bernard N. Meltzer (Hg.), Symbolic Interaction, Boston 1973

Mann, Golo, Deutsche Geschichte des 19. und 20. Jahrhunderts, Frankfurt am Main 1992

Mannheim, Karl, Ideologie und Utopie, 4. Aufl., Frankfurt am Main 1965

-    Wissenssoziologie, hg. von Kurt H. Wolff, 2. Aufl., Neuwied 1970

Martens, Ekkehard (Hg.), Pragmatismus. Ausgewählte Texte von Charles Sanders Peirce,
William James, Ferdinand Camming Scott Schiller, John Dewey, Stuttgart 1975

Marx, Karl, Das Kapital, MEW Bd. 23, Berlin 1969

Marx, Karl und Friedrich Engels, Die deutsche Ideologie, MEW Bd. 3, Berlin 1969

Marx, Karl und Friedrich Engels, MEW, Band 31, Berlin 1965

-                    Band 32

-                    Band 33

-                    Band 34

-                    Band 35

-    Manifest der kommunistischen Partei, in: dies., Ausgewählte Schriften in 2 Bänden,
Berlin 1966

Mauss, Marcel, Soziologie und Anthropologie, Reinbek bei Hamburg 1981

Mead, George Herbert, Mind, Self and Society, Chicago 1934

-    Sozialpsychologie, Darmstadt 1976

-    Geist, Identität, Gesellschaft, Frankfurt am Main 1978

-    Genesis der Identität und die soziale Kontrolle, in: ders., Gesammelte Aufsätze, Bd. 1,
hg. von Hans Joas, Frankfurt am Main 1980

-    Das Verhältnis von Spiel und Erziehung, in: ders., Gesammelte Aufsätze, Bd. 1, hg. von
Hans Joas, Frankfurt am Main 1980

-    Wissenschaftliche Methode und wissenschaftliche Behandlung moralischer Probleme, in:
ders., Gesammelte Aufsätze, Bd. 1, Frankfurt am Main 1980

-    The Philosophy of Royce, James and Dewey in their American Setting, in: ders., Selected
Writings, Chicago 1981

Meyer, Peter, Soziobiologie und Soziologie, Darmstadt. Neuwied 1982

Mende, Georg, Philosophie und Ideologie. Zur Kritik der bürgerlichen Ideologie Nr. 9, Frankfurt
am Main 1971

Merton, Robert K., The Unanticipiated Consequences of Purposive Social Action, in: American
Sociological Review, Vol. 1, 1936

-    Social Theory and Social Structure, New York. London 1968

Michels, Robert, Zur Soziologie des Parteienwesens in der modernen Demokratie, Neudruck der
2. Aufl. von 1925, Stuttgart 1955

Mills, C. Wright, Die amerikanische Machtelite, Hamburg 1962

Mongardini, Carlo, Die Stellung des Spiels zwischen Kultur und sozialem Handeln, in: Haferkamp, Hans (Hg.), Sozialstruktur und Kultur, Frankfurt am Main 1990

Monod, Jacques, Zufall und Notwendigkeit, 3. Aufl., München 1971

Morgan, Lewis Henry, Ancient Society on Researches in the Lines of Human Progress from Savagery through Barbarism to Civilization, New York 1878

Mosca, Gaetano, Die herrschende Klasse, Bern 1950

- Theorie der herrschenden Klasse, in: Meisel, James H., Der Mythos der herrschenden Klasse, Düsseldorf. Wien 1962

Müller, Hans-Peter, Emile Durkheim (1858-1917) in: Kaesler, Dirk (Hg.), Klassiker der Soziologie, Bd. 1, München 1999

Münch, Richard, Die Struktur der Moderne, Frankfurt am Main 1984

- Die Kultur der Moderne, Frankfurt am Main 1986

- The Interpenetation of Microinteraction and Macrostructures in a Complex and Contingent Institutional Order, in: Alexander, Jeffrey C., Bernhard Giesen, Richard Münch und Neil J. Smelser (Hg.), The Micro-Macro Link, Berkeley. Los Angeles 1987

- Dialektik der Kommunikationsgesellschaft, Frankfurt am Main 1991

- Globale Dynamik, lokale Lebenswelten, Frankfurt am Main 1998

Nedelmann, Brigitta, Georg Simmel (1858-1917), in: Kaesler, Dirk, Klassiker der Soziologie, Bd. 1, München 1999

Neumann, John von und Oskar Morgenstern, Spieltheorie und wirtschaftliches Verhalten, 3. Aufl., Würzburg 1973

Neusüss, Arnhelm (Hg.), Utopie, Neuwied und Berlin 1968

Nietzsche, Friedrich, Ecce homo, in: ders., Nietzsches´s Werke, Band XV, Leipzig 1911

- Der Wille zur Macht, Stuttgart 1964

- Menschliches, Allzumenschliches, in: ders., Werke in zwei Bänden, hg. von Ivo Frenzel, München 1967

- Jenseits von Gut und Böse, in: ders., Werke in zwei Bänden, Bd. I, München 1967

- Der Antichrist, in: ders., Werke in zwei Bänden, Bd. II, München 1967

- Götzen-Dämmerung, in: ders., Werke in zwei Bänden, Bd. II, München 1967

- Also sprach Zarathustra, in: ders., Werke in zwei Bänden, München 1967

- Die fröhliche Wissenschaft, Anhang: Lieder des Prinzen Vogelfrei, München 1967

- Werke in zwei Bänden, hg. von Wolfgang Deninger, Essen 1997

- Zur Genealogie der Moral, in: ders., Werke in zwei Bänden, Essen 1997
- Vom Nutzen und Nachteil der Historie für das Leben, in: Safranski, Rüdiger, Nietzsche, München 1999

Opp, Karl Dieter, Verhaltenstheoretische Soziologie, Reinbek bei Hamburg 1972

Pareto, Vilfredo, Allgemeine Soziologie, ausgewählt und übersetzt von C. Brinkmann, Tübingen 1955

- Paretos System der allgemeinen Soziologie, übersetzt von Gottfried Eisermann, Stuttgart 1962
- Der Tugend-Mythos und die unmoralische Literatur, Neuwied am Rhein 1968

Parsons, Talcott, The Social System, New York, London 1951

- Structure and Process in Modern Societies, Glencoe, Ill. 1960
- Essays in Sociological Theory, 3. revidierte Aufl., New York. London 1964 (Original 1948)
- Sociological Theory and Modern Society, New York. London 1967
- The Structure of Social Action, 3.Aufl., New York. London 1968 (Original 1937)
- Sozialstruktur und Persönlichkeit, Frankfurt am Main 1968
- Gesellschaften. Evolutionäre und komparative Perspektiven, Frankfurt am Main 1975
- Die Entstehung der Theorie des sozialen Systems: Ein Bericht zur Person, in: ders., Edward Shils und Paul F. Lazarsfeld, Soziologie – autobiographisch, Stuttgart 1975
- Das System moderner Gesellschaften, 2. Aufl., München 1976
- Zur Theorie sozialer Systeme, hg. von Stefan Jensen, Opladen 1976
- Der Stellenwert des Identitätsbegriffs in der allgemeinen Handlungstheorie, in: Döbert/Habermas/Nunner-Winkler (Hg.), Entwicklung des Ichs, Köln 1977
- Zur Theorie der sozialen Interaktionsmedien, hg. von Stefan Jensen, Opladen 1980

Parsons, Talcott und Neil Smelser, Economy and Society, New York 1958

Parsons, Talcott und Edward A. Shils (Hg.), Toward a General Theory of Action, 2. Aufl., New York. Evanston 1962 (Original 1951)

Parsons, Talcott, Robert F. Bales und Edward S. Shils, Working Papers in the Theory of Action, Wiederabdruck, Westpoint. Connecticut 1981 (Original 1953)

Parsons, Talcott, Robert F. Bales und James Odd, Family, Socialization and Interaction Process, New York 1955

Parsons, Talcott und Gerald M. Platt, Die amerikanische Universität, Frankfurt am Main 1990

Piaget, Jean, Nachahmung, Spiel und Traum, Stuttgart 1960

-      Einführung in die genetische Erkenntnistheorie, Frankfurt am Main 1973

-      Das moralische Urteil beim Kinde, Frankfurt am Main 1973

-      Die Bildung des Zeitbegriffs beim Kinde, Frankfurt am Main 1974

-      Der Aufbau der Wirklichkeit beim Kinde, Stuttgart 1975

-      Gesammelte Werke, Studienausgabe, Bd 1-10, Stuttgart 1975

Preglau, Max, Symbolischer Interaktionismus: George Herbert Mead, in: Morel, Julius u.a.,
      Soziologische Theorie, 3. Aufl., München. Wien 1993

Probst, Gilbert J.B., Selbstorganisation - Organisation in sozialen Systemen aus ganzheitlicher
      Sicht, Berlin. Heidelberg 1987

Popper, Karl R., Logik der Forschung, 3. Aufl., Tübingen 1969

Pschyrembel, Klinisches Wörterbuch, 258. Aufl., München 1997

Pucnik, Joze, Strukturell-funktionale Analyse und empirische Forschung, Diss. Hamburg 1971

Quine, Willard Orman van, Von einem logischen Standpunkt, Frankfurt am Main. Berlin. Wien
      1979

Radcliffe-Brown, A.R., Structure and Function in Primitive Society, London 1952

Rawls, John, Eine Theorie der Gerechtigkeit, Frankfurt am Main 1979

Recknitz, Andreas, Die Transformation der Kulturtheorien, Weilerswist 2000

Redeker-Kiehne, Manuela, Pierre Bourdieu, ein französischer Soziologe der Moderne,
      Hausarbeit Universität Lüneburg 2001

Reich, Wilhelm, Massenpsychologie des Faschismus, Kopenhagen 1933

Reimann, Horst, Bernhard Giesen, Dieter Goetze und Michael Schmid, Basale Soziologie:
      Theoretische Modelle, 4. neubearb. und erw. Aufl., Opladen 1991

Reinecke, Jost, Das individualistische Forschungsprogramm in den Sozialwissenschaften
      (Rational Choice), in: Kneer, Georg, Klaus Kraemer und Armin Nassehi (Hg.),
      Soziologie. Zugänge zur Gesellschaft. Geschichte, Theorien und Methoden, Hamburg
      1994

Ritzer, George, Contemporary Sociological Theory, 3. Aufl., New York 1992

Roth, Gerhard, Autopoiese und Kognition: Die Theorie H.R. Maturanas und die Notwendigkeit
      ihrer Weiterentwicklung, in: Schmidt, Siegfried J. (Hg.), Der Diskurs des Radikalen
      Konstruktivismus, 4. Aufl., Frankfurt am Main 1991

Rudolph, Wolfgang, Die amerikanische "Cultural Anthropology" und das Wertproblem, Berlin 1959

- Der kulturelle Relativismus, Berlin 1968

Runkel, Gunter, Geschlechtsrollenstereotype im Faschismus, in: Kerscher, Ignatz (Hg.), Konfliktfeld Sexualität, Neuwied. Darmstadt 1977

- Sexualität und Ideologien, Weinheim und Basel 1979

- Paradoxien im Erziehungs- und Wissenschaftssystem, in: Hochschule Lüneburg, Berichte-Informationen-Meinungen, Heft 6, Lüneburg 1985

- Soziologie des Spiels, Frankfurt am Main 1986

- Die Suche nach sich selbst, in: Schuller, Alexander und Nikolaus Heim (Hg.), Vermessene Sexualität, Berlin. Heidelberg 1987

- Wie ist eine funktionierende Genossenschaft möglich? Arbeitsbericht Nr. 66 des Fachbereichs Wirtschafts- und Sozialwissenschaften der Universität Lüneburg, Lüneburg 1989

- Soziale Differenzierung und Sport, Arbeitsbericht Nr. 87 des Fachbereichs Wirtschafts- und Sozialwissenschaften der Universität Lüneburg, Lüneburg 1990

- George Herbert Mead, der Symbolische Interaktionismus, das Selbst und die Sozialisation, Arbeitsbericht Nr. 90 des Fachbereichs Wirtschafts- und Sozialwissenschaften der Universität Lüneburg, Lüneburg 1991

- Allgemeine Soziologie, Organisationssoziologie und Genossenschaftstheorie, Arbeitsbericht Nr. 94 des Fachbereichs Wirtschafts- und Sozialwissenschaften der Universität Lüneburg, Lüneburg 1991

- Die Kultur der Genossenschaft, in: Jäger, Wieland und Wolfgang Beywl (Hg.), Wirtschaftskulturen und Genossenschaften im vereinten Europa, Wiesbaden 1994

- Die Entwicklung zur Selbstreferenz, in: Plake, Klaus (Hg.), Sozialer Wandel und Geschichte, Hamburg 1994

- (Hg.), Die Stadt, 2. erw. Aufl., Lüneburg 2000

- The Protestant Ethic and the Spirit of Health System, Arbeitsbericht Nr. 232 des Fachbereichs Wirtschafts- und Sozialwissenschaften der Universität Lüneburg, Lüneburg 2000

- Repräsentation und Partizipation in Organisationen, in: Arbeitsbericht Nr. 224 des Fachbereichs Wirtschafts- und Sozialwissenschaften der Universität Lüneburg, 2. Aufl., Lüneburg 2000

Rüschemeyer, Dietrich, Structural Differentation, Efficiency and Power, in: American Journal of Sociology, 83, 1997

- (Hg.), Talcott Parsons, Beiträge zur Soziologischen Theorie, Neuwied am Rhein. Berlin 1964

Safranski, Rüdiger, Über Nietzsche, in: ders., Nietzsche, München 1999

- Um sein Leben denken. Nietzsche – Nach hundert Jahren, in: Frankfurter Allgemeine Zeitung, 26.8.2000

Sallust, Gaius, Die Verschwörung des Catalina, in: ders., Krieg und Revolution, München o.J.

Scheler, Max, Die Wissensformen und die Gesellschaft, 2. Aufl., Bern 1960

Schelsky, Helmut, Auf der Suche nach Wirklichkeit, Düsseldorf. Köln 1965

Schlegel, Friedrich, Idylle über den Müßiggang, München. Berlin 1799

Schimank, Uwe, Code - Leistungen - Funktion: Zur Konstruktion gesellschaftlicher Teilsysteme, in: Soziale Systeme, Heft 1, 1998

- Handeln und Strukturen, Weinheim 2000

Schliwa, Harald, Der marxistisch-leninistische Begriff der Ideologie; Müller, Werner (Hg.), Sozialismus und Ideologie, Berlin (Ost) 1969

Schrödinger, Erwin, Mind and Matter, Cambridge Mass. 1958

Schütz, Alfred, Wissenschaftliche Interpretation und Alltagsverständnis menschlichen Handelns, in: ders., Gesammelte Aufsätze, Bd. 1, Den Haag 1971

- Der Aufbau der sozialen Welt. Eine Einleitung in die verstehende Soziologie, Frankfurt am Main 1974

- und Thomas Luckmann, Strukturen der Lebenswelt, Neuwied und Darmstadt 1975

Schramm, Percy Ernst, Kaiser, Rom und Renovation. Studien zur Geschichte des römischen Erneuerungsgedankens vom Ende des Karolingischen Reiches bis zum Investiturstreit, Bad Homburg 1962

Schwengel, Hermann (Hg.), Grenzenlose Gesellschaft?, Bd. II/2, Ad-hoc-Gruppe: August Comte 1798-1998, Pfaffenweiler 1999

Searle, John R., Die Konstruktion der gesellschaftlichen Wirklichkeit, Reinbek bei Hamburg 1997

Sen, Ayarta K., The Impossibility of a Paretian Liberal, in: Political Economy, 78, 1979

Simmel, Georg, Die Probleme der Geschlechterphilosophie, Leipzig 1892

- Philosophie des Geldes, Leipzig 1900

- Kant und Goethe, Berlin 1906

- Schopenhauer und Nietzsche, Leipzig 1907

- Untersuchungen über Formen der Vergesellschaftung 1. Aufl., Berlin 1908

- Der Begriff und die Tragödie der Kultur, in: ders., Philosophische Kultur, Leipzig 1911

- Weibliche Kultur, in ders., Philosophische Kultur, Leipzig 1911

- Philosophische Kultur, Leipzig 1911

- Rembrandt. Ein kunstphilosophischer Versuch, Leipzig 1916

- Die Probleme der Geschichtsphilosophie, München 1923

- Soziologie, Untersuchung über die Formen der Vergesellschaftung, 5. Aufl., Berlin 1968

- Grundfragen der Soziologie, Berlin 1970

- Individualismus (1917), in: ders., Schriften zur Soziologie, hg. von Heinz-Jürgen Dahme und Otthein Rammstedt, Frankfurt am Main 1983

- Der Streit, in: ders., Soziologie: Untersuchungen über die Formen der Vergesellschaftung, Frankfurt am Main 1992

- Schriften zur Soziologie, 3. Aufl., Frankfurt am Main 1989

- Philosophie des Geldes, hg. von David P. Frisby und Klaus Christian Köhnke, Frankfurt am Main 1989

- Die Großstädte und das Geistesleben, in Runkel, Gunter (Hg.), Die Stadt, 2. erw. Aufl., Lüneburg 2000

Skribekk, Gunnar (Hg.), Wahrheitstheorien, Frankfurt am Main 1977

Smelser, Neil J., Evaluating a Model of Structural Differentiation in Relation to the Educational Change in the Nineteenth Century, in: Alexander, Jeffrey (Hg.), Neofunctionalism, Beverly Hills, Cal. 1985

- The Contest Between Family and Schooling in Nineteenth Century Britain, in: Alexander, Jeffrey and Paul Colomy (Hg.), Differentation Theory and Social Change. Comparative on Historical Perspectives, New York 1990

Spaemann, Robert, Der Ursprung der Soziologie aus dem Geist der 'Restauration', Studien über L.G.A. de Bonald, Stuttgart 1998

Spencer, Herbert, Einleitung in das Studium der Soziologie, Leipzig 1875

- Die Principien der Soziologie, 2 Bände, Stuttgart 1886

Spencer-Brown, George, Gesetze der Form, Lübeck 1997

- Wahrscheinlichkeit und Wissenschaft, Heidelberg 1996

Spengler, Oswald, Der Untergang des Abendlandes, München 1922

Spurk, Jan, Die Modernisierung der Betriebe als Vergemeinschaftung, in Soziale Welt, Heft 3, 1988

- Gemeinschaft und Modernisierung, Berlin 1990

Stalmaker, John C., Auf dem Weg zu einer sozialgeschichtlichen Interpretation des deutschen Bauernkrieges 1524-1526, in: Wehler, Hans Ulrich (Hg.), Der Deutsche Bauerkrieg 1524-1526, Geschichte und Gesellschaft, Sonderheft 1, Göttingen 1975

Steinert, Heinz (Hg.), Symbolische Interaktion, Stuttgart 1973

Stichweh, Rudolf, Semantik und Sozialstruktur: Zur Logik einer systemtheoretischen Unterscheidung, in: Soziale Systeme, Jg. 6, Heft 2, 2000

Taylor, Charles, Negative Freiheit?, 3. Aufl., Frankfurt am Main 1999

Tenbruck, Friedrich H., George Herbert Mead und die Ursprünge der Soziologie in Deutschland und Amerika, in: Joas, Hans (Hg.), Das Problem der Intersubjektivität. Neuere Beiträge zum Werk George Herbert Meads, Frankfurt am Main 1985

Teubner, Gunther, Recht als autopoietisches System, Frankfurt am Main 1989

Thom, René, Stabilité structurelle et morphogénèse, Paris 1972

- Topological models in biology, in: Topology, Bd. 8, 1969

Thompson, Michael, Die Theorie des Abfalls. Über die Schaffung und Vernichtung von Werten, Stuttgart 1981

Tocqueville, Alexis de, Die Demokratie in Amerika, Zürich 1987 (frz. Original 1835/40)

Tönnies, Ferdinand, Gemeinschaft und Gesellschaft, 1. Aufl., Leipzig 1887

Tracy, A.L.C. Comte Destutt de, Elements d'ideologie, Paris 1801-15

Treibel, Annette, Einführung in die soziologische Theorie der Gegenwart, 3. verbesserte Aufl., Opladen 1995

Tugendhat, Ernst, Selbstbewußtsein und Selbstbestimmung, Frankfurt am Main 1979

Turner, Jonathan H., The Structure of Sociological Theory, Belmond, California 1991

Tyrell, Hartmann, Anfragen an die Theorie der gesellschaftlichen Differenzierung, in: Zeitschrift für Soziologie, Heft 2, 1978

Ullmann, Ernst (Hg.), Geschichte der deutschen Kunst 1470-1550. Architektur und Plastik, Leipzig 1984

Vaihinger, Hans, Philosophie des Als Ob, Berlin 1911

Vico, Giambattista, Die neue Wissenschaft über die gemeinschaftliche Natur der Völker, München 1924 (Original 1744)

Wagner, Peter, Soziologie der Moderne, Frankfurt am Main. New York 1995

Watzlawick, Paul, Wirklichkeitsanpassung oder angepaßte Wirklichkeit?, in: Gumin, Heinz und
    Armin Möhler (Hg.), Einführung in den Konstruktivismus, München 1985

-    Janet H. Beavin und Don D. Jackson, Paradoxe Kommunikation, 4. Aufl., Bern 1974

Weber, Marianne, Ehefrau und Mutter in der Rechtsentwicklung, 2. Aufl., Aalen 1989 (Orig.
    1907)

Weber, Max, Gesammelte Aufsätze zur Religionssoziologie, Tübingen 1920/1921

-    Gesammelte Aufsätze zur Soziologie und Sozialpolitik, Tübingen 1924

-    Wirtschaft und Gesellschaft, 2. Aufl., Tübingen 1925 (Erstaufl. 1921/1922)

-    Wirtschaft und Gesellschaft, 5. Aufl., Tübingen 1976

-    Protestantismus und Kapitalistischer Geist, in: ders., Soziologie. Weltgeschichtliche
    Analysen. Politik, Stuttgart 1964

-    Gesammelte Aufsätze zur Wissenschaftslehre, Tübingen 1968

-    Die protestantische Ethik und der Geist des Kapitalismus, in: Weber, Max, MWG I, Bd.
    15

-    Der Sozialismus, Weinheim 1995

Weick, Karl F., Der Prozeß des Organisierens, Frankfurt am Main 1985

Wehler, Hans-Ulrich (Hg.), Geschichte und Soziologie. Köln 1972

-    (Hg.), Der Deutsche Bauernkrieg 1524-1526, Geschichte und Gesellschaft, Sonderheft 1,
    Göttingen 1975

Willke, Helmut, Systemtheorie und Handlungstheorie, in: Kölner Zeitschrift für Soziologie und
    Sozialpsychologie, Heft 4, 1978

Wittgenstein, Ludwig, Philosophische Untersuchungen, in: ders., Schriften, Frankfurt am Main
    1963

Whitehead, Alfred N., Modes of Thought, Cambridge Mass. 1938

Wuketits, Franz M., Der Positivismus im Lichte der evolutionären Erkenntnistheorie, in: Riedl,
    Rupert und Elfriede Maria Bonet (Hg.), Entwicklung der Evolutionären
    Erkenntnistheorie, Wien 1987

Zeeman, E.C., Catastrophe Theory, in: Scientific American, April 1976